ピノッキオの眼

Carlo Ginzburg　Occhiacci di legno　Nove riflessioni sulla distanza

距離についての九つの省察

「世界はどこでも同じ」であるとは「誰もがそれぞれ異邦人である」と言い換えられる。
この視点からギリシア人の神話理解、ユダヤ人の偶像崇拝禁止、それに反対し学んだキリスト教の二千年の歴史の中に、
現実を批判的に見る「距離」を発見し、自らのユダヤ出自を異化することで新しい「歴史的眺望」を獲得する。

カルロ・ギンズブルグ著
竹山博英訳
せりか書房

ピノッキオの眼　目次

ピノッキオの眼——距離についての九つの省察

この木切れの眼め、なぜわしを見つめるんだ？

コッローディ『ピノッキオ』

序文*

本書に収められているのは最近の十年間に書かれた九つの論文である（そのうちの三つは未発表である）。二番目と最後の論文はイタリア語でも発表されている。副題にある距離とは、文字通りのものであるのと同時に比喩的でもある。私は一九八八年からロサンジェルスで教えている。UCLAには私とはかなり違った文化的背景の学生たちがおり、彼ら自身も互いに人種的、文化的に異なっているが、彼らと話すことで、私は長い間研究してきた主題群を異なったやり方で見るように強いられた。主題の重要性が失われたということではないが、より自明でなくなった。私はすでに知っていると信じていたことをよりよく理解した。つまり最近の研究では、文化的帰属性に結びつくとされている親密性が、重要な判断基準にはなり得ないということである。「世界はどこでも同じ」という言い方があるが、それはすべてが同じということではなく、われわれすべてが何ものか、あるいは誰かに対して異邦人化していることを意味する。私はいささかも目新しいことを言っていないことを知っているが、おそらくこうした立場の知的豊饒性をもう一度考える価値はあると思う。私はそれを初めの論文で試みた。しかし最も古い論文、表象に関する論文も、読者を、そして何よりも自分自身を、異邦人化する意欲から生まれた。大きな主題を数ページに凝縮し、ヨーロッパとイタリアを広大な年代的、空間的枠組みに投げ込むことによって。そして私は二重の曖昧性にぶつかった。それは一方では、現存であり、かつ非在のものの代換物でもある図像に関連しており、もう一方ではユダヤ人とキリスト教徒との関係に結びついていた。その関係においては、近接性と乖離が二千年間交錯し合い、しばしば不幸な結果を生み出した。こうした曖昧性は偶像崇拝という主題に収斂する。それは本書の題名にも現れているが、偶像と図像に関する論文で論議されている。それは十戒の第一と第二の戒めを、つまり「あなたは偶像も、いかなる形も造ってはならない」と「あなたは主の御名をみだりに唱えてはならない」を近づけることで不意に終わっている。だが名前と図像の隣接性については、私は神話を論じることでそこに戻っている。ギリシア人は神々を形象し、その名を発し、その図像と名前の本性を論じた。しかしギリシア人とユダヤ人のこの目に見える対立は、おそらくひそかな均衡を隠している。ギリシア人の神話に関する省察は、ユダヤ人の偶像崇拝禁止と同様に、距離を取ることとの手段なのだ。ギリシア人とユダヤ人は異なったやり方で、現実に溺らされることなく、現実を批判的に見る道具を作り出すよう努めた。キリスト教はその双方に反対し、その双方から学んだ。

私はカトリックの国で生まれ、育ったユダヤ人だ。私は宗教教育を受けたことがなかった。私のユダヤ人としてのアイデンティティは大部分が迫害の結果である。私はほとんど自覚なしに、自分が属している多重的伝統について考察し始め、それを遠くから、可能なら批判的に見るように努めた。私は自分の知識の乏しさを完全に理解していたし、今でもそうである。私は聖書の引用の糸を追いながら、福音書やイエスの人物像自体を、思いがけない見地から再検討するようになった。そして再度明示と叙述、形態学と歴史の対立を見出した。それはかなり前から情熱を傾けてきた、汲み尽くせぬ主題である。私は第二、第四、第五、第六の論文で、それを様々な視点から論じている。そしてギリシア人を皮切りに省察を行った結果、図像、名前、神話を、違いを保持しつつも共通化したものを、見出すことになった。つまりそれらは真実と偽りの彼方に位置するものである。それはわれわれの文化が芸術全般にまで拡張した性格である。しかし芸術的虚構は、法的なそれと同様に、現実について語る。それは異化に関する論文（第一のもの）でも、ある意味ではその鏡像のような、中国人官吏に関する論文（第八のもの）でも示される。前者では適切な距離が、後者では過度の距離が問題となる。前者には批判的距離としての共感の欠如があり、後者には非人間化としての共感の欠如がある。しかしすでに距離を起爆剤にした私の省察の主題は距離自体に、歴史的眺望になった（第七の論文）。その時私はこの本が書けたことを悟ったのである。

多くの人が助力をしてくれた。個々の論文の原注の最初に記した方々以外に（記し忘れた方がいないことを願っている）、ジョヴァンナ・フェッラーリに感謝する。彼女は大いなる専門能力を発揮して、草稿の準備に力を貸してくれた。そして密度の濃い論議をしてくれた諸氏の名をあげたい。それはペリー・アンダーソン、ピエル・チェーザレ・ボーリ、ソール・フリードレンダー、アルベルト・ガヤーノ、ステファノ・レーヴィ・デッラ・トッレ、フランコ・モレッティの諸氏である。

この本はアモス・フンケンシュタインとの出会いと友情なしには書けなかっただろう。彼を大いなる愛情と感謝の念を持って思い出したい。

そして最後に、遠くにいて近しい友人、アドリアーノ・ソフリ、オヴィディオ・ボンプレッシ、ジョルジョ・ピエトロステファニに思いを寄せたい。彼らの無実が即座に、最終的に認められるように願って。

ボローニャ、一九九七年一二月

私はこの本を、ベルリンの科学学院での、平穏だが激烈な一年間の労働の最中に書き終えた。それを可能にしてくれたすべての人に感謝したい。

＊ 本書の論文は以下に収録された。第一章＝“Representations”, 1996／第二章＝*I Greci*, vol. I:*Noi e Greci*, a cura di S. Settis, Torino 1996／第三章＝“Annales” 1991／第五章＝*Sight and Insight, Essays in Art and Culture in Honour of E.H.Gombrich at 85*, a cura di J.Onians, London 1994／第八章＝*Historical Change and Human Rights. The Oxford Amnesty Lectures 1994*, a cura di O.Hufton, New York 1995／第九章＝“La Repubblica”, 7 e 8 ottobre 1997.
イタリア語版出版の際にすべてに手を入れた（特に第三章）。第四章、第六章、第七章は未発表である。

第一章　異化
――ある文学的手法の起源*

I

1　ロシアの文芸評論家ヴィクトル・シクロフスキーは、一九二二年にロマン・ヤコブソンに宛てた手紙で、こう快活に宣言している。「僕たちは人生がどうなっているか知っているし、ドン・キホーテや自動車がどう作られたかも知っている」[1]。ここには初期のロシア・フォルマリズムの典型的な特徴が即座に認められる。文芸批評を厳密な認識として理解し、芸術を仕掛けとして考える態度である。両者とも二十代であった、この二人の文通者の名前は、その後友情にひびが入ったにもかかわらず、この知的運動に固く結びつけられている。[2]その数年後に刊行されたシクロフスキーの『散文の理論』（一九二五）には、「ドン・キホーテはいかにつくられたか」と「手法としての芸術」という題の、二つの章が含まれている。初めから数ページ進んだところで、シクロフスキーは人間の心理について一連の考察を展開している。

もしわれわれが、知覚の一般法則を解明していくならば、もろもろの行為は習慣化することにより、自動的になっていくことがわかる。たとえば、われわれのあらゆる習慣的な反応は、そのようにして無意識＝自動的なものの領域へと立ち去ってゆく。ペンをはじめて手に取ったとき、あるいは外国語を初めて口にしたときに味わった感覚を思い出して、同じことを一万回繰り返したときに覚える感覚とくらべてみれば右のことが納得されよう。不完全な表現や、言いかけたまま中断された言葉の出てくる散文のことばの法則は、自動化の過程によって説明される。[3]

無意識の習慣は大きな重みを持っている、とシクロフスキーは続けている。「かくして、生活はなんらなすすべもなく消失してゆく。自動化の作用は、事物、衣服、家具、妻、そして戦争の恐怖を滅ぼしてしまうのだ」。

そしてここで全般的な芸術の定義が導入される。

それだからこそ、生の感覚を回復し、事物を感じとるがために、石を石らしくするために、芸術と名づけられるものが存在するのだ。芸術の目的は、再認としてではなしに、見ることとして事物を感じとらせることにある。そして、芸術の手法とは、事物を「異化」する手法であり、形式を難解にして知覚をより困難にし長びかせる手法なのである。というのも、知覚過程が芸術そのものの目的であり、その過程をできるかぎり長びかせねばならないからである。芸術は事物の成りたちを体験する方法であって、すでにできあがってしまったものは芸術においては重要ではない。

芸術は習慣によって無感覚にされている私たちの知覚を活性化する手段である、というシクロフスキーの考えは、マルセル・プルーストの作品の中で、無意識の記憶が果たしている機能を即座に思い起こさせる。一九一七年には、『失われた時を求めて』は第一巻しか刊行されていなかった（『スワン家の方へ』）。しかしシクロフスキーの「手法としての芸術」にはプルーストの名前は現れない。「異化」の例は特にトルストイの作品から引かれている。シクロフスキーはトルストイの『ホルストメール』という短編で、「物語は馬の立場から語られ、そして事物は人間の知覚ではなく馬の知覚を通して、異化されている」点を強調している。

たとえば私有制度は次のように見られている。

たとえば、わたしのことを自分の馬と名づけていた多くの人々は、わたしには乗らないし、わたしに乗るのはまったくほかの人々だった。わたしを育ててくれたのも、やはり彼らではなくて、まったく別の人々だった。それに、わたしに親切にしてくれたのも、わたしのことを自分の馬と呼んでいた人々ではなくて、御者や馬丁たち、概して関係のない人々だったのだ。その後、自分の観察の範囲が広まるにつれて、わたしたち馬についてだけではなく、わたしのものという概念が、いわゆる私有の感情だとか所有権とかいう、低劣で動物的な本能以外のいかなる根拠ももってはいないということを、わたしは確信するようになった。人は《わたしの家》と語りながらも、けっしてそこには住まず、ただの家屋の建築や維持にのみ心を配っているだけなのだ。たとえば商人は、《わたしの店》とか《わたしのラシャ店》とか言っているが、彼の店にある高級品のラシャ地で作った服など持ったためしはないのである［…］こういう点にこそ、馬を人間から区別する本質的な相違がある、といまのわたしは確信している。そしてそれゆえに、このほかにもある人間に対する馬の優越性についてはいまは言わないが、この一点を見ただけでも、生き物の段階としては、馬の方が人間よりもすぐれた存在であると断言できるし、少なくとも、わたしの知る限りでは、人々の活動は言葉に従い、私たちの活動は行為に従っているのである。[4]

シクロフスキーはトルストイのいくつかの文章を引用した後、まったく異なった文学ジャンルを分析している。それはエロティックな内容を持ったなぞなぞである。「ブイリーナ」の英雄、スターヴェルは変装している妻を見分けることができない。妻は彼に謎をかける。

あんたは覚えている、スターヴェル、思い出す？
あんたと一緒に読み書きを習ったのを、
わたしのインク壷は銀色で、
あんたのペンは金色だったね？

わたしはインクをたまにしかつけなかったけど
あんたはいつもつけてばかりいたわね？

しかし異化は、「ただ単に婉曲法としてのエロティックな謎の方法であるばかりではない」とシクロフスキーは述べる。「一つ一つの謎は対象を定義したり描写する言葉によって対象について語るが、ただし、通常、その対象について語るときには用いない言葉で対象について語る」[5]。

ここでシクロフスキーは以前に定式化した、一般的性格を持つ主張に戻る。「自動知覚の領域から、手法が意図的に移動させられているとき」私たちは芸術現象に直面するのである。[6]

2 シクロフスキーの評論は、その魅力と青年期の尊大さをいささかも失っていない。後に述べる簡単な言及を除けば、それはいかなる歴史的眺望も意図的に無視している。ロシアのフォルマリストに特有の、この歴史への無関心は、「手法としての芸術」という考えをより強めている。もし芸術が仕掛けであるなら、私たちはそれがどう生まれたかではなく、どう機能するかを理解しなければならない。「異化」の概念が二〇世紀の芸術や文学理論にいかに深い反響を生み出したか、良く知られている。それはベルトルト・ブレヒトについて考えるだけでも十分である。[7] しかしシクロフスキーの着想が持った効力は、いくつかの重要な疑問を覆い隠すのに寄与してしまった。自明の実際的理由は別にしても、なぜシクロフスキーはロシア語のテキストだけに考察をとどめたのだろうか。なぞなぞは、文学的ジャンルとして、トルストイが行った、洗練された異化の使用にある程度結びついていないだろうか。そして特に、「異化」は（シクロフスキーが提起したように）芸術全般の同義語とみなされているのか、あるいはある特定の文学的伝統に結びついた手法として考えられているのだろうか。私が出そうとしている答えは、もし思い違いでないのなら、「異化」の概念を、今とは違う、より複雑な眺望のもとに導入することだろう。

3　私が行おうとしている考察の道のりは、錯綜していてかろうじてたどれるほどなのだが、二世紀にローマ皇帝マルクス・アウレリウスが書いた回顧録から始まる。それは『自省録』『回想録』『省察』など様々な呼び方で呼ばれている。[8] その第一巻はマルクス・アウレリウスが、知的、道徳的観点から影響を受けたとみなした人物たち（親戚縁者、教師、友人）の人名録から成る、ある種の自伝である。それ以外の十一巻は様々な長さの文章で構成され、一見して脈絡なく並べられているように見える。マルクス・アウレリウスはその一部を戦役の最中に書いたのだが、それは自分が教育を受けたストア派の哲学の言葉を用いて、道徳的な自己教育を行うためだった。それは刊行を目的とはしていなかった。そのことは作品の形式を左右し、少し後で述べるように、死後の普及に影響を及ぼした。

マルクス・アウレリウスにとって重要だったのは省察ではなく自己教育だった。彼の好みの言い方は命令形だった。「心像を捨て去れ」。彼はストア派の用語であった「fantasía」という言葉を使って、何度もこう書いた。マルクス・アウレリウスが深い影響を受けた哲学者＝奴隷のエピテトゥスによると、心像を捨て去ることは事物の正確な認識に達することに、つまり徳に達するのに必要な一段階である。[9] マルクス・アウレリウスはその次の段階についてこう書いている。

心像を捨て去れ。操り人形を動かしているひもを止めよ。時を現在に限定せよ。君や他人に起きる出来事を認知せよ。対象を原因的なものと素材的なものに分け、区分せよ。いまわの際を思え。（VII, 29）

こうした訓戒のおのおのが、私たちを操り人形に変えてしまう（マルクス・アウレリウスには親しみ深いたとえである）感情の制御を可能にする、特定の技法を内包している。何よりも第一に、私たちは立ち止まるべきだ。私たちになじみ深いものは、それを構成する要素に分割すべきだ。例えばある歌の「メロディー」を「個々の音に分割し、それを一つ一つ吟味して、それに圧倒されるか自問すべき」なのである。

こうした立場は、徳を除いて、すべてのものに当てはめられるべきである。

即座に個々の部分に到達するよう心がけよ、そしてその分析を通じて、それを軽蔑するようこころがけよ。さらにこの作業を人生全体に適用せよ。（XI, 2）

しかし事物を個々の要素に分割するだけでは十分ではない。それを遠くから見るすべを学ばなければならない。

アジア、ヨーロッパは宇宙の片隅にすぎない。全海洋は宇宙のひとしずくであり、アトス山は宇宙の小さな土くれである。現在の全時間も永遠の一点。すべては小さく、移ろいやすく、消え去ろうとしている。(VI, 36)

時の計りがたさと人間の多様性を知ることで、私たちは自分の存在が少しも重要性を持たないことを理解するようになる。

思い浮かべよ、過去に生きた人々の人生を、後に来るものの人生を、未開の人々の中で現在生きられている人生を。思い浮かべよ、なんと多くのものがおまえの名を知らないかを、どれだけ早く忘れ去るかを、今おまえを賞賛しているものがいかに素早くおまえを非難するかを。思い浮かべよ、後生のものに残す思い出がいかに価値がないかを、栄光も、そしてその他のこともまったく価値がないことを。(IX, 30)

こうした宇宙的洞察は、引用した訓戒、「いまわの際を思え」の意味を明らかにする。自分の死を含めたすべてを、変化と変容の総合的過程の一部として見なければならないのだ。

> 個々の事物を評価する時は、それがすでに分解しつつあり、変化の過程にあり、ほとんど腐敗し、分散しつつあり、あらゆるものが死すべくして生まれていることを思え。(X, 18)

因果律の探求は事物の正確な認識に達するストア派の技法の一部をなしている。

> 山海の珍味やそのたぐいの食物を前にして、これは魚の死骸であり、それは鳥の、あるいは豚の死骸だというような心像を形作るのは素晴らしいことだ。またファレルヌス酒はぶどうの汁、深紅の外衣は貝の血で染められた羊毛であり、性行為とはある内部を摩擦し、けいれんをともなって粘液を分泌することであるというような心像も素晴らしい。事物それ自体に到達し、事物を貫き、その本性を見せるまでにいたるようなこれらの心像は価値がある。全人生にわたってこうする必要がある。そして事物があまりにもまことしやかな印象を与える場合は、それを裸にし、その卑小さを徹底的に見て、重要性を与えてしまった探求を廃する必要がある。[10] (VI, 13)

4　二〇世紀の読者には、こうした素晴らしい文章は、きっと異化の非常に早い先行例と見えることだろう。この言い方は不条理とは思えない。トルストイはマルクス・アウレリウスを深く敬愛していた。トルストイが晩年に編纂していたカレンダー形式の世界名言集には、マルクス・アウレリウスの省察から取られた文章が五〇以上含まれていた。[11] また法、野心、戦争、恋愛に関するトルストイの急進的立場も、マルクス・アウレリウスの省察に深く影響されていた。トルストイは人間の制度やしきたりを馬や赤ん坊のような目で見ていた。つまり普通付与されている意味が取り去られた、奇妙な、不明瞭な現象としてとらえていたのだ。彼が熱心であると同時に冷めた目で見つめると、事物は、マルクス・アウレリウスの表現を使うのなら、「実際そうであるように」姿を現したのだった。

ここで示したマルクス・アウレリウスの作品の読解は、ピエール・アドが記憶に残る二つの論文で行ったものを踏まえているのだが、シクロフスキーの「手法としての芸術」という論議に新たな側面をつけ加える。またシクロフスキーが提起した異化となぞなぞの対応関係も裏付ける。例えば私たちはマルクス・アウレリウスが、「ある貝の汁で染められた羊の皮とは何か」と自問している場面を想像できる。元老院の威厳の象徴としての体面を正確に判断するには、因果律を見つけるためにその事物から離れ、なぞなぞによく似た疑問を提示しなければならない。道徳的自己教育は何よりも誤った心像、自明のものとされている公理、私たちの知覚習慣が使い古して反復的とみなした認識を捨て去ることを求める。事物を「見る」には、まず第一に、それが何ら意味を持たないかのように眺める必要がある。あたかもそれがなぞなぞであるかのように。

Ⅱ

1

なぞなぞは非常に異なった文化の中に、おそらくあらゆる文化の中に見られる現象である。[12] マルクス・アウレリウスがなぞなぞのような民衆的ジャンルに想を得たという可能性は、私に親しい考えと良く一致している。つまり教養人の文化と民衆文化の間にはしばしば循環関係があるという考えである。こうした循環関係は、マルクス・アウレリウスの省察が死後に普及した特異なあり方にも現れているのだが、それは今までさほど注目されてこなかったと思える。この点を解明するために、私はかなり長い間脇道にそれなければならないのだが、それはトルストイがどのようにしてマルクス・アウレリウスを読んだかを明らかにすることだろう。後に見るように、マルクス・アウレリウスの思想は、トルストイが知的、道徳的形成期以前の段階で得た姿勢を強調することになった。ここに深い反響が見られるのである。

マルクス・アウレリウスの省察の存在は、古代末期からギリシアやビザンツの著作家たちの言及や引用によって知られていた。その原文はただ二つの写本によって今日まで伝えられた。その二つはほぼ完璧だが、一つは現在散逸している（印刷初版本の元になったものである）。このようにわずかしか流布しなかったのは、明らかにマルクス・アウレリウスの作品が持つ、通常とは異なる性格のためである。つまりばらばらな省察の寄せ集めで、簡潔で、生き生きとした、省略的な言葉で書かれているためである。[13] しかし印刷初版本（一五五八）が出る数十年前から、マルクス・アウレリウスの生涯や書簡は本物を装った偽書としてヨーロッパの知的階層に広まっていた。その偽書の著者はフランチェスコ修道会士で、モンドニェード司教のアントニオ・デ・ゲヴァーラだった。彼は皇帝カルロス五世の宮廷の説教師だった。一五二九年にヴァヤドリードで発刊された『皇帝マルクス・アウレリウスの本』の初版の序文で、ゲヴァーラはマルクス・アウレリウスのギリシア語写本をフィレンツェから送ってもらい、それを数人の友人が翻訳したと主張している。しかしゲヴァーラが翻訳したと主張した本はマルクス・アウレリウスの省察とは何ら関係がなかった。それは三十年後に初めて印刷されて姿を現すのである。ゲヴァーラはひとつまみの歴史と大量の想像を混ぜ合わせ、マルクス・アウレリウスの書簡や、皇帝と妻との会話などを作り出したのだった。このごたまぜは驚くべき成功を収めた。この本はしばしば『マルクス・アウレリウスの座右の書』とも呼ばれたのだが、アルメニア語（一七三八年、ヴェネツィア刊）を含む多数の言語に翻訳され、何十年にも渡って再版されたのだった。一六四三年にイギリスの文献学者メリック・カソボンは、自ら編纂したマルクス・アウレリウスの自省録の序文で、ゲヴァーラの瞞着の成功は、唯一、聖書のそれに匹敵すると侮蔑的に述べている。[14] しかしこの頃、ゲヴァーラの名声はすでに急速に傾きつつあった。ベールが『歴史批評辞典』で彼について書いた辛辣な項目は、彼を偽作者として扱っている。[15] ゲヴァーラの本はそのわずかな部分だけが生き残れる運命にあった。ドナウ川流域地方のミレーノという農民が、マルクス・アウレリウスやローマの元老院議員を前にして行ったとされている演説である。これは一世紀以上も後に、ラ・フォンテーヌに高名な詩（「ドナウの農夫」）の着想をもたらしたのだが、一五七一年にフランチェスコ・ポルトナリスによってヴェネツィアで刊行された版からの短い引用にも明らかなように、ローマの帝国主義の説得力ある告発になっている。

あんたたちは他人の財産にひどく貪欲で、他国を支配しようとする傲慢さはとてつもないものだから、海はその深さをもってしてもあんたたちを満足させられなかったし、大地はその広大な田野をもってしてもあんたたちを安心させられなかった［…］なぜならあんたたちローマ人は、平和な人々をかき乱し、他人の汗を奪う以外に、他人に何も期待しないからだ。[16]

ヴァスコ・デ・クイローガのような一六世紀の読者が、この演説の真の矛先を見逃さなかったことを私たちは知っている。それはスペインの新大陸征服である。『マルクス・アウレリウスの座右の書』は宮廷の説教師アントニオ・デ・ゲヴァーラが、スペインの新大陸征服の恐ろしさを厳しく批判するために、皇帝カルロス五世に向けた、長大な訓戒だとみなすことができる。こうした考えは、本に組み入れられる前に、宮廷やその周辺で、「ドナウの農夫」という題で自主的に回覧されていた、いくつかの章によりぴたりと適合する。[17] ミレーノの演説は良き野蛮人の神話の形成に大きく貢献し、ヨーロッパ全域に広める役割を果たした。

あんたたちはわしらが奴隷になるにふさわしいという。それはわしらが命令する君主、統治する元老院、身を守る軍隊を持たないからだという。それにはこう答えよう。敵がいないから軍隊の必要がないのだ、と。そしておのおのが自分の運命に満足しているから、わしらを統治する傲慢な元老院の必要はないし、昔も今もみな平等だから、君主を持つことにも同意しなかった。君主とは僭主を抑えつけ、人々を平和に保つものだからだ。もしわしらが共和国も文化も持たないというなら、そして山の中の野獣のように生きているというなら、そうした言い方には道理はない、なぜならわしらの国にうそつき、暴徒はいないし、外国のものを運んできて、悪習をはびこらせ、体をそこなう輩は住んでいないからだ。というのもわしらはまっとうな衣服を身にまとい、食事も質素にするよう努めているからだ。[18]

かなり前に確認されているのだが、この牧歌的な記述はタキトゥスの『ゲルマニア』に実質的な想を得ている。ローマの帝国主義の大罪を攻撃する部分もタキトゥスの有名な文章を敷き写しにしている。つまりカレドニアの首長カルガクスが行った力強い演説で、彼は『アグリコラ』の中で、ローマ人が「砂漠を作り、それを平和と呼んでいる」と断罪しているのだ。しかしカルガクスは名前だけの存在に過ぎない。一方ドナウの農夫ミレーノは非常に具体的に描かれている人物だ。アントニオ・デ・ゲヴァーラはミレーノを以下のように描いている。

この粗野な男は顔が小さく、唇は突き出し、目はくぼみ、日焼けしていて、髪はぼさぼさで、額ははげ上がり、ハリネズミの革の靴をはき、羊の皮の上着をまとい、イグサのベルトを締め、ひげは濃く、長く、眉毛は目を隠し、胸やうなじは熊のように毛で覆われ、手には投げ槍を持っていた。[19]

「彼が元老院に入ってきたのを見た時」、とマルクス・アウレリウス（つまりゲヴァーラ）は注釈している。「まるで人間の姿をした獣かと思えた」。だがローマ帝国の大罪をあえて断罪した農夫とはいったい何ものなのか。草稿のままになっている、本に先立つ下書きの段階では、ドナウの農夫はひげを生やしていなかった。これはアメリカ原住民の特徴を示していると思える。[20] しかしその怪物的な、動物のような外貌には別の起源があるように思える。彼はマルコルフォの近しい縁者なのだ。マルコルフォは中世の有名な本で、サロモーネ王に大胆にも立ち向かった農夫である。

マルコルフォは小男だったが、体つきはがっしりしていた。頭は大きく、額は広く、赤ら顔で、縮れ毛で、耳には毛が生え、顎の半ばくらいまで垂れていた。目は大きく、やぶにらみで、下唇は馬のように突き出し、ひげは雄山羊のように粗くて剛く、汚れていて、手は小さく、指は短くて太く、足はずんぐりしていて、口は大きく、唇は厚く、顔はロバのようで、髪は雄山羊のようだった。靴はひどく田舎風で、皮膚にはいくつも痣があり、土や泥で汚れていた。[21]

この二つのテキストが緊密に結びついているのはある細部から確認できる。アントニオ・デ・ゲヴァーラの「ハリネズミの革の靴」という奇妙な言い方は、ラテン語の『サロモーネとマルコルフォの対話』の二つの文章をくっつけてしまった読み違えの結果なのである。この本ではマルコルフォの髪とハリネズミの棘を比較した後、すぐに靴のことが述べられている（「髪はハリネズミの棘のようだった。そして靴は……」）[22]。ゲヴァーラがスペインの新大陸政策に向けた遠回しの批判はある奇妙な混合に基づいていた。その一方にはタキトゥスがあった。もう一方には一二世紀に歴史家のグリエルモ・ディ・ティーロが「民衆の寓話的物語」と呼んだものがあった。「そこではマルコルフォがサロモーネから出されたなぞなぞを解いては、新たな謎を掛けていた」[23]。これらの古代と中世のテキストは、双方とも、権威に挑戦するのに利用できたのである。

中世の民衆的伝統において、王は農夫の挑戦を受けた。その農夫のグロテスクな外貌の下には、思いがけずも、鋭敏さと叡智が隠されていた。ジュリオ・チェーザレ・クローチェ作の『抜け目のないベルトルド』は、『サロモーネとマルコルフォの対話』の最も有名な書き換えなのだが、その中でアルボイーノ王は誇らしげにこう宣言する。「私を敬い、従うために、どれだけの領主、諸侯がまわりにいるか見るがいい」。するとベルトルドは「蟻もナナカマドの木に群がり、皮をかじるではないか」とすぐにやり返した[24]。こうした動物との比較は王の権威を引き下げる傾向を表している。これはバフチンがそのルネサンスの民衆文化に関する大著で深く分析した主題である[25]。主題に関する観点から見るなら、動物の純真さは社会関係の中に隠された現実をあらわにする。

それはシクロフスキーが分析したトルストイの短編の主人公、馬のホルストメールの場合に当てはまる。「動物の姿をした人間」であるドナウの農夫は、ローマ人(スペイン人)の帝国の論理を、無実の人民を強奪し殺す山賊に例えて打ち破る。世界の最強の人物であった本物のマルクス・アウレリウスは、自分自身を卑しめ、おとしめるような一連の比較を行って、自らを検証し、同様な結論に達している。

くもは、はえを一匹捕えて誇る。ある人は一匹の野うさぎを、別の人は網で一匹のいわしを、別の人はいのししどもを、別の人は熊どもを、別の人はサルマティア人たちを。というのも、これらの人々は、その原則を君が吟味するならば、盗賊ではないか。[26](X, 10)

2 ゲヴァーラがマルクス・アウレリウスの『自省録』の翻訳に接したと言った時、おそらく彼は真実を言っていなかったのだろう。しかしながらゲヴァーラが作った偽書で、彼はまだ刊行されていなかった原典をかすかながらも反映させることに成功した事実は否めない。しかしはっきりしておきたいのだが、私はここでゲヴァーラを異化の先駆者に加えようとはしていない。ドナウの農夫が行った弁舌の結論は──「帝国とは盗み以外の何ものでもない」──自明のものとして提示されている。つまりそれに先立つ曖昧さや誤解の段階では、外に表れてはいないのだ。しかしゲヴァーラのテキストは、文学的手法としての異化の発展に消し去りがたい刻印を残した。

この時以来、未開人、農夫、動物は、単独であれ、関連づけられてであれ、冷然とした、距離をもった、批判的な目で社会を見る視点を供給することになった。

ここでモンテーニュの有名なテキストを初めとして、いくつかの例を引くことにする。モンテーニュがゲヴァーラのマルクス・アウレリウスを知っていたのは明らかである。それは彼の父の愛読書の一つだったのだ。[27] モンテーニュは「食人種」という文章で、ブラジルの原住民に関する報告について、半ば驚きながら語っている。その無垢で平和な生活が古代の黄金時代の神話を思い出させたと思える。だが彼は最後に、読者を急にヨーロッパに導く。フランスに連れてこられた三人のブラジル原住民について語るのだ。彼らは何に一番驚いたかという質問に対して、二つのことをあげている。武装した大人たち（スイス人衛兵）が自分たちの中から首領を選ばずに、子供（フランス王）に従っていること。そして以下のことである（彼らは人間を半分に分ける話し方をしていた、とモンテーニュは説明している）。

彼らは私たちの間に、あらゆる安楽を飽きるほど享受しているものたちがいて、残りの半分は飢えと貧困でやせこけたまま、彼らの戸口で物乞いをしていることに気づいた。そしてこの困窮した残り半分がこのような不正に耐え、彼らの喉に飛びかかったり、家に火をつけないことを奇妙に思った。[28]

ブラジルの原住民は自明のことが理解できないので、普通は習慣やしきたりに隠されていることを見ることができた。現実を当たり前のものと見なさないこの能力は、モンテーニュを喜ばせた。彼はすぐさま、すべてを間断なく問い直そうとした。それは社会生活の基盤から日常生活の些細な部分にまで及んでいた。ブラジル原住民の驚きは、政治的経済的不平等に刻印されたヨーロッパ社会が、モンテーニュの言う「原初の純真さ」とどれほどかけ離れているか示すものだった。[29]「純真さ《ナイーフ》」、モンテーニュがこの言葉を愛し、それと同時に人為性を嫌悪した事実は、異化という概念の核心に私たちを導く。すぐに理解しないこと、純真であること、驚きを感じること、これらはものごとをよりよく眺め、より深いもの、より自然に近いものを感知することに通じている。

3　一七世紀のフランスのモラリストたちはモンテーニュが発展させたエッセイの形式をアフォリズムや自立した断片に変えた。ラ・ブリュイエールの『カラクテール』の一六八九年版に収められたこうした断片の一つに、異化の浸食力が十全に表れているのを見ることができる。

なにやら野獣の如きものが見える。雄もあり雌もあって、野らに散らばっている。黒きもあり、鉛色なのもあり、いずれも陽にやけている。大地にへばりつき、その断ちがたき執拗さを以て、掘り且つ耕している。その声には何やら音節がある。腰をおこした所を見ると人の顔をしている。いや、それは本当の人間だった。夜になれば洞窟にかえり、黒いパンと水と草の根とで露命をつなぐ。

彼らは生きんがために、他の人間のためにたね蒔き耕し収める労をはぶいてやっている。かくてどうやら、その自ら蒔きたるパンにありつかして貰っている。[30]（関根秀雄訳、岩波文庫）

これは普段は支配的イデオロギーにくみしていたラ・ブリュイエールには珍しく、内容的には驚くべきものだし、その書き方にも驚かされる。初めに見間違いがあり（「なにやら野獣の如きもの」）、当惑をまじえた、矛盾する表現が続く（「その声には何やら音節がある」）。そしてなぞなぞを解いた時のように、不意に驚きが走る。「腰をおこした所を見ると人の顔をしている。いや、それは本当の人間だった」。

この「いや」という言葉は事実に関する描写を導き出し（「夜になれば洞窟にかえり……」）、皮肉な表現に流れ込む。「かくてどうやら、その自ら蒔きたるパンにありつかして貰っている」。この結論に仮定されている社会的道徳的公平さは、その前に語られたことで暗に偽善として告発されている。「彼らは」かろうじて生きるのにふさわしい。それ以上のことはない。この「彼ら」とは何か、明かされることはない。

私が前に分析した例では、動物との比較は社会的位階の頂点にあるものに関係していた。だが今回の比較は、同様におとしめるような意味を含んでいるにしても、より低い位階のものに関連している。読者は「農夫が動物のように生きている」、あるいは「農夫が非人間的状況に生きている」といった、直接的断定を期待することだろう。しかしながらラ・ブリュイエールは一連の障害を私たちの前に置く。それは初めの見間違い、明かされない対象、皮肉な結論などである。読者はある種の認知的努力を強いられる。それは暗黙の結論を、探求すべき一種の報償に変えてしまう。その効果は、芸術的にも、修辞学的にも、はるかに大きい。

4　一七六五年、ヴォルテールは簡単に分かるようなペンネーム（バザン師）で掌編『歴史哲学』を刊行した。それには「未開人について」という章があるのだが、それは長い修辞学的な質問で始まっている。

未開人（ソヴァージュ）という言葉によって何が思い浮かべられるだろう。自分の女たちや何匹かの動物と一緒に掘立小屋に住み、絶えず不順な気候にさらされている無骨な田舎者。自分たちを養ってくれる土地と、粗末な衣類を多少とも買うために自分で作った農産物などを時折売りに行く市場のほかには何も知らず、都会では聞かれないような訳のわからぬ言葉を話し、思想などほとんど持ち合わさないので表現も乏しく、なぜそうするかも分からぬまま、文章の書けるある人物に従属して、その人の所へ毎年、額に汗して稼いだものの半分を持って行く。特定の日々には、納屋のような所に集まって、彼ら自身はまったく理解できぬ儀式をおこない、自分たちとは異なった服装をした人の話を聴くが、これまた何も分からない。時々太鼓が打ち鳴らされると、自分たちの藁葺小屋を離れ、見知らぬ土地で殺されるために出掛けたり、同類の人々を殺すために雇われたりする。その結果手に入るものといったら、自分の土地で働いて得られものの四分の一にすぎない。（安斎和

雄訳、法政大学出版局）

この素晴らしい文章が上述のラ・ブリュイエールの断章に着想を得ているのは明らかである。双方の場合ともある婉曲表現を呈示するのだが、それは見慣れたものの持つ予測できなかったような奇妙な外観を少しずつ明かすことで、認識的緊張を作り出すのだ。しかし一つ違いも存在する。ラ・ブリュイエールは語られる対象を明かさない。ヴォルテールは天才的ひらめきから、初めに誤った名を与える。そしてそれが少しずつ正しいものになっていくのだ。以下に、ヴォルテールがどのように自らの修辞学的疑問に答えるか示そう。

このような未開人なら、ヨーロッパ中のどこにでもいる。われわれが好んで未開人と呼ぶカナダの諸民族やカフィール人のほうが、われわれの所の未開人より格段に優れていることを、とりわけ認める必要がある。ヒューロン人、アルゴンキン人、イリノイ人、カフィール人、ホッテントット人らは、自分たちが必要とするものをすべて自分で作り出すだけの技芸をもっているのに、われわれの田舎者にはこういう必要な技が欠けているのだ。アメリカやアフリカの先住民たちは自由であるが、われわれのところの未開人は自由という観念さえ持っていない［…］。彼らは名誉を知っている。それにひきかえわれわれヨーロッパの未開人たちは、名誉について語られるのをかつて聞いたこともない。アメリカの未開人たちは祖国をもち、それを愛し、守る。彼らは条約を締結する、勇気をふるって戦い、しばしば英雄的な力強さをもって語る。[31]（安斎和雄訳、法政大学出版局）

イエズス会は彼らの伝道の舞台であったヨーロッパの田野を「こちら側の」インドと呼んだ。[32] イエズス会がヨーロッパ外の文化に開放的な態度をとったことは良く知られている。イエズス会の門弟であったヴォルテールはヨーロッパに住む住民を真の未開人とすることで、ヨーロッパを逆説的立場に置き、師匠たちの立場を反映させた。[33] 彼はまるで短編「ミクロメガ」の主人公の一人である、シリウスからきた巨人のように、はるかな遠方からヨーロッパの農民の生活を見たのだった。その驚愕した、意図的に曇らされた目は、税金、戦争、ミサを、一連の正当性を欠いた、無意味な、不条理な行為に変えたのだった。

5

『散文の理論』の「短編小説と長編小説の構造」を扱った章で、シクロフスキーは異化の概念を再び取り上げ、トルストイが「フランス文学、あるいはヴォルテールの『無邪気な男と呼ばれるヒュロン人』、あるいはシャトーブリアンがある未開人に帰したフランス宮廷の描写」からその考えを得たと書いている。[34] 一方私が時空を駆けめぐって引用したテキストは、トルストイが賛美していたより古い伝統に属している。[35]「未開人について」は、それを含む『歴史哲学』が当初全ロシアの皇帝であるカテリーナ二世に捧げられ、後に『品性について』の序文として再度刊行されたのだが、トルストイの文章の非常に近い先行例をなしている。[36] ホルストメールの馬が行った人間の「動物のような」生活ぶりへの断罪は、真の未開人をヨーロッパの農民であると断罪したヴォルテールの文章を反映していると思える。トルストイの異化作用の先行例としてシクロフスキーが一般的に「フランス文学」として挙げたものは、より明確に示すことができる。それは「フランスの啓蒙主義時代の文学」であり、何よりもヴォルテールなのである。[37]そして単なる形態主義的観点からは、トルストイがヴォルテールから学んだものを理解できない。それは政治、社会、宗教を含めたあらゆる水準で、権威の否定の方策として異化を用いるやり方である。「彼らはある特定の日にある種の納屋に集まり、意味の分からない儀礼を行い、彼らとは違う服装の男の言うことを聞くのだが理解できない」とヴォルテールは書いている。トルストイはこの文章を『復活』のミサに関する部分でさらに発展させたのだが、ロシアの教会会議は冒涜行為とみなし、著者を正教会から破門したのだった。

礼拝式はまず、司祭が、一種特別な、奇妙な、はなはだ不便らしい金襴の衣を着用して、かずかずの聖者の名や、祈祷の文句を唱えながら、パンをこまかく切って、皿の上にならべ、ついでそれを、ぶどう酒のはいっている杯の中に入れることからはじまった。[38]（中村白葉訳、河出書房新社）

トルストイがいち早く啓蒙主義的伝統を吸収したことは、その後の彼のマルクス・アウレリウスの読み方を大きく左右した。この双方の影響は、トルストイがなぜ異化を単なる文学的技巧としてのみ使わなかったかを説明している。彼にとってそれはマルクス・アウレリウスが書いたように、「事物それ自体に」到達し、「その本性がいかなるものか見極めるまでそれに入り込み、それを裸にし、その卑小さを徹底的に見て、重要性を与えてしまった探求を廃する」方法であった。マルクス・アウレリウスにとっても、トルストイにとっても、「事物それ自体に」到達するとは、偽りの考えや表現から自由になることだった。そして最近の分析では、はかなさ、死を受け入れることだった。トルストイの娘の一人が示唆的な逸話を語っている。彼女はある日家事の手伝いをする老農婦に、機嫌が悪いのと言った。すると老農婦は答えた。「もしマルクス・アウレリウスを読むなら、不機嫌も直りますよ」「どのマルクス・アウレリウス、なぜマルクス・アウレリウスなの？」とアレクサンドラ・ルヴォフナは尋ねた。「そうですとも」と老農婦は説明した。「伯爵様がくださった本の中にあります。私たちはみな死ぬと書いてあるんです。もし目の前に死があるなら、不機嫌なんて些細なことでしょう。死について考えれば、ずっと気楽になれます。私は何かつらいことがあるといつも言うんです。『さあ、あんたたち、マルクス・アウレリウスを読んでちょうだい』って[39]」。

トルストイはこの話がお気に入りだった。確かにこれは、農民たちが近代社会とその不自然さから遠いためにより真実に近いという深い確信を裏付けるものだった。ブラジルの原住民に対するモンテーニュ（トルストイは深く敬愛していた）の態度も同じ源泉から出ている。トルストイの民衆主義には温情主義的なところはない。彼にとって、老農婦は完全にマルクス・アウレリウスを理解する能力を持っていた。おそらくそれは正しかった。マルクス・アウレリウスの省察のいくつかは、なぞなぞのような民衆の文学的ジャンルに養分を得ていたからである。

Ⅲ

1　こうして循環の輪は閉じたように見える。しかしここまで私が提示してきた再構成の作業はまだ未完である。前述のように、シクロフスキーの「手法としての芸術」の章にはプルーストの作品への言及はない。しかしプルーストは異なった名前でにせよ、異化のまた別の概念を明確に分析しているのであり、それは『失われた時を求めて』の中で、決定的ではないにしろ、重要な機能を果たしている。

連作の二番目の小説「花咲く乙女のかげに」の最も重要な登場人物の一人は、語り手がとても親しみを覚えていた祖母だった。プルーストの読者ならだれでも覚えているだろうが、祖母はセヴィニェ夫人の書簡集に夢中だった。

しかし、私の祖母は〔…〕真の美を愛することを私におしえたのであった。その美は、セヴィニェ夫人が、やがてバルベックで私の出あう画家で、私の物の見かたに非常に深い影響をあたえたエルスチールと、同系の大芸術家であるだけに、今後の私のこころを、それだけつよく打つことになるのだ。私はバルベックで気がついたのだが、セヴィニェ夫人は、エルスチールとおなじように、物をまずその原因から説明するということをせずに、われわれの知覚の順序にしたがって物を表現するのだ。すでにこの午後、この車室のなかでも、月光の描写の出てくるつぎのような手紙を読みかえしながら、もっとのちなら私が『セヴィニェ夫人のドストエフスキー的方面』とでも呼んだであろうものに（彼女は彼が性格をえがくとおなじ方法で風景をえがいていていないだろうか？）こころをうばわれたのであった、——「私は誘惑に抵抗することができませんでした。必要でもない、ものものしい、まげや帽子を全部かぶって、そこの空気が私の部屋のそれのようにこころよいあの木かげの遊歩場へ歩きにまいります。私は無数のお化けを見いだします。《黒衣や白衣の修道士たち、灰色や白の何人もの修道女たち、地上のあちこちに投げすてられた白布、木の幹を背に立ったまま埋められているように見える経かたびらの人間たち》」。[40]（井上究一郎訳、筑摩書房）

セヴィニェ夫人、エルスチール、ドストエフスキー。彼らに共通のものは何だろうか。この疑問は『失われた時を求めて』の四つの異なった箇所で、明に暗に表れてくる。これは私の誤りでないなら、まだその関連が分析されていない問題である。[41]前述の第一番目の箇所では、セヴィニェ夫人は「物をまずその原因から説明するということをせずに、われわれの知覚の順序にしたがって物を表現する」として賞賛されている。これは「スワン家のほうへ」の刊行から数年後に、シクロフスキーがトルストイに与えた異化の定義を即座に思わせる。事物をあたかも初めて見たかのように描くことである。[42]しかしより細かく分析すると、違いも見えてくる。

初めの部分で論証したように、トルストイが概括した知的伝統は、まさにマルクス・アウレリウスが行った、偽りの表現に対抗するものとしての真の因果律の探求に観念的に連なるものである。ラ・ブリュイエールやヴォルテールが農民を動物や未開人として描いたことは、美味な料理を（マルクス・アウレリウスの言葉を借りるなら）「魚や鳥や豚の死骸」ととらえることとさほど変わりはない。この伝統において、異化は外見を超越して、現実のより深い理解に達する手段である。プルーストの目的はある意味ではその反対と見える。つまり外見の初々しさを観念の侵入から守り、「知覚の順序にしたがって」、まだ因果律的説明に汚染されていない事物を提示することである。トルストイの異化は農民に関するラ・ブリュイエールの文章によって例証可能である。プルーストの異化は、数年前に書かれたセヴィニェ夫人の月光に関する手紙で例証できる。双方とも事物を初めて見たかのように提示する試みである。しかしその結果はかなり違っている。前者は道徳的社会的批判である。後者は印象主義的な即時的表現である。

この結論を補強するために、検討予定の『失われた時を求めて』の第二の箇所を引用することができるだろう。それはプルーストがエルスチールの絵を詳細に描写している箇所である。エルスチールは普通、様々な印象派の画家や印象派に近い画家の人物像を組み合わせた理想的人物と考えられている。それは何よりもマネであり、モネ、ドガとも思われている。[43] ここでプルーストは前述のセヴィニェ夫人との暗黙裡の対比を明らかにしている。

ところで、外界の事物を、知ったとおりに表現しないで、われわれの第一印象が作られるあの視角の錯誤どおりに表現しようとするエルスチールの努力は、まさにそのような遠近の法則のあるものを明らかにすることにあったので、彼の到達した芸術が、はじめてそうした法則の秘密をあかしただけに、当時はいっそうその法則が目立ったのである。河はその流れの屈曲のために、入り江は両岸の断崖がせまって見えるために、いずれも、平野または山のまんなかに、周囲から全くとざされた一個の湖をうがっているように見えた。焼けつくような夏の一日に、バルベックから取材されたある画面では、海のいりこみが、ばら色の花崗岩の岩壁のなかにとじこめられて、海ではないように見え、その海はもっと遠くからはじまっていた。大洋に連続しているということは、かもめの群によって暗示されているに過ぎず、そのかもめは、鑑賞者の目には、岩石と思われるもののうえにひるがえりながら、じつはしぶきにぬれて、波のうえを舞っているのだった。[44]（「花咲く乙女のかげに」井上究一郎訳、筑摩書房）

私たちは明らかに古来の描出《エクフラシス》の伝統に属するある実験を目の前にしている。それは実在しない絵画、あるいはありそうな絵を言葉で書き写す非常に手のこんだ試みである。しかしプルーストのこの文章は理論的な意味をも含んでいる。それはかなり後でモーリス・メルロ＝ポンティがセザンヌ論で展開したものだった。[45] エルスチールは「事物を知ったとおりに表現しないで…」とプルーストは書いている。これは彼のいつもの、知性を低く評価する考えに結びついた所見であり、前もって作られた規約、硬直化した習慣、「知識」に対して、実体験を優位に置く見解であった。[46]

近代の都市生活には、感覚的生活がけた外れに増大するという現象がともなっている。これは二〇世紀の文学的、造形的前衛運動の実験の中心にある現象である。[47] しかしこの現象は、しばしば強調されてきたように、その下に経験の質的貧困化を隠している。シクロフスキーが断罪したこの自動化の過程は、芸術を異化の結果とする一見超時間的な彼の定義を歴史的な文脈に組み入れる。その数年前に、独自の、同じような見通しのもとに、プルーストは新しい芸術の実験が、表現の前もって作られた規約に対抗する任務を持つことを示唆した。

プルーストにとってこの実験は絵画に限られるものではなかった。彼は小説を三作書き、さらに数百ページ書き継いだ後、「セヴィニェ夫人のドストエフスキー的側面」という驚くべき指摘の意味を明らかにしている。語り手はアルベルチーヌにこう説明する。「セヴィニェ夫人はエルスチール、ドストエフスキーのように、事物をその原因から始めて、論理的秩序通りに提示するのではなく、まず第一に効果を、われわれに強い印象を与える幻影を示す。ドストエフスキーはその登場人物を同じやり方で提示する。彼らの行動は海が空のように見えるエルスチールの風景画のようにわれわれを欺く[48]」。

もちろんプルーストもこのように登場人物を提示する。すぐに彼の驚くべき創作物の一人であるシャルリュス男爵が頭に浮かぶ。読者は長い間、シャルリュスの意味不明の言葉や行動を目にするのだが、その行動を解明する情報を得ることはない（そしてもちろん因果律的な説明はない）。しかしある意味ではこの情報は語り手自身にも欠けている。語り手は読者と同じように、彼の知っていること（そして知らないこと）を通じて、シャルリュスを解明しようとする（彼はあらゆる人間がそうであるように神秘的な実体なのだ)。『失われた時を求めて』の中で「私」と言っている人物は、マルセル・プルーストであり、そうでない、としばしば言われてきた。[49] 時にはこの二人の同一性が明白に示される。例えばそれは「セヴィニェ夫人のドストエフスキー的側面」について二重に言及される場合である。初めは語り手の第三者的な論評の形で、二度目はアルベルチーヌとの会話で「私」が論評を加える形で。しかしこの種の同一性は人を欺く。自分の小説の登場人物として現れることで、プルーストは、一九世紀の大部分の小説家になぞらえられるような全能の神とは異なり、私たちと同様で、自分の登場人物たちの隠された動機を知らないことを示す。ここに一九世紀流のトルストイの異化と二〇世紀のプルーストのそれとの実質的な差がある。語り手の声に曖昧さを含むプルーストの解決法は、ドストエフスキーが『悪霊』で採用した戦略の発展であると考えられるだろう。それは話の意味を完全に理解できない、生気を欠いた人物によって語られる物語なのだ。事実『悪霊』の主人公であるスタヴローギンとシャルリュス男爵が読者に示されるやり方には非常に似かよったところがある。それは一連の矛盾する断章によってであり、難問やなぞなぞになってしまうのだ。

2 しかしこう尋ねるものがいるだろう、こうしたことは歴史家に、文書館の文書、公証人の書類などと取り組む研究者にいかなる関係があるのか、と。なぜ文学の理論家が作り上げた異化や似通った概念で時間を浪費するのか、と。

『失われた時を求めて』を締めくくる小説「見いだされた時」からの第四の引用が、この疑問への答えを示すことだろう。語り手は少し前に第一次世界大戦で死んだ友人のロベール・ド・サン＝ルーについて、その妻のジルベルトと話している。語り手はこう言う。

「ぼくには彼がたしかに気づきはじめていたと思われる戦争の一面があるのですがね。それは、戦争が人間のようだということで、戦争は恋愛のようにも見られたし、憎悪のようにも見られたが、これからは小説のようにも物語りうるであろう、したがって、人によっては戦術は科学であるとくりかえす向きも多いようだが、それは戦争を理解するなんのたすけにもならない、なにしろ戦争は作戦通りではないのだから、というのです。敵にわれわれ味方の計画がわからないのは、愛している女の追い求める目的がわれわれにわからないのとおなじです。もしかすると味方の計画は、われわれ自身にもわからないかもしれません。ドイツ軍は、一九一八年三月の攻撃で、アミアンを陥落することを目的としていたのでしょうか？　その点は何一つわれわれにはわかっていません。おそらく、ドイツ軍自身にもわかっていなかったでしょう、彼らがアミアン方面へ西に向かって前進したという事態の起きたことが彼らの計画を決定したのでしょう。かりに戦争は科学的であるとしても、やはり戦争を描くには、エルスチールが海を描いていたやりかたのように、べつの方向から描かねばならないでしょうし、ドストエフスキーがある人の生涯を物語るように、さまざまな錯覚から、そしてすこしずつ修正されてゆく確信から、出発しなくてはならないでしょう」[50]（井上究一郎訳、筑摩書房）

ここでもまたプルーストはエルスチールをドストエフスキーに結びつけ、さらに暗黙裡に、その「ドストエフスキー的側面」を通じてセヴィニェ夫人に結びつけている。しかし今回はプルーストは人間の意図を検証しており、いつもの即時的印象と因果律との対立に新しい次元を付け加えている。プルーストは自分の関心を絵や小説から歴史的大事件を分析する最善の方法へと移行させることで、今まで検証してきた見解の認識論的意味を明らかにする。

私たちは戦略を激しく拒絶するプルーストを目の前にして、『戦争と平和』の作者がどれだけ喜んだか、容易に想像できる。つまり戦略とは、人間存在は予見可能であり、戦争、愛、憎悪、芸術は既成の処方箋で対処でき、知るとは現実から学ぶよりも、現実にある枠組みを押しつけることだという愚かな考えの具現である、とする立場である。プルーストには「トルストイ的側面」があるが、それは「自然な」という言葉で表されている。この言葉は語り手の祖母のお気に入りだったが、道徳的であるのと同時に審美的意味も含んでいる。しかしプルーストには「ドストエフスキー的側面」があり、それは登場人物を一連の修正や調整によって提示するやり方や、犯罪に魅了される傾向に結びついている。[51]

この最後の点を究明するにはさらに遠くまで行かなければならない。ここでは私の職業により近いもう一つの点に触れたい。異化とは私たちすべてがさらされているある危険への対抗策だと思える。それは（私たち自身も含めた）現実を自明のものとして見ることである。この見解が持つ反実証主義的意味は明らかである。しかし異化の認識論的意味を強調することで、私は歴史とフィクションの境界を不分明なものにするまでにぼかしてしまう流行の理論に、あたう限りの明晰さをもって対抗したいと思う。この種の混乱はプルースト自身も廃したことだろう。彼が戦争を小説のように語ることができると言った時、彼は歴史小説を賛美しようとは思っていなかった。逆に歴史家は作家（画家）と同様にある認識論的目的を共有していると指摘したかったのだ。これは私が完全に同意する見解である。私が自ら認める歴史叙述の企画を記述するにあたっては、少し前に引用したプルーストの文章をやや変えて使いたい。「もし歴史が科学的であると想定したとしても、エルスチールが海を描いたように叙述する必要がある、つまり逆の側から」。

原注

＊ 私は本論文をヘルシンキ、ヴェネツィア（マンフレード・タフーリを記念する日において）、ピーサ、マースリヒト、サンタ・モニカ（ゲッティ・センター）で発表した。ペリー・アンダーソン、ヤン・ブレマー、フランチェスコ・オルランドの所見に感謝する。またゲヴァーラの本を示唆してくれたジョン・エリオット、援助してくれたピエル・チェーザレ・ボーリに感謝する。さらに一九九五年に研究員として招かれたゲッティ・センターで、私が主催したゼミナールに参加したものたちと、その批評に感謝する。

1 P. Steiner, *Russian Formalism. A Metapoetics*,（スタイナー『ロシア・フォルマリズム――ひとつのメタ詩学』山中桂一訳、勁草書房） Ithaca, N. Y. 1984, p. 45.

2 後に二人の関係は悪くなった。T・トドロフが編纂したアンソロジー(*Théorie de la littérature*,〔『文学の理論――ロシア・フォルマリスト論集』野村英夫、理想社〕Paris 1965)、の序文で、ヤコブソンはシクロフスキーの異化に関する考えを「たわごと」であるとして否定している(p. 8)。V. Strada in “Strumenti critici”, I (ottobre 1966), p. 100. が同じ文章にある別の挑発的文章を解明している。

3 V. Šklovskij, *Una teoria della prosa*,（シクロフスキー『散文の理論』水野忠夫訳、せりか書房） tr. di M. Olsoufieva, Bari 1966, pp. 15–17 (一部分を変えている)

4 Ivi, pp. 18–19.

5 Ivi, pp. 25–26.

6 Ivi,p. 12.

7 Cfr. F. Orlando, *Illuminismo e retorica freudiana*, Torino 1982 (*Illuminismo barocco e retorica freudiana*, Torino 1979の改訂版), p. 163.

8 私はこの部分では Pierre Hadot のマルクス・アウレリウス論 (*Exercices spirituels et philosophie antique*, Paris 1987 [tr. it., *Esercizi spirituali e filosofia antica*, Torino 1988, pp. 119–154]).に従っている。

9 Ivi,pp. 135–154.

10 Marco Aurelio, *A se stesso*, a cura di E. V. Maltese, Milano 1993. (一部分変えてある)

11 Cfr. L. Tolstoj, *Für alle Tage*, a cura di E. H. Schmitt e A. Skarvan, Dresden 1906–1907.

12 A. Aarne, *Vergleichende Rätselforschungen*, FF Communications 26–28, Helsinki 1918–1920. ラテン文化におけるなぞなぞについては Pauly-Wissowa, *Real-Enzyklopädie*, voce “Rätsel”, 特に pp.116–122 (Weissbach). を参照のこと。また A. Jolles, *Einfache Formen* 1930; tr. fr., *Formes simples*,（ヨレス『メールヒェンの起源――ドイツの伝承民話』高橋由美子訳、講談社） Paris 1972, pp. 103–119, さらには鋭敏な S. Levi Della Torre, *Ermeneutica Vinciana*, in “Achademia Leonardi da Vinci”, 6 (1995), pp. 228–231.も参照のこと。

13 ヴィンケルマンが発見した ms. Vat. 1950 を初めて使ったジョリの校本 (*Pensées de l’empereur Marc-Aurèle-Antonin ou leçon de vertu que ce Prince philosophe se faisoit à lui-même, nouvelle traduction du grec…*, Paris 1770, p. XIX)

への彼自身の序文を参照のこと。

14 *Marci Antonini Imperatoris, de se ipso et ad ipsum libri* XII, *Guil. Xylander Augustanus graece et latine primus edidit, nunc vero […] notas emendationes adjecit Mericus Casaubonus*, Londini 1643, prolegomena.

15 P. Bayle, *Dictionnaire historique et critique*,（ベール『歴史批評辞典』野沢協訳、法政大学出版局）Rotterdam 1720³, II, pp. 1339–1340. ベールはスペインの古代研究家 Pedro de Rhuaの批判にゲヴァーラが出した懐疑的答えを激しく退けている。この書簡交換については Biblioteca de autores españoles, t. XIII, Madrid 1872, pp. 229–250 と P. Bayle, *Dictionnaire*…, cit. の Rua, Pierreの項目を参照のこと。ゲヴァーラの本はすでに一五四八年に Fausto da Longianoによって「まったくの作り物」とみなされていた。Cfr. H. Vaganay, *Antonio de Guevara et son œuvre dans la littérature italienne*, in “La Bibliofilia”, XVII (1915–1916), p.339. エラスムスのグループの沈黙を、M. Bataillon, *Erasmo y España*, México-Buenos Aires 1950, II, p. 222.は非難のしるしと解釈している。

16 A. de Guevara, *Il terzo libro di Marco Aurelio con l’Horologio de’ Principi*, Venetia 1571, cc. 6v–7v.

17 Cfr. A. de Guevara, *El Villano del Danubio y otros fragmentos*, introduzione di A. Castro, Princeton 1945, p. XV. だが L. Spitzer, *Sobre las ideas de Américo Castro a propósito de “El Villano del Danubio” de Antonio de Guevara*, Bogotá 1950. が A. Castroの解釈に加えた説得力ある批判を参照のこと。重要な本 G. Gliozzi, *Adamo e il nuovo mondo*, Firenze 1977. にはゲヴァーラの作品についての言及がない。

18 A. de Guevara, *Il terzo libro di Marco Aurelio*…, cit., c. 9r.

19 Ivi, c. 6r.

20 この点については A. Castro in A. de Guevara, *El Villano del Danubio y otros fragmentos*, cit., p. XXIII.を参照のこと。

21 Cfr. *El dyalogo de Salomon e Marcolpho* (Venezia 1502), in G. C. Croce, *Le sottilissime astuzie di Bertoldo. Le piacevoli e ridicolose semplicità di Bertoldino*, a cura di P. Camporesi, Torino 1978, p. 208.

22 Cfr. *Salomon et Marcolphus*, a cura di W. Benary, Heidelberg 1914, pp. 1–2: “Statura itaque Marcolphi erat curta et grossa. Caput habebat grande; frontem latissimum, rubicundum et rugosum; aures pilosas et usque ad medium maxillarum pendentes; oculos grossos et lipposos; et labium subterius quasi caballinum; barbam sordidam et fetosam quasi hirci; manus truncas; digitos breves et grossos; pedes rotundos; nasum spissum et gibbosum; labia magna et grossa; faciem asininam; capillos veluti spinule ericiorum; calciamenta pedum eius rustica erant nimis; et cingebat renes eius dimidius gladius; vaginam quoque

mediam habebat crepatam et in summo capite repalatam; capulum de tilia factum erat et cum cornu hircino ornatum". イタリア語における「髪」と「ハリネズミ」の混乱は（Vincenzo Maria di S. Caterinaと Lazzaro Spallanzaniの引用がある *Grande dizionario della lingua italiana* di Salvatore Battaglia, のそれぞれの項目を参照のこと）他のヨーロッパの言語でも起こりうる。

23 "Et hic fortasse est quem fabulose popularium narrationes Marcolfum vocant, de quo dicitur quod Salomonis solvebat aenigmata et ei respondebat, aequipollenter et iterum solvenda proponens" (cfr. G. C. Croce, *Le sottilissime astuzie di Bertoldo*, cit., p. 169). 中世の先例については *The Poetical Dialogues of Solomon and Saturn*, a cura di R. J. Menner, New York 1941.を参照のこと。

24 Cfr. G. C. Croce, *Le sottilissime astuzie di Bertoldo*, cit., p. 10. *Contadino del Danubio*が *Bertoldo* に及ぼした影響については P. Camporesi, *Mostruosità e sapienza del villano*, in *Agostino Gallo nella cultura del Cinquecento*, a cura di M. Pegrari, pp. 193–214, 特に pp. 193–197.を参照のこと。

25 Cfr. M. Bachtin, *Tvorcestvo Fransua Rable i narodnaja kultura srednevokov'ja i Renassansa*,（バフチーン『フランソワ・ラブレーの作品とルネッサンスの民衆文化』川端香男里訳、せりか書房）Moskva 1965.

26 Cfr. Agostino, *De civitate Dei*, 4. 以下に引用がある。Tommaso d'Aquino, *De regimine principum*, Parmae 1578, l. II cap. V, cc. 112r–v: "Remota iustitia quae sunt ipsa regna, nisi quaedam latrocinia? [...] introducit autem ad suum probandum intentum exemplum de quodam pyrata, qui vocabatur Dionides: qui cum fuisset captus ab Alexandro, quaesivit ab eo cur mare haberet infestum? Ipse libera contumacia respondit: Quid tibi, ut orbem terrarum? Sed quia ego exiguo navigio id facio, latro vocor, tu vero, quia magna classe, diceris imperator".

27 Cfr. Michel de Montaigne, *Essais*, a cura di A. Thibaudet, Paris 1950, p. 379 (II, II, *De l'yvrongnerie*). モンテーニュはゲヴァーラの書簡集に否定的な評価をしている（I, saggio XLVIII p. 330）。

28 Ivi, p. 253.

29 M. de Montaigne, *Essais*, cit. 全般的には J. Swift, *I viaggi di Gulliver*, Milano 1997.への G. Celati の序文を参照のこと。

30 Cfr. J. de La Bruyère, *Les caractères* ("De l'homme", 128), in Id., *Œuvres complètes*, a cura di J. Benda, Paris 1978, p.333: この文章は G. della Volpe, *Rousseau e Marx*, Roma 1962, pp. 163–164で翻訳され、簡潔な注釈が付けられている（現

在扱っている主題に関して、かなり前に興味をかき立てられた部分である)。

31 Voltaire, *Essai sur les mœurs*, a cura di R. Pomeau, Paris 1963, pp. 22–23.

32 重要な論文 A. Prosperi, "*Otras Indias*". *Missionari della Controriforma tra contadini e selvaggi*, in Id., *Scienze, credenze occulte, livelli di cultura*, Firenze 1980, pp. 205–234 を参照のこと。さらに Id., *Tribunali della coscienza. Inquisitori, confessori, missionari*, Torino 1996, pp. 551 sgg. も参照のこと。

33 Cfr. C. Ginzburg, *Le voci degli altri. L'elemento dialogico nella storiografia gesuitica*, in "Ta Historika", 12, n. 22, giugno 1995, pp. 3–22 (in greco).

34 Cfr. V. Šklovskij, *Una teoria della prosa*, cit., p. 87. 若き日のトルストイは日記に、「人間を動物に変えるのには、制服と、家族からの分離と、太鼓の連打だけで十分である」と書いている(R. F. Gustafson, *Leo Tolstoy Resident and Stranger*, Pninceton 1986, p. 347より引用)。これは引用したヴォルテールの文章の影響を受けていると思える。

35 後期の文書（一九〇七）に関しては、弟子のRusanovが整理した、ラ・ブリュイエールや他のフランスのモラリストたちの文章のアンソロジーに寄せた、トルストイの短い序文を参照のこと(L. Tolstoj, *I Cannot Be Silent. Writings on Politics, Art and Religion*, a cura di N. Gareth Jones, Bristol 1989, pp. 200–201, Pier Cesare Boriの教示による)。トルストイはモラリスト（その中には「その著作の一部がこの種の文学ジャンルに入る、素晴らしいモンテーニュがいる」）と体系的思想家を対比し、明らかに前者を好むことを表明している。

36 Cfr. R. Pomeau, *Introduzione* a Voltaire, *Essai sur les mœurs*, cit., I, p. LV: "Dans toute l'œuvre, ce fut cette *Philosophie de l'histoire*, si contestable, même à sa date, du point de vue de la science, qui exerça l'influence la plus marquée sur les imaginations révolutionnaires et romantiques".

37 F. Orlando はその *Illuminismo e retorica freudiana*（私はこの本から多くを学んだ）, 特に p. 163, で、啓蒙主義時代の異化を一九、二〇世紀のそれと明確に対立させた（ブレヒトを部分的な例外としているが）。私が本論で描き出している眺望は、一方では、啓蒙主義以前の異化と、啓蒙主義の異化、トルストイの異化との間に実質的な連続性があり、もう一方ではトルストイの異化とプルーストのそれには実質的な非連続性がある、ということを示している。

38 L. Tolstoj, *Resurrezione*, tr. it. di A. Villa, Firenze 1965, p. 177.

39 Cfr. V. Bulgakov, *Leone Tolstoj nell'ultimo anno della sua vita*, Foligno 1930, p. 431.（この文章もPier Cesare Boriの教示による）

40 Cfr. M. Proust, *All'ombra delle fanciulle in fiore*, ; *À la recherche du temps perdu*, I, a cura di P. Clarac e A. Ferré, Paris 1960, pp. 653–654: "Mais ma grand-mère [...] m'avait appris à en aimer les vraies beautés [...]. Elles devaient bientôt me frapper d'autant plus que Madame de Sévigné est une grande artiste de la même famille qu'un peintre que j'allais rencontrer à Balbec et qui eut une influence si profonde sur ma vision des choses, Elstir. Je me rendis compte à Balbec que c'est de la même façon que lui qu'elle nous présente les choses, dans l'ondre de nos perceptions, au lieu de les expliquer d'abord par leur cause. Mais déjà cet après-midi-là, dans ce wagon, en relisant la lettre où apparaît le clair de lune: 'Je ne pus résister à la tentation, je mets toutes mes coiffes et casaques qui n'étaient pas nécessaires, je vais dans ce mail dont l'air est bon comme celui de ma chambre; je trouve mille coquecigrues, *des moines blancs et noirs, plusieurs religieuses grises et blanches, du linge jété par-ci par-là, des hommes ensevelis tous droits contre des arbres*, etc.' je fus ravi par ce que j'eusse appelé, un peu plus tard (ne peint-elle pas les paysages de la même façon que lui, les caractères?) le côté Dostoïevsky des *Lettres de Madame de Sévigné*". プルーストの引用は完全ではない。本文はこうなっている。"du linge jété par-ci par-là, des hommes noirs, d'autres ensevelis etc.": cfr. Madame de Sévigné, *Correspondance*, II, a cura di R. Duchêne, Paris 1974, p. 970 (12 giugno 1680).

41 Samuel Beckett (*Proust*,〔ベケット『プルースト』大貫三郎訳、せりか書房〕London 1965, prima ed. 1931, pp. 85–87) の明敏な見解をその後の批評家たちは無視している。例えば以下を参照のこと。J.-L. Backés, *Le Dostoïevski du narrateur*, in "Cahiers Marcel Proust", n. s. 6, "Études Proustiennes", 1, 1973, pp. 95–107; A. Labat, *Proust's Mme de Sévigné*, in "L'Esprit créateur", XV (Spring–Summer 1975), nn. 1–2, pp. 271–285; M. Pejovic, *Proust et Dostoïevski. Étude d'une thématique commune*, Paris 1987.

42 Cfr. V. Šklovskij, *Una teoria della prosa*, cit., p. 18. R. F. Gustafson, *Leo Tolstoy*..., cit., p. 248.が分析した文章（『戦争と平和』のネスヴィツキイ公が戦場に足を踏み入れる描写）を参照のこと。

43 Cfr. J. Monnin-Hornung, *Proust et la peinture*, Genève-Lille 1951, pp. 72–101.（念入りである）

44 Cfr. M. Proust, *All'ombra delle fanciulle in fiore*, cit., p. 442; *À la recherche du temps perdu*, I, cit. pp. 838–839.

45 Cfr. M. Merleau-Ponty, *Sens et non- sens*,（メルロ＝ポンティ『意味と無意味』滝浦静雄他訳、みすず書房）Paris 1948, "Le doute de Cezanne", pp. 27–44, 特に p. 30: "Nous vivons dans un milieu d'objets construits par les hommes, entre des ustensiles, dans des maisons, des rues, des villes et la plupart du temps nous ne les voyons qu'à travers les actions humaines dont ils peuvent être les points d'application. Nous nous habituons à penser que tout cela existe nécessairement et est inébranlable. La peinture de Cézanne met en suspens ces habitudes et révèle le fond de nature inhumaine sur lequel l'homme s'installe. C'est pourquoi ces personnages sont étranges et comme vus par un être d'une autre espèce". この論文でメルロ＝ポンティはプルーストに言及していない。

46 明敏な論文 F. Orlando, *Proust, Sainte-Beuve, e la ricerca in direzione sbagliata*,を参照のこと（M. Proust, *Contro Sainte-Beuve*, Torino 1974.への序文として発表された）。

47 F. Moretti, *Opere mondo. Saggio sulla forma epica dal "Faust" a "Cent'anni di solitudine"*, Torino 1994.の明断な分析を参照のこと。

48 Cfr. M. Proust, *La prigioniera*, tr. it. di P. Senini (多少変更が加えてある), Torino 1970, p. 371; *À la recherche du temps perdu*, III, cit., *La prisonnière*, p. 378:

49 Cfr. L. Spitzer, *Sullo stile di Proust*, in Id., *Marcel Proust e altri saggi di letteratura francese*, Torino 1959, pp. 309 sgg.; B. G. Rogers, *Proust's Narrative Techniques*,Genève 1965, pp. 160 sgg.

50 M.Proust, *Il tempo ritrovato*, cit., p. 295; *Le temps retrouvé*, cit., pp. 982–983.

51 Cfr. M. Proust, *La prisonnière*, cit., p. 379, e *Sentiments filiaux d'un Parricide*, in "Le Figaro", 1° febbraio 1907, (私は Id., *Scritti mondani e letterari*, a cura di M. Bongiovanni Bertini, Torino 1984, pp. 205–214で読んだ)。プルーストが母親を殺した若者アンリ・ド・ブランベルグと自分を半ば同一視したことは、記事の検閲された結論部分で特に明らかになる(p. 694)。その前の文章でプルーストは、母親に与えた苦しみに罪の意識を持っていることを示唆している。しかしより深いレベルでは、彼の行動はより両義的で、"aupres de Montjouvain"の大場面に投影されたようなサディスト的傾向により近かったと思える。意味深いのは、この大場面がすでに述べた *Sentiments filiaux d'un Parricide* を反映させた、明らかに自伝的な文章で終わることである。"Cette indifférence aux souffrances qu'on cause et qui, quelques autres noms qu'on lui donne, est la forme terrible et permanente de la cruaute" (Du côté de chez Swann, cit., p. 165).

第二章　神話
——距離と虚偽*

ある言葉が連続して使われているからといって、その意味が必ずしも連続しているとは限らない。例えば私たちが「哲学」と呼んでいるものは、様々な転変はあるが、ギリシア人の「哲学」と同じである。しかし私たちの「経済」は学問的にも、その対象も、ギリシア人の「経済」とは共通するものがほとんどない。私たちは「神話」について、しばしば個別的にも、一般的にも語る。例えば「新しい世代の神話」、「アマゾンの部族の神話」といった具合である。私たちは遠く時空を隔てた現象に、ためらいもなく「神話」という言葉を使う。これは自民族中心主義的な傲慢さの現れではないのか？

この疑問は、一九八〇年代初頭に起きた、ギリシア神話及びギリシア人の神話観（この二つは関連しているが、同一ではない）に関する論争の中で、陰に陽に提示されたものである。「神話」

と名づけられた、ある特定の話を同類視する可能性に疑問が出された。名状しがたい伝統的知に対する、理性の名による攻撃的論議、つまり神話学が存在したのであって、神話は存在しなかった、という主張がなされた。[2] この主張はそれ自体批判の余地のあるものだが、ある利点がある。それはプラトンの神話断罪に注意を集めたことだ。それは再検討する価値のあるものなのである。

I

1　プラトンは『国家』の第二巻で、国家の守護者に授けられるべき教育について述べている。それは「身体のための体育と魂のための音楽」を想定している。音楽は「論述 λογους を含む」が、それには「真のものと偽りのもの」とがある。偽りは幼年時代から排除されるべきである。子供たちに語られる神話 μυθους は、「いくらか真実が混ざっているにせよ、虚偽」でしかない。したがって「神話を作り出すものたちを監視」しなければならない。良き神話を作る時は採用すべきだし、悪しきものを作る時には退けるべきなのである（376c–377d）。その後に続く、ホメロス、ヘシオドス、そしてその他の詩人に対する非難は、同じ論点からである。「彼らは偽りの神話を作り、それはかつて人々に語られ、今も語られている」。詩人が神々に負わせた非道徳的行為は、クセノファネスの反宗教的風刺に糧を与えた。プラトンは神の概念と両立し得ないがゆえに、そうした行為を退ける。「われわれは神からいかなる悪意ももたらされないことを証明した」[3]。プラトンの偽りの神話に対する綿密な批判は、詩人の断罪を導き出した。詩人は理想国家に入ることを許されなかったのである。

プラトンは神話自体を断罪しているわけではない。もしそうなら、それ以外の、浄化された、しかるべく訂正された神話の普及を願うわけがない。彼は偽りの神話を断罪しているのだ。そこにいくらかの真実があると認めたにしても。例えば『ティマイオス』（22c–22d）では、エジプトの神官がソロンに、パエトンの話は「神話的な外観を呈しているが、本当のことを言えば」、天体の運行は定期的に破壊をもたらすということなのだと語った、と書かれている。しかし一般的には、ある神話の中での偽りの要素と真実の要素の区別は、『パイドロス』（229c–230a）の有名な文章からも分かる通り、単純なものではない。[4]

パイドロスとソクラテスがアテネの近郊を散歩している。パイドロスは語りかける。「ちょっとおたずねしますけれど、ソクラテス、ボレアースがオーレイテュイアをさらって行ったという言い伝え λέγεται がありますが、あれはイーリッソス川のどこかこのあたりで起こったことではないでしょうか。あるいはアーレースの丘でしょうか。そういう話 λόγος がありますが」。ソクラテスはうなずく。パイドロスは、川の澄んだ水が確かにオーレイテュイアのような娘の気晴らしに適していたと述べる。ソクラテスはさほど遠くないところにボレアースに捧げられた祭壇があると言う。「それは気づきませんでした」とパイドロスは述べる。「しかしゼウスにかけて、ソクラテス、あなたはこの神話 μυθολόγημα についてどう思いますか。真実ですか ἀληθές」。

パイドロスは λόγος と μυθολόγημα という言葉を（それは「話」と「神話」という言葉で訳されている）あたかも同じであるかのように使っている。パイドロスの質問はある特定の神話についてだが、それは『国家』の第二巻が扱っている問題、つまり神話の真実性の問題に触れている。ソクラテスの答えは論議をより一般的な地平に移している（229c–229e）。

いやたしかに、もしぼくが賢い人たちがしているように、そんな伝説は信じないと言えば、当節の風潮に合うことになるだろうね。そして学のあるところを見せながら、「彼女オーレイテュイアがパルマケイアといっしょに遊んでいるとき、ボレアースという名の風が吹いて、彼女を近くの岩からつき落としたのである。彼女はこのようにして死んだのであるが、このことから、彼女がボレアースにさらわれて行ったという伝説が生まれたのである」とでも言えばよいわけだ。あるいは、アーレースの丘からつき落とした、と言ってもいい。なぜなら、もうひとつそういう伝説もあって、このイーリッソス川からではなく、アーレースの丘からさらわれたとも言われているのだから。しかし、パイドロス、ぼくの考えを言うと、こうした説明の仕方は、たしかに面白いにはちがいないだろうけれど、ただ、よほど才知にたけて労をいとわぬ人でなければやれないことだし、それに、こんなことをする人は、あまり仕合せでもないと思うよ。なぜかというと、ほかでもないが、その人はつぎにヒポケンタウロスの姿を納得のいく形に修正しなければならないことになるし、さらにおつぎはキマイラの姿を、ということになる。さらにはまた、これと似たようなゴルゴンやペガソスたちの群、そしてまだほかにも不可思議な、妖怪めいたやからどもが大挙して押しよせてくるのだ。もし誰かがこれらの怪物たちのことをそのまま信じないで、その一つ一つをもっともらしい理くつに合うように、こじつけようとしてみたまえ！　さぞかしその人は、なにか強引な知恵をふりしぼらなければならないために、たくさんの暇を必要とすることだろう。[5]（藤沢令夫訳、岩波書店）

この種の解釈にソクラテスは興味がなかった。「ぼくは、あのデルポイの社の銘が命じている、われみずからを知るということがいまだにできないでいる。それならば、この肝心の事柄についてまだ無知でありながら、自分に関係のないさまざまのことについて考えをめぐらすのは笑止千万ではないかと、こうぼくには思われるのだ」。彼はこの種のことについては、一般的に信じられていることに、あるいは今日の言葉では、伝統に、身を委ねると断言している。

ソフィストが提起したように、神話を一連の自然的、日常的状況に還元する解釈を、プラトンが拒絶する姿勢は明らかである。ボレアースとオーレイテュイアの神話が「真実」かと尋ねるパイドロスに対して、寓意の「素朴な」解釈は概して「まことらしい結論」に達する、とソクラテスは答える。しかしケンタウロス、キマイラ、「ゴルゴンやペガソス」の群を解釈する時は、そうした結論さえ難しくなる。ここで複数形を用いているのは、皮肉な、ほとんど侮蔑的な距離感を示すためである。つまりみな同類だということだ。ソクラテスはボレアースのオーレイテュイア誘拐にまつわる話（λόγος? μυθολόγημα?）をすでに背にして、その話が属するより広い範囲を考察している。彼の言葉から、ケンタウロスやゴルゴンなどは、この種の話の時代遅れの要素であることが分かる。こうした存在に共通するのはその混成的部分である。つまり人間であると同時に動物である、あるいは異種の動物の組み合わせでできているのである。そのほぼ四世紀後、ハリカルナッソスのディオニュシオスはこうした混成的存在を、トゥキュディデス（I,22,4）が誇らしげに取り除いたと語った神話的要素（μυθῶδες）と同一視している。

> トゥキュディデスは［…］彼以前の歴史家と［…］自分を区別している。それは歴史に神話的なものを加えなかったためであり、彼以前の著作家がすべてそうしたように、ごまかしや虚言に頼らなかったためである。例えば地中から出てきて森や林にいるラミア、タルタロスから出てきて海を泳ぎ、動物の四肢を持っていて人間と交わる、両棲のナイアス、あるいは人間と神々から生まれた半神の子孫たちなどについては語っていない。また現代では非常に愚かしく、信ずるに値しないような話も語っていない。[6]

2 トゥキュディデスがしたように、そしてハリカルナッソスのディオニュシオスが追随したように、「神話的要素」τὸ μυθῶδες について語ることは、神話を均質の（そして本事例では、否定的な）範疇とみなすことを意味する。[7] しかしすでに見たように、プラトンの立場は違っている。一方では彼はまだ μῦθος を、論議のある特定の範疇に持続的に結びつけてはいない。そして他方では、（詩人を初めとして）伝統によって語り伝えられた話の内部で、真実と偽りを区別しようと努めている。ここでくり返しておくのが適当だろう。プラトンが攻撃したのは神話ではなく、偽りの主張を伝えるものとしての神話なのだ。

ここで検討したプラトンの著作（『国家』第二巻と『パイドロス』）は、ほぼ同じ時代にさかのぼるとみなされている（BC三九〇―三八五年頃）[8]。しかしプラトンは、偽りの論述に関しては、その後『ソピステス』で、エレア学派の哲学との緊密な論争の中で再度言及している[9]。パルメニデスとその弟子たちが主張した過激な一元論的見通しの中では、否定は非在を含んでいた。つまり「存在しないものは存在しない」のである。『ソピステス』では、プラトンの代弁者であるエレアからの客人は、完全否定と限定否定を、つまり「何ものでもない」ことと「あるものでない」ことを区別して、エレア学派の立場に反論する。この論証は対話の最後で（259e–264b）、偽りの論述のテーマを導入することでさらに発展させられる。

エレアからの客人　〈非有〉（あらぬもの）は、もろもろの類のなかの一つの類であって、あるもののすべてにわたってばらまかれているものだということが、われわれに明らかになったのだった。

テアイテトス　そうです。

エレアからの客人　そこで、次にしらべなければならないのは、はたしてその〈非有〉（あらぬもの）が、判断（思いなし）や言表と混じり合うものかどうか、ということだ。

テアイテトス　どうしてでしょうか。

エレアからの客人　もし〈非有〉（あらぬもの）がそれらと混じり合わないのならば、すべてはかならず真でなければならないことになるし、もし混じり合うとすれば、虚偽の判断や虚偽の言表が生じることになる。なぜなら、ありもしない物事を判断したり語ったりすること、それが、思考や言表の内に生じる虚偽ということにほかないからだろうね。

テアイテトス　そうです。[10]（藤沢令夫訳、岩波書店）

ここまで来て、エレアからの客人は新たな区分を、動詞 ῥήματα と名詞 ὀνόματα の区分を導入する。それはこのように説明される。

エレアからの客人　なぜって、私が言いたかったのはまさにそのこと——つまり、名詞や動詞がこんなふうに連続して語られても言表にはならない、ということだったからだ［…］例えば、「歩く、走る、眠る」というふうに、さらには、さまざまの行為を意味するその他の動詞をかき集めて、たとえその全部を続けて語ったとしても、それが言表を作り上げないことにいささかも変わりはないのだ［…］そしてまた他方、「ライオン、鹿、馬」と言われる場合、さらにこれに加えて、こんどは行為をしている者たちを名指す他のさまざまな名詞が並べられるとしても、このような仕方での語の連続によっては、やはり、いかなる言表もまだ成立しないのだ。なぜなら、いまの例においても、先の例においても、声に出された言葉は、どのような行為がなされているか、またはなされていないかということも、そこにあるものまたはないものが何であるかということ

も、何ひとつ明らかにしていないからだ――人が名詞と動詞をいっしょにして語るまではね。（藤沢令夫訳、岩波書店）

「人間は学ぶ」といった、主語と動詞を結ぶ最小限の節を出発点にして、我々は真実、あるいは偽りの論述について語りうる（とエレアの外国人は結論づける）。前者はあるものに、後者はないものに関連している。[11]

3　アリストテレスは『命題論』で、『ソピステス』が到達した結論を修正している。まず第一に、彼は動詞 ῥήματα と名詞 ὀνόματα の区分を小さくしている。「動詞はそれみずからをそれ自身だけで語られると、名称であって、何か或るものを意味する［…］。しかし「ある」か、それとも「あらぬ」かをいまだ意味しはしない」（16b20）。第二に、「「非‐人間」というのは名称ではない［…］それは文句でもなければ、また否定でもないからである。むしろそれは「無規定の名称」ὄνομα ἀόριστον であるとすべきである」（16a30）としている。同じことは動詞についても言える（アリストテレスは「無規定の動詞」については語っていない）。

何故なら否定は常に真であるか、偽であるかでなければならないが、「非‐人間」と言った人は、もしそれに何かが付け加えられるのでなければ、「人間」と言った人にくらべて、決してより多く真、あるいは偽を言ったのではなく、と言ってまたより少なく真、あるいは偽を言ったのではないからである（20a31–20a35）。（山本光雄訳、岩波書店）

こうした断定を導くものとして、『命題論』の初め（16a9–18）に以下のような文章がある。

しかし霊魂のうちには時として思想が真、あるいは偽であることなしにあるが、また時としてはもうこれらのうちのどちらか一方がかならず存しなければならぬ思想があるように、音声のうちにもまた同様なことがある。というのは偽と真とは結合と分離とに関するものだからである。ところで名称と動詞とはそれ自身としては結合や分離なしにある思想に似ている。例えば何も付加されていない時の「人間」、あるいは「白い」のようなものである。というのは、それはまだ真でも偽でもないからである。そしてそのことの証拠はこうである、すなわち「牡山羊鹿」は或るものを意味する、しかしそれに、あるいは時の限定を抜いてにせよ、あるいはそれを付けてにせよ、「ある」や「あらぬ」が付加されていなければ、真、あるいは偽をいまだ意味しないのである。[12]（山本光雄訳、岩波書店）

プラトンが『ソピステス』で作り上げた定立、つまり孤立して取り出された名詞（例えば「鹿」ἔλαφος）は真実でも偽りでもない、という定立は、アリストテレスにより実存しない動物（牡山羊鹿 τραγέλαφος）の例によって再提起され、補強された。[13] この非実在という特徴は前掲の文章では暗にほのめかされているが、他のアリストテレスの著作では繰り返し強調されている。『物理学』では、スフィンクスと同様に牡山羊鹿も存在せず、したがっていかなる場所にもいないと書かれている。『分析論後書』（92b4–8）では以下のように書かれている。

さらに、ひとは「事物の何であるか」をどのようにして証明するのであろうか。何となれば、「人間の何であるか」や、何であれ他の何ものかの「何であるか」を知っている者は、必然にまた、「そのものがある」ことをも知っていなければならないからである。じっさい、あらぬものについてはひとは、誰もそのものが何であるかを知らないのである。もちろん、私が「山羊鹿《トラゲラポス》」と語る時、その陳述、あるいは、名称が何を表示しているかをひとは知っている。しかしながら、「山羊鹿」の「何であるか（山羊鹿の本質）」はひとがこれを知ることの不可能なるものである。[14]（加藤信朗訳、岩波書店）

この数ページ前では（89b23–35）、同じ論証が別のやり方で導き出されている。おそらくソフィストに由来する、「もしケンタウロス、あるいは神が存在するなら」という疑問を通じてである。「ここで、「あるか、それとも、あらぬか」と私が言う時、それは「限定ぬきの意味において、あるか、それとも、あらぬか」という意味であって、「白であるか、それとも、白であらぬか」という意味ではない。そして「そのものがある」ということを知る時に、われわれは「そのものが何であるか」を探求する。すなわち、「では、神とは何であるか」、または、「人間とは何であるか」

と探求する場合のように」とアリストテレスは書いている。[15]

すでに見たように、ギリシア人にとって混成生物は、後に「神話」と分類された種類の話と緊密に結びついていた。直前に引用した文章では、牡山羊鹿、ケンタウロス、スフィンクスは（今日言うところの）指示的価値のない実体としての、単なる論理的要素でしかない。[16] しかし結局のところ二つの領域は——論理学と神話研究のそれは——互いに絡み合うのである。

4　中世ヨーロッパでは何世紀もの間、ボエティウスの翻訳と注釈がアリストテレスの論理学的著作への唯一の接近の道になっていた。そうしたものの中に注釈付きの『命題論』もあったが、その注釈には長さの違う二つの版がある。ボエティウスは牡山羊鹿の例にぶつかった時、熱狂を抑えきれなかった。ある単独名詞が真実でも偽りでもないことを、複合名詞で、しかも存在しない存在の名詞で示している例だからである。[17]「この例の独創性と驚くべき明敏さが、それをより有効なものにしている」。彼はこう書いて、次のように注釈を加えている。「しかし存在や非在が、絶対的意味か、あるいは時にしたがって付け加えられない限り、それが真実か偽りかは言えない」（傍点は筆者）。ボエティウスはこの対置を、「本質にしたがった」陳述と、「ある特定の存在を伝達する」何ものかを付け加える陳述との対置に引き戻す。

事実われわれが「神は存在する」と言う時、それは「いま存在する」とは言わずに、ただ本質的に「存在する」とだけ言う。そのことからわれわれの断定は不定の時ではなく、本質の不動性に関わることが分かる。だが「昼である」と言うなら、それは昼の本質ではなく、時間の中でのその位置を言っているだけである。つまり「こうである」、あるいは「いまがその時である」というのと同じ言い方である［…］これが第一の説明だ。そして第二の説明だが、「何ものかである」という言い方は二つある。つまり絶対的（simpliciter）言い方と、時に従った言い方である。絶対的な言い方は現在という時に従っている。例えば「牡山羊鹿はいる」という言い方だ。しかしここでの現在とは時を指すのではなく、さまざまな時を分ける区分のことである。実際、過去の終わりは未来の初めである［…］（前にも言ったように）過去と未来という二つの時がある。もしあるものが現在で語るなら、それは絶対的な言い方だ。もし過去か未来で語るなら、それは時に従って語っている。そして第三の説明の仕方もある。われわれは時には不定な話し方として時を使う。例えば「牡山羊鹿はいる、いた、いるだろう」と語る時、それは不定の絶対的な（indefinite et simpliciter）言い方である。しかしこの絶対的な言い方に、「いまは」、「かつては」、「将来は」と付け加えるなら、それは時を付け加えたことになる。[18]

ボエティウスはアリストテレスの「絶対的、あるいは時に従った」省略的表現を、時間的意味での「存在する」と非時間的意味での「存在する」の間にある曖昧性に関連づけて解釈し始める。[19]この曖昧性は現在（「存在する」）を非時間的領域と同一視し、過去と未来（「存在した」「存在するだろう」）を時間的領域と同一視する、第二の説明によって除去される。そして第三の説明が出てくる。それによると、現在以外に、過去や未来も「不定に、絶対的に」(indefinite et simpliciter)考えられる。つまり「牡山羊鹿はいる、いた、いるだろう」という言い方である。これらの三つの説明は(ボエティウスはそのいずれも選んでいないのだが)[20]、「存在する」という動詞のあらゆる時間的限定を、「時間に従った」考慮から漸進的に取り去る。そしてそれと関連して、アリストテレスが行った「単独の名詞」が持つ力の証明が開示した、非時間的、絶対的、不定な領域が徐々に広がっていく。[21] 事実非在の分類項の代表である「牡山羊鹿」は非常に強力な論理的装置であることが示される。それはゼロの発見に似ている。

アリストテレスの論理学的著作に対する、ボエティウスの独創性のない、わずかな注釈に、あまりにも長くかかずりあったかもしれない。今日の信頼すべき仮説によると、ボエティウスは自分が保有していた『オルガノン』についていたギリシア語の注解を参考にしたとされている。それはおそらくプロクロスの学派に由来するのだろう。[22] しかしそうした注解が前述の注釈を含んでいたとは思えない。「過去と未来という二つの時しかない」という断定は、聖アウグスティヌスの『告白』第十一巻の有名な断定の転覆のように思える。「時は三つある、過去のものごとの現在、現在のものごとの現在、未来のものごとの現在である」[23]。実存的といえる聖アウグスティヌスの現在に対して、ボエティウスは非時間的で論理的な現在を対置する。これは彼の他の著作でも別の形であらわれる論争である。ボエティウスの『三位一体論』では、神は「常に存在する」。しかしそれは「常に存在した、常に存在する、常に存在するだろう」という意味ではない。なぜならこうしたことは天空や不滅の天体について言えることだからだ。神は「存在する、なぜなら永遠なる現在の中にいるからだ」。これはわれわれの存在の仕方とは違っている。永遠が永続と違うのと同じだ。この区別は聖アウグスティヌスの『三位一体論』には存在しない。ボエティウスが大いに負っていると断言している書物ではあるが。[24]

5 「神は存在する」「牡山羊鹿は存在する」。現実的存在と非在の存在が、永遠の現在という非時間的で絶対的な次元の中で共存している。[25] この逆説的な収斂は、数ページ前でボエティウスが行った言及、「詩人たちが作り上げた（finxerunt）キマイラやケンタウロス」という文章を注意深く分析するように促す。いったいこの言葉をなんと訳すべきなのだろうか。「作り上げた」、あるいは「発明した」とすべきなのか。[26]

こうした選択肢は当然提示されるべきだ。なぜなら古代末期にキリスト教や異教の著作家が今日神話と呼ばれるものを定義するのに広汎に用いた言葉、fictiones, figmentaの明確な意味は、同一とはとうてい思えないからだ。聖アウグスティヌスはアプレイウスの『ソクラテスのダイモン』に関する文書についてこう書いている（『神の国』十一巻、七）。「これが詩人たちの虚構（fictio poetarum）である。そうでないものを神と呼ぶことである」一方マクロビウスは『スキピオの夢』についての注釈で、時には「作り事の純粋な薄膜のもとで［…］聖なる物事を知らせることができる」（sacrarum retum notio sub pio figmentorum velamine [...] enuntatur）と述べている。この見解は初めは、神に関して物議をかもすことはない、プラトンの神話に基づいて述べられていたのだが、後にはホメロスにも適用されるようになった。それは「神のあらゆる叡智のもとであり、源泉であり、詩的作り事の薄膜のもとで真実を賢者に明かす」ものだからだ。[27] 後に私たちは聖アウグスティヌスの虚構 fictio と、マクロビウスの作り事 figmentum、聖なる真実の薄膜との対立が、現実的というより見せかけのものだったことを見るだろう。だがボエティウスはいかなる立場だったのだろうか。

おそらくアリストテレスの牡山羊鹿の例に接した時の彼の熱狂は、未開拓の探求分野が開けるのを見たものの熱狂だったのだろう。五一五—五一六年の直後、つまり『命題論』への第二の注釈が書かれたと思える頃、ボエティウスは『三段論法について』を書き始めたと考えられる。[28] 彼は序文で、その論題に関してはアリストテレスは何も書かず、テオフラストスは総括的なことしか述べてなく、エウデモスは種をまいただけにすぎない、と誇らしげに書いている。[29] ボエティウスにとってそれは、雄弁術に対する興味のさらなる発展であった。彼はその興味ゆえにキケロの『前提論』を注釈し、「聖なる宮殿の行政官」であるパトリキに捧げたのである(おそらく『三段論法について』を捧げたのと同一の人物である)。[30] ボエティウスが検討した三段論法の中でも、例えば二つの仮定命題を伴ったものは(もしaがbであるなら、そしてcがdであるなら)、否応なしにローマ法の論理装置を思い起こさせる。[31] 例えばガイウスの『法原論』から例を引いてみよう(IV, 37)。「もしヘルメスの息子、ディオンの勧めと助けにより黄金のパテラが奪われたのだとしたら、そしてもし彼がローマ市民であるなら、それは彼を泥棒と断罪する理由となる」。しかしもし被疑者（あるいは窃盗の被害者）が外国人なら、その場合は、法が許すなら、彼に仮のローマ市民権が認められる（とガイウスは注釈している）[32]。

こうした法的擬制（fictiones）はローマの法律家にはなじみ深いものだった[33]。ローマの元老院議員のボエティウスにとって、アリストテレスの牡山羊鹿は、詩的＝宗教的虚構（fictio）ではなく、論理的＝法的虚構（fictio）だった。それはある明確な領域内で、実在しない現実を活動させる構造であった。

6 今日流行の解釈によると、西欧の思想史は「非時間的精神」と「実践的魂」の対立に支配されてきた。つまりプラトン直系の権威的形而上学者と、ソフィスト、修辞学者、決疑論者などの、局部的な、詳細な知を受け継ぐ民衆主義的実用主義者との対立である[34]。しかしボエティウスの例はその種の対比の根拠のなさを示している。法的、修辞学的虚構（fictiones）の重要性は、プラグマティズムにとっての最も重要なテキストの中で発見されるよりもずっと以前に、そのおかげではないにしても、プラトン的存在論の領域で認識される可能性があったのである[35]（ハンス・ファイヒンガー）。

ボエティウスの著作は、その本質的価値と同時に、その大きな影響力によっても、さらに重要である。一二世紀にはボエティウスが翻訳、注解したアリストテレスの論理学的著作が再発見され、学校のカリキュラムに取り入れられて、何世代もの学生の知的形成の構成要素になった。[36]この再発見を推進したものの中にアベラールがいた。彼は『命題論』の注釈の中で、ボエティウスが牡山羊鹿の例に示した熱狂に同意して、それを記載している。そして以下のように書いている。アリストテレスは「それが非在のものであるにせよ、意味のある言葉を選んだ。なぜなら、もし意味のない言葉を選んだなら、真実や偽りの不在が言葉の絶対性（simplicitas）ではなく、意味の欠如に結びつくと思われるからだ」。[37]こうした文章はほかにもある。アベラールが牡山羊鹿、キマイラ、フェニックスといった、虚構の本質（fictae substantiae）を示す言葉を執拗に考察したことは、言葉と現実との不確かな関係を前提にしている。[38]アリストテレスが副次的にしか扱わなかった意味の領域は、スコラ哲学の哲学者たちの探求の中で中心的重要性を占めるようになった。[39]

しかし言語に関する考察はより抽象的でない地平でも大きな影響を及ぼした。ダンテは『俗語論』（II, IV, 2）で詩を、一般的な「創作」ではなく、「修辞と音楽の助けにより構成された虚構」（fictio rhetorica musicaque poita）であるとしている。[40]詩とは虚構――語源的には figulus「壺作り」に結びついた言葉である――であり、詩人のアルノー・ダニエルは「母語の語りの最良の鍛冶屋だった」（煉獄篇、26, 117）のである。ダンテにとって言語は曲げたり鍛えたりする、ある物理的現実だった。しかし詩は、法的虚構と同様に、実効上は真実だが、文学的意味では真実でない現実を形成するから、虚構なのでもある。聖トマスが引用したある箇所（『神学大全』III, q. 51, a.4）で（ダンテにももちろん周知の箇所だった）、聖アウグスティヌスは虚偽である fictio と、「何らかの真実を形成する」fictioを区別する必要を説いている。さもなければ「賢者、聖人、そして神自身が比喩的に語ったことすべてが、普通の解釈では真実と相容れない表現であるために、虚偽とみなされるだろうからだ」[41]。古代の賢者を比喩的表現という点で聖人や聖書になぞらえたのは、神が人間に語りかけるのに、その限られた理解力に合わせた、という確信をもとにしている[42]。スコトゥス・エリウゲナは聖アウグスティヌスを踏まえて、叙事詩の詩人たちが虚構の物語（fabulas fictas）や寓意的直喩を用いて伝えた道徳的、物理的教説は、われわれの未熟さにあわせて書かれた聖書の虚構の幻想（fictis imaginationibus）になぞらえられる、としている。ホメロスの寓意的解釈は聖書の寓意的解釈を正当化していた。「神学とはある意味では詩である」とスコトゥス・エリウゲナは述べている[43]。ペトラルカはある有名な書簡（『書簡集』X, 4）で、ほとんど同じ言葉でこの考えを取り上げている。「神学とは、あえて言うなら、神の詩である」[44]。ボッカッチョは『ダンテ訟論』でペトラルカの考えをやや拡大して言い換えている。ボッカッチョは「真実以外は前提としていない」神学と、「偽りで、誤っていて、キリスト教に反しているいくつかのことを真実としている」詩との伝統的な対立を明確な言葉で退けている。

神学と詩はほとんど同じものといえる。その主題は同一である。さらに言えば、神学は神の詩にほかならない。聖書でキリストがあるときは獅子で、子羊で、虫であり、また竜であったり石であったり、あるいは他のものであったりして、すべてを語ることはできないが、こうしたものが詩的虚偽以外の何であろうか。[45]

この道の延長線上にヴィーコの大野獣が位置する。それは「原初の時代の最初の人間」の縁者で、ボッカッチョによると、「粗野で無教養だが、学んで真実を知ることに燃えていた」[46]。神話で表現されている太古の「詩的叡智」という概念は、詩の包皮、樹皮、薄膜の下に隠された真実を、それを修正することで、探し当てることができるという信頼を前提にしている。[47]この考察により自明でない別の考察を付け加えることができる。つまり私たちの知的伝統の中では、神話と、さらには詩が持つ、虚偽的性質への理解は、その隠された真実の説得力に影のようにつきまとっている。虚構（fictio）はその積極的な、建設的な意味において、真実としての詩と虚偽としての詩という、文学的地平では支持できない、二つの選択肢に出口を開いた。[48]それは「偽りは［…］真実でないこと、虚構（fictum）は真実らしいこと」と書いたセヴィリアのイシドロスの言葉で表されている。[49]しかしホラティウスの威信は、セイレーンや牡山羊鹿といった、混成の、つまりあり得ない存在も、詩や絵画の中では市民権を持つことを教えていた。[50]

7　虚構の世界から現実に、あるいはその逆に、虚構の世界からまた別の世界に、規則の領域から超規則の領域に移動するのは、確かに人間の潜在能力の一部をなしている。[51]しかしこれはある特定の文化（私たちの文化）について言えるものだ。そこではこうしたレベルの区別は時には極端な細かさで理論化された。それはギリシア哲学、ローマ法、キリスト教神学の連続的で収斂的な推進力に後押しされていた。μῦθος, fictio, signum といった概念の推敲は、現実をより効果的に取り扱おうとする試みの一局面にすぎない。その結果は、私たちが使用する物体に組み込まれて目の前にある（それにはこの文章を書いているコンピューターも含まれる）。ヨーロッパ人が外界を征服するのを可能にした科学技術的財産の中には、何世紀もの間に蓄積された、可視のものと不可視のもの、現実と虚構の関係を統御する能力も含まれていた。

「ヨーロッパ人」という言い方は、限定が避けられない現象には適さない適用範囲である。しかしながら学校制度と印刷術が組み合わされたおかげで、この科学技術的財産は予期せぬところに出現した。一六世紀末、フリウーリ地方のある粉挽き、すなわちメノッキョと呼ばれたドメニコ・スカンデッラが、異端的見解の咎で異端審問所の審問を受けた。彼はボッカッチョの『デカメロン』の非削除版で読んだある物語（三つの指輪の物語）を引用して、宗教的寛容を擁護した。そして「おまえは良き法がいかなるものか分からないと信じているのか」と言う異端審問官に対して、こう答えた。「そうです、おのおのが自分の信仰が良きものだと信じていると思いますが、どれが良いものかは分からないのです…」[52]。この時代のこの会話に何か特にヨーロッパ的なものがあると言えるだろうか。もちろんそうではない。もしボッカッチョが用いた小説的工夫を考慮するなら。つまり三つの指輪の物語は、スルタンとユダヤ人のメルキセデクを中心にする超 - 物語にはめ込まれているからだ[53]。しかしそうと言える、もし本と個人を支配していた教会体制を考慮に入れるなら。そしておそらくそうと言える、もし「信ずる」地平から「信ずると信ずる」という地平に、つまり論述から超論述に、機敏に飛躍して自己を弁護した粉挽きのことを考慮するなら。メノッキョは文化的には、新大陸の先住民よりも、彼に死刑判決を下した異端審問官に近かった。

一握りのスペイン人兵士がアステカ帝国を征服したのは、銃や馬よりも、通信を支配したことが大きかったという主張がなされている。[54] しかしこの支配はより広汎でより古い現象の結果であった。最初の偉大な近代的小説(スペイン人によって書かれたものだ)を、ヨーロッパ拡大の決定的局面への皮肉な寓意として読もうという試みがなされている。つまり現実の統御を試みる、異なった文化の衝突と読み解く読み方である。現実と虚構の関係を支配するのは農民のサンチョである。作家とその創造物が同一であること(私だけのためにドン・キホーテは生まれ、私は彼だけのために…)を最後に誇らしげに宣言するのは、セルバンテスの虚構の分身であるアラブ人のシデ・ハメテ・ベネンゲリである。[55] つまり農夫とアラブ人だ。セルバンテスは素晴らしいエラスムス的逆転によって、最後のものが、落伍者が、敗者が初めに来るようにした。だがそれは虚構の中だけだ。その虚構は「騎士道物語に描かれた、でっちあげの支離滅裂な話」を断罪する、皮肉な終わり方をするのだ。[56]

8 『ドン・キホーテ』はすぐに大評判になったので、その読者の中にヴェラスケスを入れても間違いはないだろう。おそらくこのあり得た読書の間接的反響が、初めてのローマ旅行中(一六

図1——ディエゴ・ロドリゲス・デ・シルヴァ・イ・ヴェラスケス「ヨセフの血染めの服を受け取るヤコブ」(マドリッド、エスコリアル美術館)

二九―三〇)に描かれた二枚の絵に現れている。それは「ヨセフの血染めの服を受け取るヤコブ」(エスコリアル美術館所蔵)と「ウルカヌスの鍛冶場」(プラド美術館所蔵)である[57](図1・2)。それらは元来ブエン・レティーロ王宮の衣装部屋に飾られていて、その大きさは元々違うのだが、対をなしていたと考えられる。[58]二つとも絵画の流れは左から右に向かっている。そして頭を傾けて左を見ている、同じモデルを使った人物(「ヤコブ」の絵では右から三番目、「ウルカヌス」の絵では右から四番目)が、絵画に動きを与えている。[59]しかしこの形式上の対応関係は描かれた内容のそれとは一致しない。「ヨセフの血染めの服を受け取るヤコブ」のような旧約聖書の逸話の絵には新約聖書の逸話の絵が期待されるのであ

図2――ディエゴ・ロドリゲス・デ・シルヴァ・イ・ヴェラスケス「ウルカヌスの鍛冶場」（マドリッド、プラド美術館）

って、「ウルカヌスの鍛冶場」のような神話的主題の絵ではない。こうした難問を解決するために、双方とも裏切りを主題としているという見解が出されてきた。つまり「ウルカヌス」では、アポロンがウルカヌスに、妻のアフロディーテがマルスと不貞を働いている現場を押さえられたと告げているところが、「ヤコブ」では、兄弟が実際には奴隷として売ったヨセフが殺されたと、山羊の血で染めた服を見せることで告げようとしているところが描かれているというのである。[60] こうした推測よりも確かなのは、「ウルカヌス」の絵が、一六〇六年アントワープ刊の、道徳的に書き直されたオイディウスの本に挿し絵として付けられた、アントニオ・テンペスタの版画（図3）をもとにしているという説である。その版画に付けられた四行詩は暗にアポロンをキリストになぞらえている。「神の賢慮を欺くことは決してできない、それは我らが心の最も隠れた片隅を見通す、その調査や証拠探しなどはしない、我らが秘密はそのすべてを把握しているから」[61]。それでは「ウルカヌス」のアポロンはキリストであると結論づけるべきなのだろうか。さらに比較をすると、より複雑な状況が見えてくる。ヴェラスケスはローマに旅して、カラヴァッジョの原作と接した。その直接的、あるいは間接的影響は、若

図3——アントニオ・テンペスタ「ウルカヌスの鍛冶場」(オイディウス『変身物語』アントワープ1606より)

図4——カラヴァッジョ「聖マタイの勅命」(ローマ、サン・ルイージ・デイ・フランチェージ教会)

い時期に形作られた。[62]「ウルカヌスの鍛冶場」は、サン・ルイージ・デイ・フランチェージ教会にある「聖マタイの勅命」への、絵画による素晴らしい批評になっている。そのことはテンペスタの版画をもとにしているという、より文学的でより表面的な解釈の背後に、逆光の中で（そして脇役のしぐさの中で）現れるのである。[63]それは絵の構成を見れば分かる。背景は、神話的主題には異例なくらい日常的で、飾り気がない。そして人物の驚くさまの違いが、非常に詳細に描き出されている。これらの一つ一つが「聖マタイの勅命」を思い起こさせる（図4）。だがそれだけではない。ヴェラスケスは教会の内陣を横切り、ドメニキーノが描いたフレスコ画「聖女チェチーリアの死」（図5）をも着想の源にしている。それは「ヤコブ」の絵の後景にいる人物に表されている。[64]

図5――ドメニキーノ「聖女チェチーリアの死」（ローマ、サン・ルイージ・デイ・フランチェージ教会）

ヴェラスケスが暗黙のうちに「聖マタイの勅命」をモデルとすることで、聖書と神話を同等とみなした、と推測するのは愚かなことだろう。しかしアポロンとキリストを同一だと仮定することは（未証明である）、重要な点をなおざりにする。カラヴァッジョの引用は、それ自体少数の目きき向けのものだが、虚構（fic-tio）に関するものであった。「虚構のように語られた絵画」とセヴィリアのイシドロスは書いている。ヴェラスケスの義父のフランシスコ・パチェコはイシドロスのことをよく知っており、『絵画の技巧』で引用している。[65]「ラス・メニナス」を「絵画の神学」と評したルーカ・ジョルダーノのせりふは、「ウルカヌスの鍛冶場」のような超絵画的絵画に正当にも適用できる。そしてセルバンテスの超小説が、それを読んでいたと思えるヴェラスケスに着想を与えたと考えられるのだ。[66]

神話とは物語を語る時代遅れの形式、図式で、画家や詩人は多少なりともうんざりしながらそれを用いていたと見るものがまだいる。だがヴェラスケスが「聖マタイの勅命」と「ウルカヌスの鍛冶場」を行きつ戻りつするやり方は、異なる文化的伝統――何よりも真実への要求が異なっている――の対立が、予期できない、より深い視線を、現実に投げかけることができることを示している。しかしカラヴァッジョのキリストを引用符でくってアポロンを描くヴェラスケスの行為は、より広汎な象徴的価値を持っている。自分や他人の伝統を引用符でくくる能力は強力な武器であった。その効用として、「神話」の範疇を、それを知らなかった文化の中に拡大することがあげられる（それは前述の高慢な自民族中心主義の産物である）。しかし神話は今度は跳ね返って、キリスト教に予期できない鮮烈な光を当てることができたのだった。

Ⅱ

1

いままでかたわらに置いてきた主題、神話の政治的利用という主題を検討するために、またプラトンに帰らなければならない。『国家』の第三巻で、ソクラテスは詩がもたらす堕落作用を検討した後、特にホメロスの例を引いて、「虚偽は神々には無益であるが、人間には薬としてのみ有益である」(389b)と述べている。この限定的な但し書きからより一般的性格の主張が出てくる。「従って他のものはともかく、都市の指導者たちは、都市の利益になるように、敵や市民のために嘘をつくことが認められる」[67]。こうした権限は市民個人には明確に否定されている。実際に指導者に嘘をつくことは、医師、体育場の教師、船長、あるいは身体や命を委ねるその他の人々に嘘をつくことよりもはるかに悪質なのである。

この共同体のための虚偽が神話である。プラトンはおそらくフェニキア起源と思えるある神話を語っている(414b以下)。人間はすべて大地から生まれたが、その時に多少なりとも貴重な金属(金、銀、鉄、青銅)を混ぜ合わされていて、それが理想都市の階層の位置を決める(統治者、補佐者、農民、他の手工業労働者)[68]。アリストテレスの『形而上学』(1074b1)は神話による社会支配の主題をある部分で取り上げているが、彼はそれを歴史的見通しのもとで論じている。

われわれの始祖たちから、遠い昔に、神話の形式で後世の人々に遺し伝えた伝承によると、これらのものども（あるいは唯一の不動の動者、あるいは唯一の天界の存在）は神々であり、神的なものが自然全体を取り囲んでいる。この伝承の残りの諸部分は、大衆を納得させるためにまたはその法律上ならびに生計上の福利のためにと、後に神話的に付け加えられたもので、そこでは、これらの神々は人間の姿をしたものまたはその他の動物のいずれかに似たもののように語られており、そのほか、いま述べられたことに続いて起こる出来事や似寄りの事柄が語られている。[69]（出隆訳、岩波書店）

アリストテレスにとってこれは真実の否定ではなく、擬人的偽装で、大多数のものを抑えるためのものである。彼の観点では、真の神的な「原初の内容」は、いずれにせよ、「神話的形態」という付加要因によって保持されたのである。プラトンは素晴らしい神話の作り手かつ神話破壊者であったが、対照的により厳しい状況を描いた。しかし二つの文章は、後の時代の結果論として読むなら、ソフィストのクリティア（プラトンの叔父）がすでに唱え、その後長い間もてはやされる解釈の先駆けをなしたように思える。つまり宗教を政治的虚言ととらえる解釈である。[70]

一三世紀初頭から一四世紀初頭の、ヨーロッパのキリスト教世界において、「三人のペテン師」——モーセ、キリスト、マホメット——という涜神的標語は、皇帝（ホーエンシュタウフェン家のフェデリーコ二世）、神学者（シモン・ド・トゥルネ）、二重に棄教者である正体不明の修道士（トマス・スコトゥス）などを含む、異なった人々の唱えたものだとされてきた。[71]これは目新しいことではなかった。二世紀にケルシウスという哲学者が、モーセは粗雑なトリックで山羊飼いや羊飼いを口車に乗せ、キリストもその信徒に同じことをしたと主張していた（これはケルシウスに反論したオリゲネスの著作から分かる）[72]。その数世紀後には、口承伝承に組み入れられたと思える同じようなせりふが、地中海地域の一神教的宗教の第三の創始者であるマホメットをも対象にするようになった。もちろん宗教を欺瞞、ペテンと断罪することは、（それが断罪の意図であるにせよ、単なる異議申し立ての精神によるのであるにせよ）法の順守を保証する宗教の社会的有用性を強調することとは違っている。しかしながら宗教的欺瞞の断罪に明確な政治的論証が伴っていなくても、アリストテレス的伝統、より正確にはアヴェロエス的なアリストテレス的伝統との関係をかいま見ることはできる。例えば棄教者の修道士トマス・スコトゥスは、例の「三人のペテン師」の標語を語ったために、異端審問所の審問を受けたが、世界は永遠であり、「アリストテレスはキリストよりも優れていて」、「モーセよりも賢く鋭敏」であると横柄に断言した[73]。こうした主張には相互に関係があったのだろうか。おそらくそうだった。しかし異端審問官はそれをあえて追求する気がなかったようである。

2　この主題の政治的意味合いはマキャヴェッリの著作に非常な力強さをもって現れる。特に『ティトゥス・リウィウスの統治の初めの一〇年間について』で、ローマの宗教を論じた部分がそうである（I, IX–XV）。ローマの力の基盤はロムルスよりもむしろその後継者のヌマによって作られた。「彼はニンフと親しいというふりをした」。実際に宗教は、ヌマがしたように、新しい制度を導入するために、そして古い制度を固めるために必要だった。

従ってある共和国、あるいは王国の君主は、それを保っている宗教の基盤を守らなければならない。それがなされれば、宗教的共和国を維持するのは簡単だろう。それは結果としてよく統一されたものになる。そしてそれに有利なものを、たとえ偽りと思えても、支援し育てるべきである。強力になればなるほど、そして物事の道理を知れば知るほど、そうすべきなのである。[74]

「たとえ偽りと思えても」という言葉は、共通の善のためには虚偽も許されるとしたプラトンの主張を反映しているように思える。マキャヴェッリが『国家』をフィチーノの翻訳で読んだ可能性は否定できない。しかしアリストテレスの『形而上学』と取り組んだとは想像しにくい。[75] しかしより説得力のある、より可能性の高い比較材料がある。それは当時フィレンツェの親ギリシア的サークルで論じられていたポリュビオスの『歴史』第六巻である。[76] ポリュビオスはローマの力の主要原因を宗教だと見ていて、自分の祖国ギリシアの政治的弱さは真の市民宗教の欠如にあるとした（VI, 56, 6–5）。そして次のように述べている。

ローマ人は庶民の性格を考えてこの習わしを設立したと思える。ただ賢者だけがいる国では、こうした手段を使うのは実際には無用だろうが、大衆はその本性からして気が変わりやすく、あらゆる種類の熱情、際限ない貪欲、激しい怒りに駆られるものだから、このような装置と神秘的な恐怖で抑制する以外はない。従って、古代人は大衆のもとに宗教的信仰や冥界の迷信を理由なく導入したのではなく、今日そうしたものを排除しようとするものは愚かものだ、と私は考えるのである。[77]

この見解にはあるギリシア人の、風変わりな観察者の視線が見て取れる。[78] おそらくポリュビオスはプラトンの『国家』を読んだのだろう。だがアリストテレスの『形而上学』は確かに知らなかった。[79] しかし原典から直接学んだ証明が不可能な点が、ここまでに現れてきた収斂をより意味深いものにしている。時代をさかのぼると、一方には「物事の道理を知るもの」(マキャヴェッリ)、「賢者」(ポリュビオス)、「哲学者」(プラトン、アリストテレス)がいる。そしてもう一方には「人々」(マキャヴェッリ)、「大衆」(ポリュビオス)、「大多数のものたち」(アリストテレス)、「町の残りのものたち」(プラトン)がいる。こうした対立は二千年の間に、非常に異なった、実際には対立する立場から始まって、形作られたものだが、多少なりとも公然と宣言されたある公理から出発している。つまり熱情と無知に支配された大多数の人間は、宗教か神話によってのみ抑えることができる、という考えである。宗教や神話は「遵法精神を課すためと、有用性のために」少数の知者によって導入されたのである。

ギリシア的伝統の中で練り上げられたこの考えのために、マキャヴェッリは彼の時代の宗教を注意深く、同時に冷然とした目で見ることができた。ヌマは「民衆が凶暴だと見て取って」、ニンフのエーゲリアから学んだと偽って、自分の法を押しつけた。「フィレンツェの人々は無知でも粗野でもないと思えるが、神と話したと主張したジローラモ・サヴォナローラ修道士に説き伏せられてしまった」[80]。キリスト教の神とニンフのエーゲリア、サヴォナローラとヌマの類似性は所与の事実として冷徹に書き留められている。「人間は〔…〕同じ秩序のもとで常に生まれ、生き、死んでいる」。宗教は必要とされる欺瞞である。しかしローマの宗教と比較すると、キリスト教のそれは台なしになっている。なぜなら活気がなく、虚弱だからだ[81]。

3 宗教改革によるキリスト教の分裂は、教会が伝統的に示してきた既存の社会秩序の正当性にひびを入れた。それは国王殺しを行わせただけでなく、イエズス会士のマリアーナが有名な著作で行ったように、それを宗教的、道徳的見地から正当化した。教会の対立は市民的共同生活の根本を揺るがすかと見えた。フランスでは宗教戦争後の世代で、いわゆる「博識なリベルタン（自由思想家）」と呼ばれたものたちが、思慮分別の道を選んだ。その中で最も有名なガブリエル・ノーデは、イタリアに旅行した時に（一六二一六―一二七）、パドヴァ大学哲学教授チェーザレ・クレモニーニが話したうち明け話を書き留めている。

彼は何人かの親密な友人に、神、悪魔、魂の不滅を信じていないと告白した。しかし自分の召使いは良きカトリック教徒であるものを採用している。なぜなら何も信じていないものなら、ある日ベッドにいる自分の喉を掻き切りに来るかもしれないからだ。[82]

その数年前、さほど離れていないところで（一六一七年のヴェネツィアで）、非常に貧しい改宗ユダヤ人、コスタンティーノ・サッカルディーノは、異端審問所の審問を受けた。彼は何年かメディチ家の宮廷で道化師をしており、その後蒸留所で働いていた。彼は以下のように言ったと告発された。

［地獄］を信じるのは愚か者だ［…］君主たちは自分の思い通りにするためにそう信じようとさせる、だが［…］鳩小屋の鳩はみなもう目を開けてしまった。[83]

彼は別の側から、別の目的で、地獄の刑罰に政治的神話を見て取ったのだ。それは既存の秩序を守る最後のイデオロギー的砦であった（と今日なら言われることだろう）。冥界の話を壊すなというポリュビオスの警告は非常に現実的に響いたことだろう。無神論者は少数の選ばれたものたちのために、謎に満ちた、皮肉な、暗示的な言葉を用いた。一六三二年か三三年にパリで、偽名（オラシウス・トゥベロ）のもとに出版された『古代人をまねた五つの会話』では次のように書かれている。

真実のように神話を広めること、後世のものに歴史のように物語を伝えることは、ペテン師の所業か、何らの重要性もないつまらない作家のすることである。気まぐれを神の啓示のように、夢を天から来た法のように広めることは、ミノス、ヌマ、マホメットの輩のすることで、偉大な予言者や、ゼウスの真の息子のように外見を偽る。[84]

著者のラ・モット・ル・ヴァイエは序文で、検閲された時に身を守るために、自分の気まぐれと空想に従って、「真実や自然な真実らしさの探求に」前もって限定したと書いている。要するに「古代の異教徒の哲学者風に、純粋に自然に」書いたというのである。もちろん神話（fables）と真実（veritez）、物語（contes）と歴史（histoires）との対比には、プラトンの『国家』の反映が見られる。しかしプラトンがソクラテスの口を借りて都市の指導者に認めた、嘘をつく特権は、巧妙にもラ・モット・ル・ヴァイエによって変形され、「神の啓示」によってその「気まぐれ」を大安売りする自称予言者に対する訴因となった。彼は暗にほのめかしながら結論を述べている。「ミノス、ヌマ、マホメットの輩のすることで、偉大な予言者や、ゼウスの真の息子のように外見を偽る」。賢い読者は、「リベルタン」（つまり迷信から免れたもの[85]）は、暗に行間を読み、歴史的な対比と神話を用いた予防策の背後にある真の標的をとらえるように求められる。つまりキリスト教と、あえて神の子であると名乗ったその創始者のことである。ラ・モット・ル・ヴァイエは後年の著作で（『異教徒の徳について』）、異教徒の論争家とキリスト教の神学者の著作を引用して、ソドムとゴモラの火事とパエトンの神話との類似性、ヤコブと天使の戦いとゼウスとヘラクレスの戦いの類似性などを書き留め、次のように注釈を加えている。「確かに異教徒の無知ははなはだしく、悪魔の悪意は際限がない。悪魔は、その聖なる真実の代わりに、ここちよい神話を仮定して、（できることなら）聖なる歴史の重要性を取り去ろうとした」[86]。こうして宗教的真実は暗に神話に等しいとされ、聖アウグスティヌスによって示された関係は転倒される。つまり異教的虚構（fictio）を何らかの真実の形象と見る見方である。神話がもたらした批判的超然性は、皮肉な論争的観点からだが、宗教の比較史の前提を作ることを可能にしたのだった[87]。

4　今まで見てきたように、「リベルタン」にとって宗教は虚構であった。しかしそれは必要な虚構だった。それがなければクレモニーニは彼の召使いの思うままになり、社会は万人の万人に対する戦いに振り回される。ここでホッブズの『リヴァイアサン』に触れるのは避けがたいことだ。それは、寝る前に扉に鍵をかけることが、日常生活で体験できる、万人の万人に対する戦いの証拠の一つとしてあげられている、という理由からだけではない[88]。啓示宗教もそうでない宗教も、それぞれ「神の政策」と「人間の政策」の一部をなすのであり、それに身を委ねるものを「恭順、法律、平和、慈悲、市民社会により適応する」ようにさせる目的を持つ、とホッブズは書いている。この見解によって、ホッブズは、アリストテレス、ポリュビオス、マキャヴェッリが様々な強弱をつけながら行った、宗教の政治的考察の伝統の中に加えられるのである。特に彼の古代ローマに関する文章はポリュビオスに想を得ていると思える。それは、権威ある人物たちは公に彼岸について嘲笑できたが、「普通の人々」は宗教儀礼によって抑えられており、「統治者に対して反逆する傾向を弱められていた」と書いているような箇所である。[89] だがホッブズは、「宗教の変遷の原因」という当時非常に今日的であった主題の分析に移ると、不意にこの伝統から遠ざかる。彼はその原因を、(a)聖職者の叡智、誠実さ、慈悲に対する不信、(b)奇跡を起こす能力の欠如、に帰している。最初の理由は何よりもローマ教会に関係している。第二の理由の範囲はより広い。『リヴァイアサン』の一二章（「宗教について」）の結論は以下の通りである。「こうしたことから、この世における宗教のあらゆる変化を同一の原因に帰することができると思われる。すなわちそれは不愉快な僧侶たちであり、彼らはカトリック教徒のなかだけではなく、宗教改革の大部分をやってのけた教会のなかにさえ存在する」[90]（永井道雄、宗片邦義訳、中央公論社）。この思い切った見解の後に、有名な第一三章が続く（「人間の自然状態、その至福と悲惨について」）。社会や法の出現以前の状態では、その結果として、権力欲と恐怖のために万人が万人に戦いを挑むようになる。その時人間の本来の平等性が前提となり、おのおのが自分の権利を放棄して、無際限な絶対的権力を支持するようにさせる。この部分の記述は飛躍しているが、その論理的、歴史的理由は明らかである。宗教は支配の手段であったが、社会的混乱の一要素に変化したのだ。ホッブズは「自然原理のみから」得られた、権力の本質に関する過激な考察によって答える。[91] 彼は古い神話の衰弱に、絶対主義国家を正当化する一連の推論を対置する。それは部分的にだが、アメリカの原住民についての証言で確認されている（それはことさらに強調されている）[92]。絶対主義国家は本来的に自己を超える権威の存在を認めることができない。ホッブズは鉄の論理によってこう書く。

市民社会の維持は正義に依存し、正義はコモンウェルスの主権者が持つ生殺与奪の力、またそれ以下の種々の賞罰決定の力に依存している。したがって、もしも主権者以外の何者かが、生命以上に大きな報酬を与え、死以上に大きな処罰を科する力を持つならば、コモンウェルスの存立は不可能である。「永遠の生命」は「現在の生命」よりも大きな報酬であり、「永遠の拷問」は「自然の死」よりも大きな処罰である。このことを考えるならば、混乱と内乱のさまざまの悲惨さを［権威に従うことによって］避けたいと願うすべての人にとって、『聖書』における「永遠の生命」「永遠の拷問」の意味は何であるのか、だれにたいしてどのような罪を犯したときに人は「永遠の拷問」を受けなければならないのか、またどのような行為によって人は「永遠の生命」を得ることができるのか、これらは十分な考察に値することである。[93]（永井道雄、宗片邦義訳、中央公論社）

ホッブズは長々と注解を続け、聖書は個人に「永遠の生命」を保証しているのではなく、一般的な救済について語っていると結論を出す。また「永遠の拷問」ではなく、最後の審判の日に罪人が永遠に死ぬことを語っており、さらに地獄の火と救済については、特定の場所ではなく、比喩的に語っている、と述べている。だがこうした解答よりもさらに重要なのは、ホッブズが提示した問いかけである。それは明白に国家を、「地上の神」を創設する意志を示している。それこそが彼にとっての、独自の宗教としてのリヴァイアサンであった。[94]

5　ホッブズにとって、良心の自由への権利は、キリスト教の教義の本質的部分を分かち合うものだけに適用される。それは救世主としてのイエスに対する信仰である。彼はこう書いている。

この世におけるキリストの代行者たちの職務は、人々にキリストを信じさせ、彼にたいする信仰を持たせることにある。しかし信仰は、強制と命令とはなんのかかわりもなく、またまったくそれらに依存してはいない。それはただ理性から、あるいは何かすでに信じているものから引きだされる証拠の確実さ、あるいは蓋然性にもとづいている。[95]（永井道雄、宗片邦義訳、中央公論社）

ベールにとってこの権利はすべてのものに適用されるべきであった。彼は想像上の無神論者の社会を例に引いて、人間の共同生活は宗教的絆の外でも可能であると主張した。彼は中国を例に持ち出して、宗教論争に無縁な国がヨーロッパ諸国よりもはるかに強固な基盤を持つと述べた。ベールによると、市民社会の安定性を脅かすのは際限のない宗教的寛容性ではなく、対立的な解釈が存在するキリスト教の政治神学であった。[96]
一七一九年にハーグで『ブノワ・ド・スピノザ氏の精神』という本が出版されたが、それは後に『三詐欺師論』として再刊された。それを刊行した無名のベールの読者は、キリスト教や、宗教全般を、政治的抑圧の手段とみなし、その意味で打倒すべきだとした。[97]その本はスピノザ、ホッブズ、「リベルタン」（シャロン、ラ・モット・ル・ヴァイエ、ノーデ）の文章を巧みに組み合わせていた。しかし訂正や追加がこの偽の引用集に新しい意味を与えていた。ラ・モット・ル・ヴァイエが異教の神話と聖書の文章の類似を提示した時の予防策は系統的に取り除かれた。[98]ホッブズが絶対権力設立の神話を導入する根拠とした、人間の自然状態での平等性は、『ブノワ・ド・スピノザ氏の精神』では、「預言者や使徒たちは普通と違う資質のものたちで、神の託宣を告げるためにわざわざ作られた」という考えを否定するために取り入れられた。[99]それは宗教は虚偽であるという古い主題を主張するための方法だった。しかし「リベルタン」にとって、宗教は、無知な大衆を抑制するのに必要な欺瞞だったが、『ブノワ・ド・スピノザ氏の精神』の無名の著者には、政治家によって「盲目の服従」状態に押し込まれていた大衆が自覚すべき欺瞞となっていた。[100]

もし人々が無知のためにいかなる深淵に落ち込んだか理解できるなら、個人的利益のために彼らを無知のままにしている、この金銭ずくのものたちのくびきをすぐに振り払うだろう。このためには理性を用いるだけで十分だ。それを働かせれば、真実を見つけ出さないことなど不可能だ。

無名の作者は「人々が盲目にさせられる傾向を大いに保持している」ことを認めている。しかし彼は「愚かな原理」を、つまり真実は人々のために作られておらず、人々はそれを知ることができないという考えを、精力的に否定している。[101]

その数十年後、ヨーロッパの大部分の地域は、『ブノワ・ド・スピノザ氏の精神』の無名の作者が暗にほのめかした要請を反映させた本や小冊子の大波に洗われた。「人々」が真実を発見するには「自分の理性を」働かせるだけで十分だ、という考えである。障壁や検閲を嫌う、こうした燃えるような伝達熱に、啓蒙主義の典型的特徴が認められる。同じことが一七七七年に王立プロシア科学人文学アカデミーが布告したコンクールにも言える。その主題は「人民を欺くことは有益か?」というものだった。この主題はダランベールがフリードリッヒ二世に提案したのだった。この種の質問が、知識人の共同体という、比較的狭い領域であったが、公に出されたことは意義深い。「我らの時代はまさに批判の時代である」、しかし宗教や立法は普通その試問を逃れており、そのため「正当な疑問を呼び起こしている」、とカントはその少し後に『純粋理性批判』(一七八一)の序文で書いている。これは大胆な言明だが、フリードリッヒ二世の死後に出た第二版では削除されている。[102]

このベルリンのコンクールでは二人勝者が出たが、その一人はサヴォワから移住してきた数学者フレデリック・ド・カスティヨンだった。彼は様々な区分や予防策で表現を和らげながら、ダランベールの問いに肯定的に答えている。カスティヨンはまずその問いが、共同体の利益のために支配者は嘘をついてもいい、と認めたプラトンの『国家』の文章を反映していると論じる。[103]そしてこう書いている。「政治に関しても、宗教に関しても、人々が欺かれるのは有益である、新たな誤りに導かれようと、すでに陥っている誤りを確認しようと。それがもちろん、前述のように、人々の最大善のためになされる限りは」。しかし次のように警告している。「もしこの原則が正しいのなら、人々がそれを知らないことが絶対的に必要である、さもなければその効力をすべて失うことだろう」。真実とは「眼力のあるもののためにある。それ以外のものすべてには、目をつぶさないために、その過剰な輝きを弱めるヴェールをまとって出現させる必要がある」。「いわれもなくキリスト教のせいにされた無秩序、犯罪、虐殺の」原因は、「数世紀に渡って聖職者が人々に広めた誤りではなく、それを暴露したものの無遠慮な言動や無分別」であった、とカスティヨンは主張する。従って人々を大きな誤りからより小さな誤りに導きながら、一歩一歩ゆっくりと進むほうが賢明である。それは古代の異教やユダヤ教でなされたことである。そしてカスティヨンは「新たな誤り」の例を示す。それは同時に「小さな誤り」でもあった。愛国主義のことである。それは人間の友愛についての「真の偉大な基本原理」と個人的利害との中間の道である。「真の偉大な基本原理」は古代に普及したもので、現在でも「文明化されていない人々」の間で優勢であり、個人的利害はその後に不意に出てきたが、それは個人が自分と家族のことしか考えない思考法である。愛国主義は「賢明で私欲のない立法者」と、私利、強欲、支配欲のみに突き動かされた「私心のある国家の指導者」の介入が合わさったものである。それは祖先崇拝と欺瞞の組み合わせである。カスティヨンはこの「小さな誤り」に、近代人に向けられたこの「虚偽」に、ぼんやりとだが、宗教的性格を見ていた。それはしばらくしてヨーロッパの全域で、時には流血を伴った儀礼を執り行うはずだった。[104] ノヴァーリスが予言した「愛国主義の伝道者」の時代が始まったのだ。[105]

6 「ロバーツ株式会社を前にしたウルカヌスとはどうだろう、避雷針に相対するゼウスは、クレディ・モビリエ社の前のヘルメスは？　あらゆる神話は想像力を介して、想像力の中で、自然の力に打ち勝ち、それを支配し、形作る。従ってそうした力を実際に支配するようになると消えてしまう。プリンティングハウス・スクエアで「名声」はいかなるものになるのか？」[106]。マルクスは一八五七年の『政治経済学批判』への序文でこの問いを発したのだが、それを否定する答えはあり得ないとみなしていた。流行遅れの神話を初めとする過去の表現形態は一掃される運命にあった。しかしそうならなかったことを私たちは知っている。ギリシア＝ローマ神話と資本主義的商品は、例えば（少し後で扱うことになる）広告の分野で完全に両立が可能なことを示した。しかしマルクスの問いは、「一九世紀の社会革命（すなわちプロレタリアートの革命）」とそれ以前の革命との対比から生まれた、より全般的でより深い確信から発していた。すなわち「以前は語句が内容を打ち負かしていたのに、今は内容が語句に勝っている」のである。[107] この「今」とは、ブルジョワ社会形成の時期を指している。それはマルクスにとって「冷たい現実」と、つまり「語句のない」現実と同義語である。それは過去の社会に満ちていたイデオロギー的な霧とは実質的に無縁である。[108]

一方では古い宗教が持続的な活力を見せ、もう一方ではナショナリズムや人種差別主義が広まったという事実が、こうした観点（マルクスだけのものではなかった）に十分な反証をもたらした。二〇世紀の歴史について何事かを理解するためには神話の政治的利用を分析する必要がある、というのは長い間自明のこととされてきた。しかしマルクス自身も、上記の引用を含む著作『ルイ・ボナパルトのブリューメル一八日』で、こうした意味での貢献をなしている。それは分析の深さと対象の重要性で模範的なものとなっている。階級闘争で作り出された諸状況が、「凡庸でグロテスクな人物が英雄を演ずる」のを可能にし、ファルスとして再登場する悲劇にまで至るのを示すこと。これが事件の直後に熱いまま書かれた一連の記事の目的だった（後に小冊子になった）。[109]マルクスが激しく神格化を否定するその口調に、叔父の功業に訴えかけるルイ・ナポレオンの宣伝効果を、マルクス自身が暗に認めていたことが読みとれる。だがマルクスは第二帝政の崩壊（一八六九）前夜に書いた『ルイ・ボナパルトのブリューメル一八日』への序文では、「皇帝主義」という言葉に示唆された別の宣伝効果を、教条的で偽りだとして退けている。[110]しかしマルクスはその評論で「コサック的共和国」について語っている。それはナポレオンが示した二者択一とは矛盾するものだった（「今後五〇年の間にヨーロッパは共和国になるか、コサック的共和国になるかだ」）。マルクスは正当にもこの「コサック的共和国」が帝国になり得ることを予見していた。[111]しかしそうした姿で二十年間続くとは想像できなかった。セダンの戦いの少し前に、マルクスはエンゲルスに宛てて、第二帝政は始まりと同じようにパロディーによって終わるだろうと書いている。「ぼくは本当に自分の『ルイ・ボナパルト』で予想していた！〔…〕ぼくたち二人だけが「初めから」、ブーストラパ（ルイ・ナポレオン）をその凡庸性から単なるショーマンだとみなし、その一時的成功に惑わされなかったのだと思う」[112]。実際にはエンゲルスは、マルクスの侮蔑的判断を完全に共有しながらも、かつてはボナパルティズムを「ブルジョワジーの真の宗教」と規定するまでに至っていた。ブルジョワジーのための寡頭政治がなされているイギリスを除けば（とエンゲルスはオーストリア＝プロシア戦争の前夜にマルクス宛に書いている）、「ボナパルト流の半独裁は正常な形態である。それはブルジョワジー自体の利益に反しても、ブルジョワジーの物質的利害を実現する。しかしブルジョワジーを権力に参加させることはない」[113]。

個人の凡庸性とショーマンとしての能力、独裁主義と国民投票。この外見だけは矛盾するごた混ぜは大きな成功を収めるように定められていた[114]。エンゲルスは遠くまで見通していた。だが彼だけではなかった。一八六四年にブリュッセルで、無署名のまま出されたある本で、ナポレオン三世の反対者であった弁護士のモーリス・ジョリは、マキャヴェッリとモンテスキューが地獄で会話する場面を作り上げた。モンテスキューは自由主義の進歩が不可避だという確信のもとに、おずおずと論議を進めるのだが、マキャヴェッリは事後の予言という形で、一九世紀の真っ盛りに、暴力と甘言で反対勢力を黙らせ、軍事的冒険で気晴らしを作り出し、形式的自由の陰で「巨大な独裁体制」を創設して社会を統治し、権力を掌握するものが出てくることを予言する。マキャヴェッリ／ジョリは苦い結論を出す。「独裁主義こそが近代人の社会状況に適合した唯一の統治形態なのだ」[115]。ジョリの前にはトクヴィルが、アメリカに旅した経験を踏まえて、破滅的な予言をしている。近代の民主主義国家では、可能な独裁主義は過去のものとはかなり違った性格を持つはずである。「それはより広汎で、より穏やかで、人々を苦しめることなく堕落させるだろう」。それは「広大で、保護的で」、「用意周到で、穏やかで」、「似通った同じような人々の巨大な群」の運命を見守ることだろう。[116]

7　「今日では特殊集団の王国は終わった。ただ大衆による統治のみが可能である」。ナポレオン三世は国民投票という天才的発明で、普通選挙の導火線を消し止めることができたが、その発明は上記の確信から得られたのである。[117] 二〇世紀になって大衆の政府は、非常に異なった政治的解決法を生み出した。それは力の行使と同意の、そのつど変遷する関係の中に存在する相違のためだけではない。権力獲得のために暴力は必要だが、その保持には十分ではない、という確信は古くからある（君主は狐でありライオンでなければならない）。しかし大衆の同意を取り付ける必要性が、過去の社会では知られていなかった宣伝方法を取るように強いた。その方法は宣伝的誇張と秘密の陰謀を組み合わせることができた。それはジョリの本が後に逆説的な成功を収めたことが示している。『マキャヴェッリとモンテスキューの地獄での対話』は、一八九六年から一八九八年にかけて、帝政ロシアの国外秘密警察の警官が（おそらくその長官のラコフスキーも含めて）、最近の二世紀間で最も影響力を持った偽書を作るのに用いた原典の一つであった。それは世界中で翻訳され、何十万部も流布した。『シオンの議定書』のことである。[118] ジョリの意図では、ナポレオン三世が権力を獲得し保持するために使った手法を冷徹に描写するはずだったものが、偽書の作者の手によって、世界征服を狙う、実在しないユダヤ人組織（シオンの長老たち）の、架空の計画の構成要素になった。おそらく偽書の作者は、ウイッテ伯爵率いるロシアの自由主義者の、改革案の信用を落とそうと思ったのだろう。その偽書はまったく本当らしくなかった。その外皮、あるいはありうるユダヤの陰謀と、内容との落差ははなはだしかった。語り口は紛れもなくオフラナの警官のもので、絶え間なく専制政治と（異邦人の政府の唯一の健全な形態）、「自然な、世襲制の」貴族政治を賛美している。そして自由主義と個人主義を混乱のもととして描き、科学の分野以外の進歩の考えを退けている。また秩序と真の宗教（唯一の真の教義しか存在しない）の回復者であるユダヤ人皇帝の、「普遍的超越政府」を提案しているが、それは世界を支配するロシア皇帝を思わせる。[119] もちろん『議定書』の執筆者は、古き良き専制政治を転覆したのはユダヤ人であるとし、彼らがフランス革命や自由主義のひそかなる責任者だとしている。しかし自分の言葉にユダヤ的調子を与えることに少しも注意を払っていないので、用いられた破壊の技法を語る際に、以下のような驚くべき自白が飛び出した。

この技法において、知りうる限り、我々と競争できる唯一の結社はイエズス会だろう。しかし我々はその結社が明白な組織であるという理由で、愚かな庶民の目にその信用を失墜させるのに成功した。一方我々は舞台の袖に隠れて、我々の結社の秘密を保持している。結局のところ、世界にとって、その主人がカトリック教会の長であろうと、シオンの血を引く専制君主であろうと、あまり関係ない。だが我ら「選ばれた民」は、その問題に無関心ではいられない。[120]

この言葉は指紋と同じだ。その二十年前、バクーニンは自分の革命組織のモデルとして「イエズス会の組織」に言及している。ただその後、かつての友人で闘争の同士であったネチャーエフを弾劾するために、その組織を非難してはいるのだが。バクーニンはイエズス会の階層性と、その構成員に要求された、個人意志を否定するまでの、完全な服従について考えていた。しかし彼はこの原則を極限まで導いた『革命家の教理問答』(一八六九)の一節を前にして、後退した。それはかつては都市や国家のためだけに認められた行為を、セクトの領域に投影していた。

部局が企てたあらゆる用件や行動の基本計画は部局だけが知っているべきである。その実行を任されたものは、その本質を知るべきではなく、ただ任された行動の細部だけを知っているべきである。そのエネルギーをかき立てるために、行動の本質を偽りの言葉で示すべきである。[121]

革命的『議定書』を書いたものはネチャーエフ事件や『革命家の教理問答』のことをよく知っ

ていたに違いなかった。それは公然たる刊行物でもあった。ロシア皇帝の秘密警察に属する、氏名不詳の警官の目には、革命家、ユダヤ人、イエズス会士は相互に交換可能な存在と見えていた。庶民は愚かで、政治とは「大衆や個人を狡猾な言い回しで統治する技術」であり、独裁体制が唯一の合理的な可能性であるという確信が、革命家、ユダヤ人、イエズス会士をごっちゃにさせることに寄与していた。しかしそれは警官自身の確信でもあった。ジョリの考えを反映させながら、彼はこう書いている。「ここで提起しているような絶対権力は現在の文明の進歩に似つかわしくないと言うかもしれない。しかしまさに反対のことが正しいと証明してみよう」[122]。『議定書』はある警官の夢で、彼は自分自身の郷愁や野心をぎこちなく敵に投影している。だが彼はその敵に嫌悪すべき、悪魔的外観を与えようとしている。この矛盾する両面性は時には曖昧な親ユダヤ主義に接近するのだが、ナチは『議定書』がユダヤ人に帰している全能性の中に、差し迫った脅威と、模倣すべき対象を同時に認めたのだった[123]。

8　しかしなぜ神話は近代世界でこれほどの重要性を持つようになったのだろうか。ニーチェは『悲劇の誕生』でその理由を明晰に、辛辣に説明している。

われわれの全近代世界はアレクサンドレイア的な文化の網に捕らえられている〔…〕銘記すべきことは、アレクサンドレイア的な文化が、長く存続しうるためには、奴隷の身分を必要とするということとであり、また、この文化がそれの持つ現存在の楽観論的考察のなかであの身分の必然性を否認し、「人間の尊厳」とか「仕事の尊厳」とかいう美しい誘惑と気休めの言葉の効果を濫用したあげくに、しだいに戦慄すべき破滅に向かうということである。自分のためだけではなくあらゆる世代のために復讐しはじめる、野蛮な奴隷の身分以上に怖るべきものはない。このような迫りつつある嵐に脅かされて、われわれの疲れ果てて色蒼ざめた宗教に沈着に訴えかける者がいるだろうか？　この宗教自体がその根底において学者の宗教に退化しており、それゆえにあらゆる宗教の必然的前提たる神話がいたるところで無力化し、この領域においてすらも私がわれわれの社会の破滅の萌芽だといま論じたばかりの、あの楽観論的な精神が支配力を握っているからである[124]（浅井真男訳、白水社）。

パリコミューンの直後に書かれたこの文章は長く残る刻印を刻むこととなった（ソレルの神話理論は、それのプロレタリアート用の、政治的逆転版である）[125]。ニーチェはこれまで要約してきた歴史的出来事の結論を引きだした。古代ギリシアでは神話は、一方では階層的秩序を正当化し、もう一方では来世の罰の脅しをかけることで、社会の支配に寄与してきた。キリスト教はこの二重の機能を受け継いだ。しかし宗教改革以降、状況は悪化した。プロレタリアート（近代の奴隷）を抑えつけるためには、宗教はもはや十分ではなかった。新たな神話が必要とされていた。ニーチェはドイツ神話の再生を夢見て、『悲劇の誕生』を捧げたワグナーのことを考えた[126]。しかし神話の再生はかなり前から進行中で、しかもドイツだけではなかった。大衆を動員したのは宗教ではなく、愛国主義だった。大衆は長年に渡ってヨーロッパの戦場で敵を殺し、敵に殺されていた。一九一七年三月三一日、まだ戦争の真っ只中の時、「エコノミスト」は逃れた危機のことを考えて安堵のため息をついた。

一九一四年七月の時と同様に、国は政治の領域ではアイルランド問題で内戦に入りそうになり、産業の領域では内戦とほとんど区別できないような尺度でゼネストに近づいていた。あらゆるカテゴリーの運輸労働者は力のあることを証明するためにそのエネルギーを結集し、機械工組合は一九一四年秋に、一九〇七年に更新した一八九七年の協定を破棄する見通しを示していた。我々は重大な産業的混乱の瀬戸際にあったが、その時戦争が我々を救った。雇い主と労働者に共通の愛国心の義務を教えたのだ。

その前年にスコットランドの大産業家J・A・リッチモンドは、会長をしていたグラスゴー大学エンジニアリング協会に提出した報告書で、「工場の経営部門への侵入はとても大きくなったので、もし戦争がなければ、一九一四年秋には最大限の産業的混乱に直面しただろう」と述べている。[127]

戦争は社会組織に後退不可能な方向転換をもたらした。それはあらゆる面に及んでいて、合意の組織もそれに含まれていた。内部戦線や軍隊、敵や同盟軍に適用された宣伝の技術は、平和になっても動員解除されなかった。血が大地に注がれ、原初の神話的共同体への呼びかけは人種差別主義的調子を帯びるようになった。

「私は新聞を新聞で相殺する可能性を予見している。ジャーナリズムはとても強力なので、私の政府はジャーナリスト的になるだろう。ジャーナリズムの体現となるだろう……」。ジョリのマキャヴェッリはモンテスキューに向かってこう言った。[128] 二〇世紀はこの予言を実現するはずだった。ヴァルター・ベンヤミンがパリについて構想し、未完に終わった、壮大な企画の素材の中に、以下のような文章がある。

一人の烱眼な観察者が、ある日こう言った。ファシズム体制のイタリアは、大新聞を主宰するのと同じようなかたちで統率されているし、事実イタリアを統率しているのは、一人の大ジャーナリストだ。一日一アイデアがモットーになり、コンクールが行われ、センセーションが求められる。社会生活のとてつもなく誇張されたいくつかの側面へと、読者は巧みに、粘り強く導かれてゆき、またいくつかの実際的な目的のために、読者の理解は徹底的に歪められる。一言で言ってファシズム体制とは、広告を活用する体制なのだ。[129]（今村仁司他訳、岩波書店）

ギュスターヴ・ル・ボンは一八九六年から、政治宣伝のモデルとして商業コマーシャルを用いることを提唱していた。ムッソリーニはル・ボンを大いに賞賛していたので、その処方箋を実行に移した。[130] しかしヒトラーもまた政治宣伝について同じように語っている。

その任務は［…］広告のポスターのように、大衆の関心を引くことにある［…］大衆の行為は常に感情に向けられるべきであり、例外的にいわゆる知性に向けられるべきである［…］大衆を手に入れたいものはその心の扉を開ける鍵を知るべきである。それは客観性と呼ばれるもの、つまり弱さではなく、意志とエネルギーである。[131]

しかしながら意志の勝利も弱さに姿を変えることがある。なぜなら「世界を欺く」という言い方が真実だとしても、欺くものもその世界に属しているからだ。完璧に統制された見世物と化したニュールンベルクの党大会には、それを映像化した（『意志の勝利』）レニ・リーフェンシュタールの操作者としての意志とともに、それを開催したナチ体制の操作者としての意志が見て取れる。しかし現実は映画ではない。客観性が復讐をしたのである。[132]

ナチ政体は一二年間続き、ソヴィエト政体は七四年間続いた。前者は軍事的敗北によって倒れ、後者はいわゆる冷戦と、それに伴っていたテクノロジーの挑戦に追い立てられ、自己消耗の末に崩壊した。ソヴィエト政体はナチが経験しなかった非合法化の過程を通過した。それはゆるやかな過程だった。スターリンの神話は非常に強力だったので、その犠牲者が取り入れた場合もあった。スターリンの死に続く、長い数十年間、プロパガンダの言葉は使い尽くされ、すり切れてしまった。強制的な楽天主義、ソヴィエト社会が向かう輝かしい未来の賞賛は、だれも信じないような（官僚も含む）ある種の射祷になった。ゴルバチョフのように体制の潜在力に賭けたものは、公的なプロパガンダの嘘を断罪することでその政治闘争を始めた。その不名誉な終末よりもはるか前に、ソヴィエト政体は中身のない殻になっていた。それは完全に信用を失墜した、恐ろしい強制手段を持っていた。だが赤軍を初めとして、ソヴィエト政体を守るために動くものはなかった。

冷戦を勝者として勝ち抜いた資本主義体制は労働時間の削減を特徴とするが、それは自由時間を生産の法則に従属させる傾向を持つようになった。そのことは政治を見世物に変える客観的基盤を提供することになった。[133] 政治宣伝と広告の混交、政治と文化産業の交雑はよく見られることで、二つの領域を同じ人物が体現するという極端な例を挙げる必要もない。科学技術は変わったが、神話の生産は以前にまして日常的なことになっている。

Ⅲ

「国家すらも、神話という基礎以上に威力ある不文律を知らない」とニーチェは書いている。[134] 今まで見てきたように、プラトン以降この考えは共通の善に有利になるように主張されてきた。それはそのつど、その後に基礎を作るべき社会体制と同一視されたり、現存のそれと同一視されたりした。しかし虚偽としての神話の使用はより深いものを隠している。権力の合法化は必然的に、ある模範的な話、ある始まり、ある創造神話に帰着する。[135] それは内戦が勃発すると明らかになる。合法性は自然の所与として受け入れられるよりも、おのおのにとって、おそらく暗黙理の、選択対象になる。それは一般的な現象を説明する極端な例である。もし権力の基盤が理性の精密な調査にかけられないのだとしたら、その基盤への言及はうわべだけの敬意、射祷、日課になる。しかし創造神話に戻ることは避けられないのだ。

　虚偽の政治的利用は、私が出発した別の主題に導く。つまり偽りの論述である。この両者の交点に神話がある。それは口承文化に深く根ざしている現象だからだ。プラトンは文字による記録がもたらした批判的距離のおかげで、神話を分析できた。彼は文字による記録を断罪していたが、その立場は曖昧だった。[136] 口調や仕草は、話し言葉では、名詞や動詞に肯定や否定の意味を付与できるのだが、書かれた言葉、つまり口調や仕草を奪われた言葉について考えた時、プラトンは、切り離された名詞や動詞が「真実でも偽りでもない」ということを認めた（アリストテレスもその先例にならってそうした）。

　『ティマイオス』（22a–23b）では、エジプトの神官が、大洪水、デウカリオンとピュラ、その子孫についてソロンが語ることを聞くと、ギリシア人の「系譜学」は「子供の話」に等しいと皮肉っぽく言った、と書かれている。[137] 神話と系譜学を同一視する態度はボッカッチョにまで及んでいて、彼は古代の神話の叙述を『異教の神々の系譜学』という題の本でまとめたのだった。アリストテレスは『詩学』（1455b）で、悲劇を書くものが筋を考えてから人物の名を入れるべきだと書いているので、反対のことを述べていると思えるかもしれない。[138] しかしこの見解は『詩学』の他の文章（1453a）と矛盾する。アリストテレスはそこでは、いまや悲劇が常に同じ名前、同じ家族をめぐって書かれている点を強調しているのだ。「オイディプスの名をあげれば十分で、あとはみな知られている」とアテナイオスは、喜劇作者アンティファネスの言葉を引用して書いている。「父親のライオス、母親のイオカステ、息子たち、娘たち、そしてオイディプスの身に起こること、彼のすること。アルクマイオンも同じである。その名を言うだけで、子供たちは、気が狂って母親を殺した、と言うのだった」。[139] 名前とは正真正銘の極小の物語で、[140] 神話を凝縮し、その共同体の成員に部外者を排除するような、強力なアイデンティティの手段を供給する。そして神話的ではない系譜学も同じ機能を果たしていた。

「真実でも偽りでもない」切り離された名詞、すなわちアリストテレスが切り離された動詞と同一視したものが、神話の中核を形成している。[141] ブロックはその高踏派的スノビズムから、ラシーヌの作品の中で詩句「ミノスとパシファエの娘」を唯一救い出したが、それは「何も意味していない」という利点からだった。しかしそれは『フェードル』の中で最も神話的内容が濃い詩句なのである。[142] 神話とは本来の定義からしてすでに語られた物語、すでに知られている物語なのである。

原注

＊ ペリー・アンダーソン、ピエル・チェーザレ・ボーリ、パージュ・デュボア、アモス・フンケンシュタイン、アルベルト・ガヤーノ、ヴィアチェスラフ・イヴァノフ、ステファノ・レーヴィ・デッラ・トッレの助言に感謝する。また誤りを指摘してくれたサヴェリオ・マルキニョーリとクリスティアーナ・ナターリにも感謝する。

1 以下が代表的な本である。G. Nagy, *The Best of the Achaeans. Concepts of the Hero in Archaic Greek Poetry*, Baltimore 1979; H. Blumenberg, *Arbeit am Mythos*, Frankfurt a.M. 1979; M. Detienne, *L'invention de la mythologie*, Paris 1981 ; P. Veyne, *Les Grecs ont-ils cru à leur mythes?*, （ヴェーヌ『ギリシア人は神話を信じたか』大津真作訳、法政大学出版局） Paris 1983 ; *Métamorphoses du mythe en Grèce antique*, a cura di C. Calame, Genève 1988.

2 M. Detienne (*L'invention de la mythologie*, cit.: 例えばpp. 282–283参照) が主張した命題である。この命題は中でも以下のものたちにより批判された。A. Momigliano, in "Rivista storica italiana", 94 (1982), pp. 784–787; L. Brisson, *Platon les mots et les mythes*, Paris 1982; L. Edmunds, *The Practice of Greek Mythology*, (L. Edmunds, *Approaches to Greek Myth*, Baltimore-London 1990, pp. 1–20.への序文) モミリアーノが見定めた、ドゥティエンヌの見解とJ・P・ヴェルナンのそれとの乖離は、否定の言明がなされたにもかかわらず、*Les maîtres de vérité dans la Grèce archaïque*, Paris 1994 (特にpp. 22–23を参照のこと) の再版への序文で確認された。

3 一方、ホメロスを偽りの師匠 (*Poetica*, XXIV) と規定したアリストテレスは、道徳ではなく、論理の領域に言及している。それも誤謬推理を引用しながら例証しているほどである。

4 E. Cassirer, *Sprache und Mythos*, （カッシーラー『言語と神話』岡三郎・岡富美子訳、国文社） Hamburg 1923 (Studien der Bibliothek Warburg, VI, pp. 1 sgg.はそこから始めている。さらにM. Detienne, *L'invention de la mythologie*, cit., pp. 157–158.も参照のこと。

5 Platone, *Fedro*, in *Opere complete*, a cura di P. Pucci, III, Roma-Bari 1966, pp. 215–216.

6 Dionigi di Alicarnasso, *Saggio su Tucidide*, tr. it. di G. Pavano, Palermo 1952, c. 6, pp. 33 sgg. ディオニュシオスはそれに続く段落で、この翻訳の地方的要素について力説している。L. Edmunds (*Approaches*…, cit., p. 5)もその点を強調している。

7 同じ意味で、プルタルコスの『英雄伝』の冒頭の段落にある「理性」λογοςと「神話」μυθῶδες の対立を参照せよ。（W. Trimpi, *Muses of One Mind. The Literary Analysis of Experience and Its Continuity*, Princeton 1983, p. 292より引用）

8 Cfr. L. Brandwood, *The Chronology of Plato's Dialogues*, Cambridge 1990, 特に pp. 245–247. 『国家』の執筆と、二つの版がある可能性については、以下を参照のこと。A. Diès, introduzione all'edizione delle "Belles Lettres" (Paris 1989), pp. CXXII–CXXVIII,（より前の年代を提唱している——遅くとも前三七五年）

9 ここや他の場所では、論文「表象」（本書第三章）で示した観点を発展させている。特に学ぶ点が多くあった N. Denyer, *Language, Thought and Falsehood in Ancient Greek Philosophy*, Cambridge 1993, を念頭に置いている。

10 同じ意味で Aristotele, *Met.* 1051 b.を参照のこと。

11 Cfr. L. M. de Rijk, *Plato's Sophist. A Philosophical Commentary*, Amsterdam 1986, pp. 304–305. プラトンは *Cratilo* で、名詞も真実の価値を持つと主張した(注釈については cfr. ivi, pp. 277–282)。Bertrand Russellは *The Philosophy of Logical Atomism* (1918)と題された講演で、弟子のヴィトゲンシュタインのおかげで、（名詞ではなく）節が真実でも虚偽でもあり得るという「明白な」事実を理解した、と語った。(Cfr. B. Russell, *Logic and Knowledge. Essays 1901–1950*, a cura di R. C. Marsh, London 1966, p. 187.この点については N. Denyer, *Language*…, cit., pp. 15, 214, n. 2を参照のこと）

12 Cfr. Aristotele, *Dell'interpretazione*, a cura di M. Zanatta, Milano 1992, p. 79.

13 Ivi, p. 146. (編者は V. Sainatiの研究に負っている)。

14 Aristotele, *Gli analitici secondi*, a cura di M. Mignucci, Bologna 1970, p. 102.全般的には G. Sillitti, *Tragelaphos. Storia di una metafora e di un problema*, Napoli 1980.を参照のこと。

15 この点については、鋭敏な推測、A.-J. Festugière, *La révélation d'Hermès Trismégiste*, Paris 1981, IV pp. 14–16.を参照のこと。

16 Cfr. G. Sillitti, *Tragelaphos*…, cit., pp. 11–12 e passim.

17 L. M. de Rijk, *On Boethius' Notion of Being*, in Id., *Through Language to Reality*, a cura di E. P. Bos, Northampton 1989, p. 27, nota 43.が提起している原文の訂正を参照のこと。

18 Anicii Manlii Severini Boethii, *Commentarii in librum Aristotelis Περὶ ἑρμηνείας … pars posterior*, a cura di C. Meiser,

II, Lipsiae 1880, pp. 49–52: "Maximam vero vim habet exempli novitas et exquisita subtilitas. Ad demonstrandum enim quod unum solum nomen neque verum sit neque falsum, posuit huiusmodi nomen, quod conpositum quidem esset, nulla tamen eius substantia reperiretur. Si quod ergo unum nomen veritatem posset falsitatemve retinere, posset huiusmodi nomen, quod est hircocervus, quoniam omnino in rebus nulla illi substantia est, falsum aliquid designare, sed non designat aliquam falsitatem. Nisi enim dicatur hircocervus vel esse vel non esse, quamquam ipsum per se non sit, solum tamen dictum nihil falsi in eo sermone verive perpenditur. [...] Hoc vero idcirco addidit, quod in quibusdam ita enuntiationes fiunt, ut quod de ipsis dicitur secundum substantiam proponatur, in quibusdam vero hoc ipsum esse quod additur non substantiam sed praesentiam quandam significet. Cum enim dicimus deus est, non eum dicimus nunc esse, sed tantum in substantia esse, ut hoc ad inmutabilitatem potius substantiae quam ad tempus aliquod referatur. Si autem dicimus dies est, ad nullam diei substantiam pertinet nisi tantum ad temporis constitutionem. Hoc est enim quod significat est, tamquam si dicamus nunc est. Quare cum ita dicimus esse ut substantiam designemus, simpliciter est addimus, cum vero ita ut aliquid praesens significetur, secundum tempus. Haec una quam diximus expositio. Alia vero huiusmodi est: esse aliquid duobus modis dicitur: aut simpliciter, aut secundum tempus. Simpliciter quidem secundum praesens tempus, ut si quis dicat hircocervus est. Praesens autem quod dicitur tempus non est, sed confinium temporum: finis namque est praeteriti futurique principium. Quocirca quisquis secundum praesens hoc sermone quod est esse utitur, simpliciter utitur, qui vero aut praeteritum iungit aut futurum, ille non simpliciter, sed iam in ipsum tempus incurrit. Tempora namque (ut dictum est) duo ponuntur: praeteritum atque futurum. Quod si quis cum praesens nominat, simpliciter dicit, cum utrumlibet praeteritum vel futurum dixerit, secundum tempus utitur enuntiatione. Est quoque tertia huiusmodi expositio, quod aliquotiens ita tempore utimur, ut indefinite dicamus: ut si qui dicat, est hircocervus, fuit hircocervus, erit hircocervus, hoc indefinite et simpliciter dictum est. Sin vero aliquis addat, nunc est, vel heri fuit, vel cras erit, ad hoc ipsum esse quod simpliciter dicitur, addit tempus". この部分を分析的に論議した例は知らない。 G. Nuchelmans, *Theories of the Proposition. Ancient and Medieval Conceptions of the Bearers of Truth and Falsity*, Amsterdam-London 1973, p. 133.に言及がある。

19 J. L. Ackrill は *De interpretatione* (Oxford 1963, p. 115) への注釈で、この解釈に慎重に同意している。

20 L. M. de Rijk, *On Boethius' Notion of Being*, cit., p. 14.がその点を指摘している。

21 ボエティウス訳のアリストテレスは以下の通りである。"Nomen ergo est vox significativa secundum placitum sine tempore [...] verbum autem est quod consignificat tempus" (Anicii Manlii Severini Boethii, *Commentarii*..., cit., pp. 52,

65).「絶対的に」と「不定に」という言葉はアリストテレスの(ἀόριστον, 16a.30; ἁπλῶς, 16a18)という表現を模倣している。しかしΠερὶ ἑρμενείας 16a30への注釈では、ὄνομα ἀόριστονという表現は“indefinitum”ではなく、“nomen infinitum”と訳されている“et nomen hoc, quod nihil definitum designaret, non diceretur simpliciter nomen, sed nomen infinitum. Cuius sententiae Aristoteles auctor est, qui se hoc ei vocabulum autumat invenisse” (I, 2, ed. cit., p. 63). “simpliciter”に関してはL. M. de Rijk, *La philosophie au Moyen Age*, Leiden 1985, pp. 164–166も参照のこと(聖トマスの「出エジプト記」3,14の解釈について)。

22 J. Shiel, *Boethius' Commentaries on Aristotle*, in “Mediaeval and Renaissance Studies”, IV (1958), pp. 217–244,と、それを発展させたL. M. de Rijk, *On the Chronology of Boethius' Works on Logic*, in “Vivarium”, 2 (1964), pp. 1–49, 125–152を参照のこと(最新の要素を取り入れている)。

23 Agostino, *Conf.* XI 20.

24 Boezio, *Quomodo Trinitas unus Deus*, in Migne, *Patrologia latina* (PL) 63, 1253: “Quod vero de Deo dicitur, semper est; unum quidem significat, quasi omni praeterito fuerit, omni quoquo modo sit praesenti, omni futuro erit. Quod de coelo et de caeteris immortalibus corporibus secundum philosophos dici potest. At de Deo non ita, semper enim est, quoniam semper praesentis est in eo temporis, tantumque inter nostrarum rerum praesens, quod est, nunc, ad divinarum, quod nostrum nunc quasi currens tempus facit et sempiternum, divinum vero nunc permanens, neque movens sese atque consistens, aeternitatem facit”; さらに*Proemio* (PL, 64, 1249).も参照のこと。アウグスティヌスの定立との距離についてはC. Leonardi, *La controversia trinitaria nell'epoca e nell'opera di Boezio*, in *Atti del Congresso internazionale di studi Boeziani*, a cura di L. Obertello, Roma 1981, pp. 109–122.が強調している。アウグスティヌスが*aeternitas*と*sempiternitas*を区別していない点については*De Trinitate*, V, 15–16 (PL 42, 92 1–922)を参照のこと。

25 この非時間的現在についてL. M. de Rijk, *Die Wirkung der neuplatonischen Semantik auf das mittelalterliche Denken über das Sein*, in *Sprache und Erkenntnis im Mittelalter. Akten des VI. internationalen Kongresses für mittelalterliche Philosophie*..., I, Berlin-New York 1981, pp. 19–35, 特にp. 29.が考察している。

26 Boezio, *Commentarii*..., cit., II, p. 22: “Sunt enim intellectus sine re ulla subiecta, ut quos centauros vel chimaeras poetae finxerunt”. Rijk (*On Boethius' Notion of Being*, cit., p.16)は“poetical fabrications”について語りながら、この文章に言及している。以下の見解はこの翻訳に好意的な最新の要素を取り入れている。

27 Macrobio, *Commento al “Somnium Scipionis”*, a cura di M. Regali, Pisa 1983,I,2, 11; II, 10, 11.

28 Cfr. L. M. de Rijk, *On the Chronology of Boethius’ Works on Logic*, cit., pp. 1–49, 125–152. pp. 159, 161.の要約表を参照のこと。

29 Boezio, *De hypotheticis syllogismis*, introduzione, a cura di L. Obertello, I, I, 3–5, pp. 206–207.

30 これはRijkの見解であり、L. Obertello (*De hypotheticis syllogismis*, introduzione, cit., p. 135)も同意している。

31 *De hypotheticis syllogismis,* cit., III VI, 6–7, pp. 356–357.

32 Gaius, *Institutes*, a cura di J. Reinach, Paris 1950.

33 Cfr. M. Lipenius, *Bibliotheca realis juridica*, I, Lipsiae 1757, p.511; A. Dadin de Hauteserre (Dadinus de Alteserra), *De fictionibus juris*, Paris 1679, in *Opera Omnia*, t. VI, Neapoli 1777; F. Pringsheim, *Symbol und Fiktion in antiken Rechten*, in *Gesammelte Abhandlungen*, II, Heidelberg 1961, pp. 382–400; E. Kantorowicz, *The Sovereignty of the Artist: A Note on Legal Maxims and Renaissance Theories of Art* [1961], in *Selected Studies*, Locust Valley, N. Y. 1965, pp. 352–365, 特に pp. 354–355; L. L. Fuller, *Legal Fictions*, Stanford 1967.

34 論集 *Platonic lnsults*, in “Common Knowledge”, 2 (Fall 1993), pp. 19–80.を参照のこと。特に S. Toulmin, Introductio.n (pp. 19–23) と D. McCloskey, *Rhetorical* (pp. 23–32).を参照のこと。

35 Hans Vaihinger, *Die Philosophie des Als-Ob* (1911, だが執筆期は 1876–1878; nuova ed. Hamburg 1986).W. Trimpi, *Muses of One Mind….*, cit. は前著に負っている（文学理論における “fictiones” の重要性を強調している)。

36 Cfr. J. Isaac, *“Le Peri Hermeneias” en Occident de Boèce a Saint Thomas*, Paris 1953 (p. 36では図表が手稿の普及を効果的に要約している)

37 *Peter Abaelards Philosophische Schriften*, *I*, *Die Logica “Ingredientibus”*, 3, *Die Glossen zu “Peri Hermineias”*, a cura di B. Geyer, Münster i. W. 1927, p. 333.

38 Cfr. D. F. Blackwell, *Non-Ontological Constructs. The Effects of Abaelard’s Logical and Ethical Theories on His Theology*: *A Study in Meaning and Verification*, Bern 1988, 特に pp. 132–141.

39 Cfr. L. M. de Rijk, *La philosophie…*, cit., p. 98.

40 Cfr. G. Paparelli, *Fictio*, in ”Filologia Romanza”, VII (1966), fasc. III–IV, pp. 1–83, 特に p. 83.は語源を強調しているが、法的意味は無視している（カントロヴィッチの論文を読んでいないためだろう)。さらには A.-M. Lecoq,

"Finxit". Le peintre comme "fictor" au XVIe *siècle*, in "Bibliothèque d'Humanisme et Renaissance", 37 (1975), pp. 225–243.も参照のこと。

41 Cfr. Agostino, *Quaestionum evangeliorum libri duo*, 51 (PL., 35, 1362), 下記より引用。 Tommaso d'Aquino, *Summa theologiae*, 3, q. 55, a. 4: この文章は (E. Kantorowicz, *The Sovereignty*…, cit., p. 355が指摘している) 基本的論文 E. Auerbach, *"Figura"*, in Id., *Scenes from the Drama of European Literature*, New York 1959, pp. 11–76, 229–237で論じられている文章に付け加えられるべきである (pp. 37–43では聖アウグスティヌスが論じられている)。

42 Cfr. A. Funkenstein, *Theology and the Scientific Imagination*, Princeton 1986, pp. 202–289 (「適応」について)

43 "Quemadmodum ars poetica per fictas fabulas allegoricasque similitudines moralem doctrinam seu physicam componit ad humanorum animorum exercitationem, hoc enim proprium est heroicorum poetarum, qui virorum fortium facta et mores figurate laudant; ita theologica veluti quaedam poetria sanctam Scripturam fictis imaginationibus ad consultum nostri animi et reductionem corporalibus sensibus exterioribus, veluti ex quadam imperfecta pueritia, in rerum intelligibilium perfectam cognitionem, tanquam in quandam interioris hominis grandaevitatem conformat" (PL., 122, 146), 下記より引用。 D. W. Robertson jr., *Some Medieval Literary Terminology, with Special Reference to Chrétien de Troyes*, in "Studies in Philology", XLVIII (1951), pp. 669–692., p. 673 (Petrarca, Fam. X, 4.に言及している) .

44 Cfr. F. Petrarca, Fam. X, 4 (ed. it. a cura di V. Rossi, II Firenze 1934, pp. 301 sgg.).

45 Cfr. G. Boccaccio, *Trattatello in laude di Dante*, a cura di P. G. Ricci, in Id., *Tutte le opere*, a cura di V. Branca, III, Milano 1974, prima redazione, p. 475.

46 Cfr. ivi, p. 469.

47 Cfr. M. D. Chenu, *"Involucrum". Le mythe selon les théologiens médiévaux*, in "Archives d'Histoire Doctrinale et Littéraire du Moyen Age"., 22 (1955)., pp. 75–79; E. Jeauneau, *L'usage de la notion d' "integumentum" à travers les notes de Guillaume de Conches*, in "Archives d'Histoire Doctrinale et Litteraire du Moyen Age", 32 (1957), pp. 35–100; B. Stock, *Myth and Science in the Twelfth Century. A Study of Bernard Silvester*, Princeton 1972.

48 ここでは Trimpi, *Muses of One Mind*…., cit.のいくつかの考えを発展させている。 さらには T. Pavel, *Univers de la fiction*, Paris 1988.も参照のこと。

49 Isidoro di Siviglia, *Differentiarum Liber*, I 2, 21. A.-M. Lecoq, *"Finxit"*…, cit., p. 228.より引用。

50 Cfr. A. Chastel, *Le "dictum Horatii quidlibet audendi potestas" et les artistes* (XIIIe-XVIe *siècles*), in Id., *Fables, formes, figures*, I, Paris 1978, pp. 363–376.

51 またおそらくいくつかの動物についても言える。 D. Lipset, *Gregory Bateson*, Chicago 1978, pp. 246–251, が述べている Bateson とイルカの逸話を参照のこと（その含意はここで扱っている主題と密接している）。

52 Cfr. C. Ginzburg, *Il formaggio e i vermi*, Torino 1976（『チーズとうじ虫』杉山光信訳、みすず書房), p. 60.

53 Cfr. G. Boccaccio, *Decameron*, a cura di V. Branca, Torino 1980, p. 82 (一日目第三話). 主題に関しては U. Fischer, *La storia dei tre anelli: dal mito all'utopia*, in "Annali della Scuola Normale Superiore di Pisa, Lettere e Filosofia", s. III, 3 (1973), pp. 955–998を参照のこと。小説的工夫については T. Todorov, *Poétique de la prose*, Paris 1971.を参照のこと。

54 Cfr. T. Todorov, *La conquéte de l'Amérique. La question de l'autre*,（トドロフ『他者の記号学――アメリカ大陸の征服』及川馥・大谷尚文・菊地良夫訳、法政大学出版局） Paris, 1982. その歴史的措定が希薄であるにもかかわらず（そしてそのおかげで）、多くを学ぶことができた本である。

55 Cfr. M. de Cervantes, *Don Quijote de la Mancha*, a cura di V. Gaos, Madrid 1987, II p. 1043 . この種の主題に関しては素晴らしい論文 L. Spitzer, *Prospettivismo nel "Don Quijote"*, in *Cinque saggi di ispanistica*, a cura di G. M. Bertini, Torino 1962, pp. 58–106 (*Linguistic Perspectivism in the Don Quixote*, in Id., *Linguistics and Literary History*, Princeton 1948, pp. 41–85)を参照のこと。私は本論を書いてからこの論文を読んだ。 pp. 86–87には雄山羊鹿や同様の混種語に関する言及がある。

56 M. de Cervantes, *Don Quijote*..., cit., p. 1045.

57 Cfr. J. Brown-J. H. Elliott, *A Palace for a King. The Buen Retiro and the Court of Philip* IV, New Haven-London 1980, pp.119–120 (同じ部屋にルーカ・カンビアーソの「スザンナ」も掛けられていた)

58 J. Gállego, nel catalogo *Velázquez*, a cura di A. Domínguez Ortiz *et alii*, New York 1990, pp.104 sgg.がこうした見解である。 J. Brown, *Velázquez, Painter and Courtier*, New Haven-London 1986, p. 72. は逆の見解で、「ウルカヌス」（今日では 223 x 290cm）は三三センチメートル狭く、「ヤコブ」（今日では 223 x 250cm）は五〇センチメートル広かったとしている。この寸法に関して Brownは Francisco de los Santos, *Descripción del Real Monasterio de San Lorenzo del Escorial*, Madrid 1681, p. 66.を参照しているが、それは大まかな数字しかあげていない ("un cuadro casi de cuatro varas de largo, y de alto dos y media")。

59 パッラヴィチーニ・ロスピリオーシ・コレクションの *La Riña en la embajada de España* をヴェラスケスの作であるとするにあたって、R. Longhi, *Velázquez 1630. "La rissa all'ambasciata di Spagna"*, in Id., *'Arte italiana e arte tedesca' e altre congiunture fra Italia ed Europa*, Firenze 1979, pp. 91–100. は、描かれている人物たちの一人が「ウルカヌス」にも出てくる人物をモデルにしていると述べている。それは明らかに（右から二番目の）横顔の若い鍛冶屋である。J. López-Rey, *Velázquez. A Catalogue Raisonné of His Oeuvre*, London [1963], p. 166, nota 133.はヴェラスケスの作であることを否定している。

60 Cfr. C. Justi, cit., da E. Harris, *Velázquez*, Oxford [1982], pp. 80 sgg.

61 四行詩は D. Angulo Iñíguez, *La fábula de Vulcano, Venus y Marte y "La Fragua" de Velázquez*, in "Archivo Español de Arte", XXIII (1960), p.172, nota 10. に収録されている。テンペスタの版画との関連づけは E. du Gué Trapier, *Velázquez*, New York 1948., p. 162. にさかのぼる。それによる相似は「さほど強いものではない」。

62 R. Longhi, *Aggiunte e "marginalia"*, in Id., *'Arte italiana e arte tedesca'*, cit., pp. 97–98. が直接の知り合いだったという仮説を提示した。

63 E. Harris (*Velázquez*, cit., p. 85, ill. 76). は「聖マタイの勅命」を、ローマ時代のヴェラスケスの絵に比べて、「かつては革命的で［…］今は演劇的に見える」自然の模倣の例として再現している。しかしヴェラスケスのローマ時代の絵はその弟子よりも、カラヴァッジョに着想を得ている、と述べている。*Pathosformeln* の陳腐な繰り返しをしているとされたアントニオ・テンペスタについては E. Gombrich, *Aby Warburg. An Intellectual Biography*, Chicago 1986 (nuova ed.), pp. 230 sgg. を参照のこと（ヴァールブルクの未発表の講演原稿「レンブラントの『ユリウス・キウィリスの陰謀』」について」）。

64 「ウルカヌスの鍛冶場」を論ずるにあたって C. Justi (*Diego Velázquez und sein Jahrhundert*, 2ª ed. riveduta, I, Bonn 1903, p.255) は二つの動きの"kritische Wendepunkt"について述べている。ドメニキーノを着想の元にしている点は Silvia Ginzburg の指摘による。

65 Isidoro di Siviglia, *Etymologiarum libri*, I, c. XVI (*Pictura*) (A.- M. Lecoq, *"Finxit"*..., cit., p. 232の指摘による). Cfr. F. Pacheco, *Arte de la Pintura*, a cura di F. J. Sánchez Cantón, 2 voll., Madrid 1956, indice (F. J. Sánchez Cantón, *La librería de Velázquez*, in *Homenaje... a Menéndez Pidal*, Madrid 1925, III, pp. 379–406のリストには出ていない). ヴェラスケスの想像上の演説で（Carl Justiの有名な模作に敬意を表したもの）、ロンギはこう書いている。「この段階ま

で集中化された記憶からは明瞭さの名を持つ何かが出てくると思える。それは何ものよりも困難な虚偽である」(*'Arte italiana e arte tedesca'*, cit., p. 93).

66 Cfr. G. Celati, *Il tema del doppio parodico*, in Id., *Finzioni occidentali*, Torino 1975 (nuova ed. 1986), pp. 169–218, 特にp.192:「かつてボルヘスが強調したことがある。もし『ドン・キホーテ』の登場人物がその本の読者になるのだとしたら、今度は読者が登場人物になりうるという疑いが入り込んでくると」(「ラス・メニナス」を見るものには親しいこの感情は、Théophile Gautierの有名なせりふ「絵はいったいどこにあるんだ」に負っている) チェラーティは一九七五年版の巻末の注で次のようにまとめている。「『ドン・キホーテ』は書き方の近代的方策を体現している。遠くから世界に線を引き、それを官僚的に管理するか、あるいは小説的に再創造するかという方法として」(そしてここではこの二つがしばしば一致することを示している) 私はこのチェラーティの本からも、またそれに関連した評論 I. Calvino, *I livelli della realtà in letteratura* (1978),(『水に流して——カルヴィーノ文学・社会評論集』和田忠彦・大辻康子・橋本勝雄訳、朝日新聞社) in Id., *Una pietra sopra*, Torino 1980, pp.310–323 (p. 315では『ドン・キホーテ』とメタ絵画について語っている) からも多くの考察のきっかけを得た。

67 Platone, *La Repubblica*, tr. it. di F. Gabrieli, Firenze 1950, pp. 82–83. Cfr. L. Brisson, *Platon*…, cit., pp.144–151 (*L'utilité des mythes*).

68 K. Popper, *La società aperta e i suoi nemici* [1944–45], I, Roma 1993, pp. 220 sgg.が描いたナチの先駆者としてのプラトンのイメージの中で、この神話は暗示的に「血と大地の神話」と呼ばれている。

69 Aristotele, *La metafisica*, a cura di C. A. Viano, Torino 1974, I, p.518. 下記は「扇情的な」とされたこの文章に注意を促している。P. Veyne, *Les Grecs ont-ils cru à leurs mythes?*, cit., p. 153, nota 108. (以下を参照している。P. Aubenque, *Le problème de l'Être chez Aristote*, Paris 1962, pp. 335 sgg.)

70 Sesto Empirico (*Adv. math.* IX, 54) が言及しているクリティアスの『シジュフォス』の文章を M. Untersteiner, *I sofisti*, nuova ed. ampliata, Milano 1967, II pp. 205 sgg. が論じている。

71 M. Esposito, *Una manifestazione di incredulita religiosa nel Medioevo: il detto dei "Tre Impostori" e la sua trasmissione da Federico II a Pomponazzi*, in "Archivio Storico Italiano", s. VII, vol. 16, a. LXXXIX (1931), pp. 3–48 に集められている証言を参照のこと(引用したプラトンとアリストテレスの文章には言及がない)。この主題に関する適切な研究書はない。

72 Celso, *Il discorso vero*, a cura di G. Lanata, Milano 1987, p. 65 (I, 24., 26). この本が一六世紀に収めた成功については L. Febvre, *Origène et Des Périers*, Paris 1942.を参照のこと。

73 Cfr. M. Esposito, *Una manifestazione*…, cit., p. 40.

74 Cfr. N. Machiavelli, *Discorsi sopra la prima deca di Tito Livio*, a cura di C. Vivanti, Torino 1983, pp. 68, 71–72.

75 将来の『君主論』の剽窃者 A. Nifo, *In duodecimum Metaphysices Aristotelis et Averrois volumen*, Venetiis 1518, c. 32r. は、生彩のない書き方で、アリストテレス 1074b1を注解している。

76 すでに C. Dionisotti, *Machiavellerie*, Torino 1980, p.139.が試みている。

77 Cfr. C. Nicolet, *Polybe et les institutions romaines*, in *Polybe*, Vandoeuvres-Genève 1973 (“Entretiens Fondation Hardt”, XX), p. 245, 文献目録つき。 C. Vivanti in N. Machiavelli, *Discorsi*…, cit., p. 65, nota 1. が指摘しているように、マキャヴェッリの文章にポリュビオスの影響があることは、 O. Tommasini が見いだしていた。

78 A. Momigliano, *Polibio, Posidonio e l' imperialismo romano*, in Id., *Storia e storiografia antica*, Bologna 1987, pp. 303–315. は、モムゼンをふまえて、ポリュビオスがローマの宗教をよく分かっていなかったと述べている。だが引用した文章のように、不十分な知識が有利になる場合もある。

79 ポリュビオスとプラトンに関しては P. Friedländer, *Socrates enters Rome*, in “American Journal of Philology”, LXVI (1945), pp. 337–351を参照のこと。ポリュビオスとアリストテレスについては I. Düring, *Aristotele*, Milano 1976, p. 46.を参照のこと。

80 Cfr. N. Machiavelli, *Discorsi*…, cit., I, 11. 「ローマ人の宗教について」 pp. 66–70. M. C. Smith, *Opium of the People: Numa Pompilius in the French Renaissance*, in “Bibliothéque d'Humanisme et Renaissance”, LII (1990), pp. 7–21, (守りきれないほどの誓約をしている)。

81 Cfr. N. Machiavelli, *Discorsi*…, cit., II, 2: 「ローマ人はいかなる民族と戦ったのか、そしていかにして執拗に自由を守ったのか」 pp. 223–224. この部分が巻き起こした論議については A. Prosperi, *I cristiani e la guerra: una controversia fra '500 e '700*, in “Rivista di storia e letteratura religiosa”, 1994, pp. 57–83. を参照のこと。

82 Cfr. R. Pintard, *Le libertinage érudit dans la première moitié du XVI*[e] *siècle*, (1943), nuova ed. ampliata, Genève 1983, p. 172. さらに全般的には D.P. Walker, *The Decline of Hell. Seventeenth-Century Discussions of Eternal Torment*, London 1964.を参照のこと。

83 Cfr. C. Ginzburg, *The Dovecote Has Opened Its Eyes*, in *The Inquisition in Early Modern Europe*, a cura di G. Henningsen e J. Tedeschi, Dekalb, III. 1986, pp. 190–198.

84 Oratius Tubero [La Mothe Le Vayer], *De la philosophie sceptique*, in Id., *Dialogues faits à l'imitation des anciens*, rist. a cura di A. Pessel, Paris 1988, p. 41. T. Gregory, *Il libertinismo della prima meta del Seicento. Stato attuale degli studi e prospettive di ricerca*, in Id., *Ricerche su letteratura libertina e letteratura clandestina nel Seicento*, Firenze 1981, pp. 26–27. もこの文章を引用している。ラ・モット・ル・ヴァイエは自分の全集に*Dialogues*を入れなかった。

85 Oratius Tubero [La Mothe Le Vayer], *Dialogues..*, cit., intr.: "Ma main est si genereuse ou si libertine, qu'elle ne peut suivre que le seul caprice de mes faintaisies, et cela avec une licence si independente et si affranchie, qu'elle fait gloire de n'avoir autre visée, qu'une naifve recherche des verités ou vray-semblances naturelles…". この文章はValéryが提起したリベルタンの解釈を正当化する。それは（混乱した、錯綜した形で）下記に引用されている。G. Schneider, *Il libertino*, Bologna 1970, pp. 35–36.

86 La Mothe Le Vayer, *De la vertu des payens*, in *Œuvres*, II, Genève 1970 (rist. dell'ed. di Dresda, 1757), pp. 156 sgg.（新しいページ組み）

87 この主題を掘り下げた研究は存在しない。次の時代に関してはF. E. Manuel, *The Eighteenth Century Confronts the Gods*, Cambridge, Mass. 1959.を出発点にできる。

88 Cfr. T. Hobbes, *Leviathan*, a cura di C. B. Macpherson, Harmondsworth 1974, cap. XIII, p. 186.ホッブズはパリでしばらく亡命生活を送った。彼の*De cive*はSamuel Sorbière (Amsterdam 1649)によって翻訳されたが、その点についてはR. Pintard, *Le libertinage érudit…*, cit., pp. 552–558 e *passim*.を参照のこと。

89 Cfr. T. Hobbes, *Leviathan*, cit., cap. XII, pp. 168–178.ホッブズは恐怖から生まれた多神教を、「自然の本体の原因、そのいくつかの徳性、作用」を知る好奇心から生まれた一神教に対置する。最後の「作用」は「異教の哲学者たちも認めたように」、あらゆる事物の原動力と、原初、永続原因の概念に導く。ホッブズのアリストテレスに対する態度についてはL. Strauss, *The Political Philosophy of Hobbes* [1936],（レオン・シュトラウス『ホッブズの政治学』添谷育志・谷喬夫・飯島昇藏訳、みすず書房）Chicago 1973, pp. 30–43.を参照のこと。

90 T. Hobbes, *Leviathan*, cit., cap. XIII, p. 183.

91 Ivi, cap. XXXII, p. 409.

92 この点についてはS. Landucci, *I filosofi e i selvaggi, 1580–1780*, Bari 1972, pp. 114–142.の説得力ある論議を参照のこと。

93 T Hobbes, *Leviathan*, cit., cap. XXXVIII, pp. 478–479.

94 Ivi, cap. XVIII, p. 227: "This is the Generation of that great LEVIATHAN, or rather (to speake more reverently) of that *Mortal God....*"

95 Ivi, cap. XLII, p. 526.

96 P. Bayle, *Pensées diverses sur la comète*（1682 題名が違っている。増補版、1683。増補新版、1694). Bayle, *Réponse aux questions d'un provincial*, in *Œuvres diverses*, II, 2, La Haye 1737, p. 956.では、中国人官吏とイエズス会士との驚くべき会話が劇化されている。

97 *Trattato dei tre impostori. La vita e lo spirito del signor Benedetto de Spinoza*, a cura di S. Berti, con prefazione di R. Popkin, Torino 1994. 同時代のいくつかの証言を手がかりにして、S. Bertiはその本をJan Vroesenが書いたものとしている。

98 S. Bertiが取り上げたシャロンに関する例 (pp. LXXIV–LXXVI) 以外に、La Mothe Le Vayer, *De la vertu des payens*, cit., p. 157.を参照のこと（*Trattato*..., cit., p. 136. で取り上げられている)。「確かに異教徒の無知ははなはだしく」という言葉で始まる文章を取り去るにあたって、『三詐欺師論』の無名の著者は、パエトンが起こした火事がソドムとゴモラの火事に例えられているラ・モット・ル・ヴァイエの文章から、パエトンをエリアに例えている文章 ("Car assez de personnes ont remarqué le rapport qu'il y a entre Samson et Hercule, Elie et Phaeton", ecc.). に気づかないうちにそれてしまっている。原書にあるこのぶざまな縫合に、事態を混乱させるような、イタリア語の誤訳が加わっている。("embrasement" 火事が「抱擁」と訳されている)

99 *Trattato*..., cit., p. 71.

100 S. Berti (ivi, introduzione, p. LX)は正当にもこの点を強調している。

101 Ivi, pp. 67, 69, 239.

102 R. Koselleck, *Kritik und Krise. Ein Beitrag zur Pathogenese der bürgerlichen Welt,*（コゼレック『批判と危機――市民的世界の病因論のための一研究』村上隆夫訳、未来社）1959.がこの点を指摘している。この本はとても知的なやり方で、バリュエル師のかつての陰謀説を発展させている。

103 *Bisogna ingannare il popolo?*, Bari 1968 (CastillonとCondorcetの論考を含む), pp. 13, 53, 60–62; 原典をより広く選抜したものとしては *Est-il utile de tromper le peuple?*, a cura di W. Krauss, Berlin 1966. を参照のこと。

104 Cfr. G. L. Mosse, *The Nationalization of the Masses. Political Symbolism and Mass Movements in Germany from the Napoleonic Wars through the Third Reich*,（モッセ『大衆の国民化——ナチズムに至る政治シンボルと大衆文化』佐藤卓己・佐藤八寿子訳、柏書房）1974.

105 Novalis, *Frammenti*, tr. it., Milano 1976, *framm.* 884, p. 227.

106 K. Marx, *Introduzione ai "Lineamenti fondamentali dell'economia politica"*, in Marx-Engels, *Opere complete*, XXIX a cura di N. Merker, Roma 1986, p. 43.この文章の一部分がE. Castelnuovo, *Arte e rivoluzione industriale*, in Id., *Arte, industria, rivoluzioni*, Torino 1985, p. 85.の冒頭で引用されている。

107 Cfr. K. Marx, *Il 18 brumaio di Luigi Bonaparte*, Roma 1974, p. 50.

108 Ivi, pp. 46–47.

109 Ivi, pp. 35–36 (prefazione del 1869). ルイ・ナポレオンのクーデターの直後に書かれた、一八五一年二月三日付の、マルクスに当てたエンゲルスの手紙で、すでに「ブリューメル一八日の滑稽な偽装」と述べられている (*Carteggio Marx-Engels*, I, tr. it., Roma 1950, p. 339)。

110 Cfr. K. Marx, *Il 18 brumaio*..., cit., p. 37.（「皇帝主義」という言葉がドイツではやっていると述べている）それはフランスで生まれた言葉である。*Sui fondamenti della storia antica*, Torino 1984, pp. 378–392.で再発表されたA. Momiglianoの二つの論文を参照のこと。

111 Cfr. K. Marx, *Il 18 brumaio*..., cit., p. 227（小冊子の結論である）

112 *Carteggio Marx-Engels*, VI, Roma 1953, p. 126. 書簡は一八七〇年八月一七日付けである。英語の表現が原文にある。

113 Ivi, IV, Roma 1951, p. 406.

114 全般的にはD. Losurdo, *Democrazia o bonapartismo. Trionfo e decadenza del suffragio universale*, Torino 1993.を参照のこと。

115 [M. Joly], *Dialogue aux Enfers de Machiavel et Montesquieu, ou la politique de Machiavel au XIXe siècle par un contemporain*, Bruxelles 1864, pp. 48–49. この作品はすぐに著者の名前で再刊され、ドイツ語に翻訳された (Leipzig 1865)。そして後に再発見され、版が重ねられた (Paris 1948, 1968)。

116 A. de Tocqueville, *De la démocratie en Amérique*,（トクヴィル『アメリカの民主政治』井伊玄太郎訳、講談社）a cura di F. Furet, II [1840], Paris 1981, pp. 340–341.

117 ナポレオン三世の言葉と、彼についての論評はD. Losurdo, *Democrazia*.., cit., pp. 56, 224. から取られている。

118 その出典と成功については最良の本N. Cohn, *Warrant for Genocide. The Myth of the Jewish World-Conspiracy and the Protocols of the Elders of Zion*,（ノーマン・コーン『シオン賢者の議定書——ユダヤ人世界征服陰謀の神話』内田樹訳、ダイナミックセラーズ）1967を参照のこと。p. XII nota 2では、『シオンの議定書』の膨張拡大された「神話」という言葉の使い方を正当化している。ジョリの作品との関係については（一九二一年の「タイムズ」の記事で暴露された）、pp. 46–51, 225–228. を参照のこと。その成功についてはP.-A.Taguieff 編の論集*Les Protocoles des Sages de Sion*, Paris 1992, 2 voll. を参照のこと。

119 Cfr. l'edizione italiana dei *Protocolli* curata da G. Preziosi,（S. Romano, *I falsi protocolli*, Milano 1992. の付録として再刊）pp. 151, 153, 156, 163, 171, 176, 181, 205.

120 Appendice a S. Romano, *I falsi protocolli*, cit., p. 161.

121 Cfr. M. Confino, *Violence dans la violence. L'affaire Bakounine-Nečaev*, 1973 (tr. it., *Il catechismo del rivoluzionario, Bakunin e l'affare Nečaev*, Milano 1976, p. 123;「イエズス会の組織」に関する言及は」pp. 150, 158–159, 171, 173, 20, 240にある）この本は『教理問答』の作成を慎重にもネチャーエフに帰して、バクーニンの参加を否定している V. Strada, introduzione a A. Herzen, *A un vecchio compagno*, Torino 1977は別の見解を示している。pp. XXXIII–XXXVには「革命的イエズス会主義」に関する注がある。

122 Appendice a S. Romano, *I falsi protocolli*, cit., p. 161.

123 ヒトラーはラウシュニングに、『議定書』を読んで「動転した」と告白したようである。「敵の偽装とその偏在！ 私はすぐにそれをまねる必要があることが分かった。もちろん我々流のやり方で…なんと我々に似ていることか、そして一方ではなんと違っていることか。彼らとの間に何という戦いがあることか。賭けられているものは、単純に、世界の運命だ(H. Rauschning, *Hitler mi ha detto*., tr. it., di G. Monforte, Milano 1945, pp. 262–263（若干変更してあるN. Cohn, *Licenza*..., cit., p. 140が一部分引用している。さらにはH. Arendt, ivi, p. 149の見解も参照のこと)。同じ会話で、ヒトラーは、「とりわけイエズス会から学んだ、さらに、記憶が確かなら、レーニンも同じようなことをした」とラウシュニングに述べたようである(pp. 263–264)。

124 Cfr. F. Nietzsche, *Die Geburt der Tragödie*, 1872. L. Gossman, *Le "boudoir" de l'Europe: la Bâle de Burckhardt et la critique du moderne*, in *L'éternel retour. Contre la démocratie l'idéologie de la décadence*, a cura di Z. Sternhell, Paris 1994, p. 65.に部分的な引用がある。その少し先で、ニーチェは次のように言っている。「原＝人間を天性上善良で芸術的な人間だとする解釈は［…］次第に差し迫った怖るべき要求に変化したのであって、それをわれわれは、現在の社会主義運動に直面して、もはや聞きのがすことはできない。「善良な原＝人間」がその権利を主張する――これはなんたる楽園的な展望であろう！」（浅井真男訳、白水社）

125 序文には「一八七一年末」の日付がある。ニーチェはあとがき（「自己批判の試み」）で本が生まれた時期にだけ暗に言及している。「それにもかかわらず、それは生まれた、一八七〇―七一年の独仏戦争の、動転させる時期に」（*La nascita della tragedia.*（『悲劇の誕生』）cit., p. 3）. ソレルに関しては *Réflexions sur la violence,*（『暴力論』木下半治訳、岩波書店）Paris 1946への序文（一九〇七）とニーチェに関する部分(p. 356–367)を参照のこと。

126 Cfr. F. Nietzsche, *La nascita della tragedia*, cit., p. 153.

127 二つの文章は（追加された傍点も含めて）下記より引用されている。V. Foa, *La Gerusalemme rimandata. Domande di oggi agli inglesi del primo Novecento*, Torino 1985, p. 190（だが本全体が重要である）

128 [M. Joly], *Dialogues.*(N. Cohn, *Licenza*…, p. 226.より引用)

129 J. de Lignières, *Le centenaire de la Presse*, giugno 1936.下記より引用。W. Benjamin, *Das Passagen-Werk,*（ベンヤミン『パサージュ論』今村仁司他訳、岩波書店）a cura di R. Tiedemann, 1982.

130 *Psychologie des foules*, 下記より引用。D. Losurdo, *Democrazia*…, cit., pp. 83–84; E. Gentile, *Il culto del Littorio. La sacralizzazione della politica nell'Italia fascista*, Roma-Bari 1993, pp. 155 sgg.

131 A. Hitler, *Mein Kampf*, 下記より引用。D. Cantimori, *Appunti sulla propaganda* (1941), in Id., *Politica e storia contemporanea. Scritti 1927–1942*, Torino 1991, pp. 685–686 (だが論文全体を参照のこと pp. 683–699).

132 Cfr. T. W. Adorno, *Minima moralia* (1951), tr. it. Torino 1979, aforisma 69, *Gente da poco*, pp. 117–119.

133 Cfr. T. W. Adorno-M. Horkheimer, *Dialektik der Aufklärung*,（ホルクハイマー、アドルノ『啓蒙の弁証法――哲学的断想』徳永恂訳、岩波書店）1947 ; G. Debord, *La société du spectacle*,（ドゥボール『スペクタクルの社会』木下誠訳、平凡社）1971; aforisma 43: 独創性を声高に主張しているにもかかわらず、模倣的である。

134 Cfr. F. Nietzsche, *La nascita della tragedia*, cit., p. 151.

135 神話を通じての合法化は、ドイツ・ロマン主義者の「新しい神話学」に関連してM. Frank, *Il dio a venire*, Torino 1994.によって論じられた。しかし神話が、神話として、より深い真実を引き出すのを可能にするという、ロマン主義的考え方はプラトンが始めた省察とは無縁である。それは神話のロマン主義的眺望の、しばしば無意識的な、懐古的投影であり、本論が出発点とした『パイドロス』と『ソピステス』の関係をとらえるのを妨げたのである。

136 全般的には、異なった観点からのW. Rösler, *Die Entdeckung der Fiktionalität in der Antike*, in "Poetica", 12 (1980), pp. 283–319.を参照のこと。

137 Cfr. M. Detienne, *L'invention*..., cit., pp. 141–144.

138 この文章に関しては W. Trimpi, *Muses*..., cit., pp. 50 sgg.を参照のこと。

139 Cfr. M. Detienne, *L'invention*..., cit., p. 239 (Ateneo, VI, 22b1–7).

140 C. Calame, *Le récit en Grèce ancienne*, Paris 1986, p. 155, (N.Loraux, "*Poluneikes eponumos*": *les noms du fils d'Oedipe, entre épopée et tragédie*, in *Métamorphoses du mythe*, cit., pp. 152–166.より引用）は固有名詞を「最小の神話的陳述」として吟味している (p. 151)。Cfr. G. Nagy, *The Best of the Achaeans*..., cit. もし誤りでないなら、これらの著作はH. Usener, *Götternamen* (1896).を引用していない。Usenerに関しては、下記に見られる、未発表の資料にも依拠している人物像を参照のこと。J. H. Bremmer, in *Classical Scholarship: A Biographical Encyclopaedia*, a cura di W. W. Briggs e W. M. Calder III, New York 1990, pp. 462–478.

141 ここに示された眺望は、やや異なった根拠の元で、イギリスのロマン主義者たちが提起した「真実でも虚偽でもない」詩という考えを、再構成することを可能にする。Cfr. M. H. Abrams, *The Mirror and the Lamp*,（エイブラムズ『鏡とランプ――ロマン主義理論と批評の伝統』水之江有一訳、研究社出版）Oxford 1953, rist. 1974., pp. 320–326.

142 Cfr. M. Proust, *Du côté de chez Swann*, I, Paris 1954, p. 110. Cfr. A. Henry, *Métonymie et métaphore*, Paris 1971, pp. 44–46. だがこの場合もブロックは他のものの考えを反映させている。Maxime Du Campは、フローベールがラシーヌをその言語学的誤りのために批判したあと、以下のようにラシーヌを評価したと書いているのである。"un vers éternel, tant il est sublime... [il] redressait sa haute taille, et de sa voix la plus cuivrée criait: 'La fille de Minos et de Pasiphaé!'" (*Souvenirs littéraires*, pref. D. Oster, Paris 1994, p. 443).

第三章　表象
――言葉、観念、事物

1　かなり前から人文科学の分野で、「表象」（rappresentazione）について盛んに語られてきた。その成功が言葉の曖昧性に負うところは間違いない。一方では「表象」は表現された現実を意味する。つまり不在を喚起する。そしてもう一方では表現された現実を目に見えるものにする。つまり実在を示唆する。しかしこの対立は容易に逆転できる。前者の場合、表象は、代用品ではあるが、実在する。後者の場合、表現しようとした不在の現実を、対比によって呼び起こそうとする。[1]だが私はこのわずらわしい鏡の遊戯にふけろうとは思わない。「表象」という言葉に、近来の実証主義の批判者、懐疑的ポストモダンの思想家、不在の形而上学の愛好家が、それぞれ見出せるものを示すだけで十分である。[2]

「表象」が代替と模倣的喚起の間を揺らいでいる様は、ロジェ・カルティエが述べているように、フュルティエールの『大辞典』(一六九〇)の「表象」の項にも見える。そこには、フランスやイギリスの国王の葬儀の時に、棺台に乗せられる蝋《ろう》、木材、皮革製の人形についてと、それより以前に死んだ国王を表現していた、死者用のシーツに覆われた、空の葬儀用寝台についての記述がある。前者に見える模倣の意図は後者には見られなかった。しかし両者とも「表象」とされていた。私たちはここから出発しよう。

2　国王の葬儀の時の、空の棺台についての最も古い証言は、一二九一年にさかのぼる。バルセロナの文書館に保存されている文書によると、その年アラゴンの町ダロカに住んでいたアラブ人たちが、物故したばかりの国王アルフォンソ三世を「表す」棺を囲んでいたユダヤ人たちを襲ったとのことである。[3] 国王の葬儀に人形を使う習わしはさらに新しい。イギリスでは一三二七年(エドワード二世の死の時)、フランスでは一四二二年(シャルル六世の死の時)である。[4] こうした人形は——束の間にしか使われない壊れやすいものなので——わずかしか残っておらず、しかもそのほとんどが大幅な修復を受けている。[5]

エルンスト・カントロヴィッチは、英仏国王の葬儀の際、遺骸とともに人前に出された人形が、国王の二重の身体という法理論を目に見える形で表現している、と主張した。一方では国王の永遠の身体である人形が公的制度に結びつけられ、もう一方で国王の束の間の身体である遺骸が個人に結びつけられていた。[6] その論証には説得力がある。少なくともフランスでは、まさに表象と

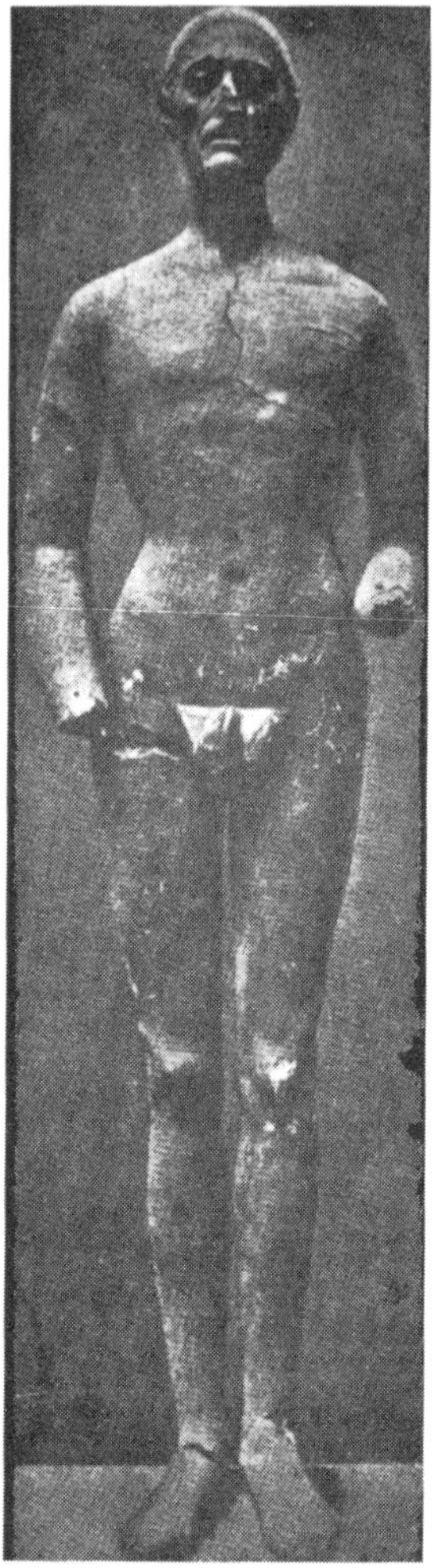

図6——王の人形（ロンドン、ウエストミンスター・アベイ教会）

呼ばれた死者の肖像を葬儀の時に見せる習わしは、国王だけに限られなかった、ということが思い出されるにしても。[7] しかし両者を見せる習慣はいかにして生まれたのか。ラルフ・ギーセイによると、人形は実際的理由から「身体の代わり」として用いられたとのことだ。つまり遺骸の防腐処理技術がほとんど未発達だったので、半分腐敗した遺骸を見せたくないのなら、木材、皮革、蝋で作った人形で間に合わせる必要があった、というのである。[8] しかしこの説明では納得できない。死者用のシーツに覆われた棺台を見せることもできたはずだった。これは言ってみれば非模倣的な喚起を用いる別のやり方で、伝統にもかなっていた。[9] しかし一三二七年にロンドンでは、死んだ国王エドワード二世に似た木の像（イメージ）を作る職人に、代金を支払うように定められた。それはなぜだろうか。そしてなぜこの革新がフランスで一世紀後に始められ、両国でその後ずっと続いたのだろうか。[10]

私は「革新」と言ったが、この用語はおそらく不適切だろう。ユリウス・フォン・シュロッサーが注記しているのだが、二世紀と三世紀に、ローマ皇帝の葬儀の時に使われた蝋製の像が、一千年後に同じ状況で展示された英仏国王の蝋、木材、皮革製の像ととてもよく似ているのである。これらには相互につながりがあるのだろうか、あるいは自然発生的な再発見なのだろうか。シュロッサーは、その種の連続性の証拠が乏しいにもかかわらず、初めの仮説に傾いている。[11] 他の歴史家たちは後者の仮説に好意的で、ギーセイもその一人である。彼は英仏国王の葬儀とローマ皇帝の葬儀が似ていること（この点については後に述べる）を否定してはいない。しかし非常に異なった文化に属する儀礼を比較するのは、歴史的観点からは「安易で、不毛に」見えるのだ。[12]「文化人類学的観点からはその類似性は刺激的だ。だが歴史的関連は弱い」と彼は書いている。[13]

この論文を導く仮説はそれとはまさに反対だ。私は文化を超えた類似性が、出発点となった現象の特殊性をより深く理解する助けになることを証明しようと思う。これは困難な道で、あまたの時間的、空間的往来を必要とするだろう。それには英仏国王の人形がひとつの基準点となるだろう。

3　ギーセイは、もちろんその師のカントロヴィッチの示唆を受けてだが、ローマ皇帝の神聖化に関するエリアス・ビッカーマンの論文（一九二九）から出発した、と言明している。[14] ビッカーマンはさかんな論議を呼び起こしたその卓抜な論文で、火葬を二度行うその神聖化《コンセクラティオ》の儀礼を分析している。つまり皇帝の身体と、数日後の蝋製の像の火葬である。この「像の葬儀《フヌス　イマギナリウム》」のおかげで、すでに遺骸を離れた皇帝は神々の中に迎え入れられる。ビッカーマンはこの儀礼と、中世後期のイギリス、フランスの現象とが明らかに類似していることを強調している。そして注でフレイザーが研究した葬送儀礼についても簡単に触れている。彼は明らかに、ロベール・エルツが「社会学年報」（一九〇七）に発表した論文「死の集団表象研究への寄与」を見逃している。[15]しかしながらビッカーマンの論文の、初めのパラグラフの末尾に、エルツが賛同しそうな主張を見いだすことができる。「死はこの世での肉体生命の終わりではない。旅立つものと残るものを分けるのは生物学的事実ではなく、社会的行為――葬儀――である」[16]。エルツの素晴らしい論文は、ビッカーマンが古代ローマの文脈で研究した二重埋葬の儀礼を、非常に広い視野のもとで調査している。死はいかなるものでも、共同体に心理的外傷をもたらすことを、エルツは示す。それは正真正銘の危機であって、生物学的出来事を社会的過程に変える儀礼で統御されなければならない。腐敗した遺骸（それはこの上もなく威嚇的で不安定な物体である）が骸骨になる過程を制御しながら。この儀礼に仮の埋葬が当てはまる。それは他の文化圏ではミイラ化や火葬であり、時にはそれらが組み合わされる場合もある。エルツによれば、それは非常に広汎に見られる問題の特殊な解決法なのである。[17]帝政時代のローマや、一五、一六世紀のイギリスやフランスでは、それぞれ皇帝と国王の身体の葬儀は、エルツが分析した仮の埋葬に匹敵する機能を持っていた。双方の場合とも、その後に像の葬儀が執り行われた。つまり単に最終的なだけでなく、永遠化をもたらす儀礼である。皇帝は神聖化された。国王は王国の機能の永続性の確認を通じて、決して死ぬことがなかった。社会的過程として皇帝の死を完成させる、皇帝の蝋の像や国王の肖像は、別の地平では、ミイラや骸骨と同等である。しばらく前にフロランス・デュポンは、異なった道筋の研究から同じ結論に達した。[18]

この文化横断的な広い展望のもとでこそ、帝政期のローマや、一五、一六世紀のイギリスやフランスで考え出された解決法の特殊性がよりよく理解できる。後者の場合、肖像は国王を「生前の姿で」見せていたことが知られている。しかしローマでも皇帝の像は「死後の国王の虚構」と定義されたものの中に組み込まれていた。[19] ディオン・カシウスの『ローマ史』の有名な一節には、一九三年に死んだ皇帝ペルティナクスの蝋の像が「勝利の服で飾られていた」、と書かれている。その像の前には「若い奴隷がいて、まるで君主が眠っているかのように、孔雀の羽の扇で蠅を追い払っていた」。[20] ヘロディアヌスはセプティミウス・セウェルスの死後に行われた儀式についてさらに詳細に語っている。皇帝の蝋の像は金色の覆いに覆われた、大きな象牙の寝台に横たえられ、医師たちが七日間診察に訪れ、容態が「さらに悪化」するのを確認したのである。[21] この逸話は一五四七年、フランソワ一世の死後に、フランスで起きたことを思い出させる。一一日間、初めは遺骸のかたわらで、後には王の肖像の脇で、饗宴が行われたのだ。国王のかたわらで飲み食いがなされ、「上述の領主の座席の前には、まるで彼が生きたまま座っているかのように、きれいな水が入った水盤が捧げられていた」のである。[22] ヘロディアヌスの作品はフランスでは一四八〇年頃に流布しており、葬儀時に行われる饗宴の風習の、フランスでの最古の例は一五世紀末にさかのぼる、とギーセイは述べている。しかし前にも見たように、この古代ローマとの類似が意識的模倣である可能性は否定している。[23]

ギーセイの論証には時折不確かなところが見られる。例えば饗宴がフランソワ一世の遺骸のかたわらで始められた、などの相違点は、フランスの風習がローマとはまったく関係がないことの証明としては不十分である。[24] しかしこうした領域で自主的な創造がなされたこともあり得る。空間的に離れていたセプティミウス・セウェルスのローマとフランソワ一世のフランスの社会が、時間的に離れていたにもかかわらず。この点に関して、他の証言でも確認されている、ペルーの征服者フランシスコ・ピサロの報告書は、以下のように語っている。インカ人は厳粛な状況の際に、大切に保存してある王たちのミイラを持ち出して展示し、それに祝杯や祝宴を捧げる。[25] これは驚くべき類似で、少なくとも仮説によらなければ、説明できないだろう。ペルーでは死んだ王たちは、クスコの王宮と家畜と奴隷たちを所有していた。その財産は男系の相続人を含む集団で運営されていたが、王は例外で、前任者からは物質的なものは何も受け継がなかった。[26] 要するに理論的には、死んだ王たちは権力を保持していた。そしてインカ人は王のミイラと相互関係を結んでおり、それは儀礼的祝宴に現れていた。フランスでも、限られた期間だが、法的虚偽が死んだ国王に権力を与えていた。それは新しい国王の、戴冠の直前の時期に一致していた（ギーセイは「儀礼的空位時代」と呼んでいる）[27]。これを別の言葉で言うと、よく似た強制力が働いて、まったく違った状況下で、同一の結果がもたらされたのである。

こうしたことすべては、一六世紀のフランス国王の葬儀に関して再三提起された問題を再度提出する助けになる。「ローマの手本の模倣か、独自の考案か」という二者択一は、問題の一面にかかわるに過ぎない。まったく違う問題に関してマルク・ブロックとクロード・レヴィ＝ストロースが熱意をこめて強調したことだが、接触はその現象の持続の説明にはならないのである（もし接触があったらなのだが、つまりこの場合は確実ではないが[28]）。

4　それではなぜローマや他の場所で、死んだ皇帝や王の像を作っていたのだろうか。フロランス・デュポンは、ローマの貴族が祖先の仮面《イマギネス》を蝋で作っていたという習慣から出発して、答えを出した。像《イマーゴ》は骨と同等と考えられていた。なぜなら両者とも特別な部分、身体、とみなされていたからだ[29]。マルセル・モースが人格の概念を分析した時、古代ローマで像《イマーゴ》と姓《コグノーメン》の間に、あるいは三つの名前を並べる方式の最も個人的な部分との間に、緊密な関係があるのを強調したことが思い出される[30]。しかし祖先の仮面の使用は貴族の家庭だけに限られてはいなかった[31]。ビッカーマンは一三三年から一三六年にさかのぼる法を引用して、ラヌヴィオのある団体、あるいは結社が、悪意ある主人のために団体の成員である奴隷の死体が引き渡されない場合、「像の葬儀《フヌス・イマギナリウム》」を執り行える権利を有していた、としている[32]。

この場合葬儀の像《イマーゴ》は、不在の遺骸を代用するものとして機能していた。この事実はある論議の結論と一致する。それはギリシア語のコロッソス（巨人像）という言葉の意味という、限られた主題から出発して、「像」それ自体の基本概念にまで及んだ論議だった。それを始めたのはピエール・シャントレーヌで、コロッソスという言葉の語源に関する注釈で、その起源はインド゠ヨーロッパ語の外に探し求めるべきだという見解を述べた。しかしその論文の草稿を訂正する過程で、少し前に刊行されたキュレネの神聖法は、コロッソスの本来の意味が、ロードスの巨人像で親しんでいたような、「大きな彫像」ではなく、単なる「彫像」であったことを示している、と書き加えた。その二年後、エミール・バンヴェニストはある論文で研究を別の方向に向けた。キュレネの神聖法（前四世紀後半）は、家に外国の嘆願者たちを受け入れる場合、三日間続けて彼らを保護する人物の名を唱えなければならない、と定めていた。もしこの人物が死んでいるか、未知の人の場合、祈願するものはコロッソスを、つまり木か粘土で男か女の人形を作り、それをその後「未伐採の森に安置し」なければならなかった。この理由づけは、研究者によっては、非論理的とは言わないまでも、奇妙に映った。しかしバンヴェニストは反論する。「生きている未知の人がまったく存在しないのと同じなのだとしたら、より深遠な論理に従っていると言えないだろうか」。そして結論を導き出す。「これが言葉の真の意味だ。葬儀の像、儀礼の身代わり、不在のものに代わり地上に存在し続ける代役、である[33]」。

これに「表象」と付け加えることができるだろう。ギリシアのコロッソスと、フランスやイギリスの国王の、蝋、皮革、木材でできた、葬儀時の肖像との類似には――その形態に関しても、機能に関しても――驚かざるをえない。キュレネの神聖法は明らかに、葬儀の彫像との儀礼的饗宴を想定していた。それは一六世紀にクスコやパリで行われたものと同じだった。ヘロドトスの伝えるところでは、スパルタでは、王が戦争で死ぬと偶像《エイドロン》を作り、それを飾り立てた寝台に展示した。ジャン＝ピエール・ヴェルナンはこの風習をキュレネの神聖法が想定したものに結びつけている。[34] だがここでは、例によって魔術に言及するのはやめよう。それは何も説明しない。[35] 葬儀の像と像一般の間にあるこうした関係を考察するとき、エルンスト・ゴンブリッチの『棒馬考』を新しい観点から読むことができる。それは決して重要性では劣らない、クシシトフ・ポミアンのコレクションに関する論考についても同じである。ゴンブリッチも表象から出発している。彼は棒馬を「馬の代用」と考えることで、副葬品における代用の機能を強調するようになった。「権力者の墓に葬られた馬、あるいは陶製の奴隷は、生ける馬や奴隷の代用である」。ゴンブリッチはこの古代エジプトに関して述べた見解を、仮説によってより一般的な地平に投げ入れる。「肖像を作る意図の前に代用があり、伝える意図の前に創造があった」。しかしいくつかの社会でのみ――ギリシア、中国、ルネサンスのヨーロッパ――機能の変化が別の芸術を生み出した。つまり「言葉の近代的意味での、表象としての、像の観念」に結びついた芸術である。ゴンブリッチは一〇年後にこの凝縮された卓抜な考えを、重要な著作『芸術と幻影』で展開した。[36] 一方ポミアンは彼なりに、コレクションを形成するまったく異なった事物を結合する要素を理解しようとして、副葬品から出発した。彼はその中に、聖遺物、骨董品、像などと同様に、「現世と来世、聖と俗を媒介するものを……遠くにあるもの、隠されたもの、不在のものを……それを見る人とそれが喚起する不可視のものとの媒介」を認めた。日用品の領域から引き離され、墓やコレクションといった、隔絶された空間に移されると、そうしたものは意味を伝えるもの、「意味伝達者」になる。[37]

模倣の前に代用があった、とゴンブリッチは推測した。コロッソスでも、葬儀の像でも、模倣よりも代用の要素のほうが明らかに優越している。この模倣について述べる前に、ここまで検討してきた諸研究は、異なった主題を扱っている以外に、それぞれ独立して行われたことを強調しておきたい。従って私が指摘した一致はさらに意味深く思えるのだ。だがそれをどう解釈すべきなのだろうか。記号や図像の普遍的性格に言及すべきなのか、あるいはある特定の文化領域について述べるべきなのか。そうだとしたら何について語ればいいのか。

ここで示した二者択一は、ジャン＝ピエール・ヴェルナンがバンヴェニストのコロッソス論を発展させる形で始めた論文の中心にある。[38] コロッソスは「我々とは異なった心理組織を前提とした、ある正真正銘の心理的カテゴリー、分身というカテゴリーについて語りうるような」用語グループ（魂、夢の中の像、影、超自然的幻など）に属していた、とヴェルナンは強調している。しかし論文の結末部分でヴェルナンは不意に語り口を変える。

おそらくここで我々はコロッソスを大きく飛び越えて、宗教的記号の本質的性格に呼応する問題に触れているのだ。宗教的記号は単なる思考の道具として現われるのではなく、それに関連する聖なる力を人間の頭に喚起することだけを狙っているのでもない。それは聖なる力との真の伝達関係を確立し、その存在を人間の宇宙に実際に挿入することを望んでいる。しかしこうして神に橋を架けようとすることで、同時に距離を強調し、聖なる力と、それが人間の目に必然的に不完全な形で顕現させるものとの間の無限の距離を訴えなければならない。この意味でコロッソスは、宗教的記号の内部に存在し、自分の広がり自体が生み出してしまう緊張関係のよき例なのである。その実際的な、有効な機能として、コロッソスは彼岸と現実的接触をし、現世でその存在を実現する野心を持っている。しかしながらその試み自体の中で、死者の彼岸が生者の世界にもたらすものを強調する。立ち入りがたい、神秘的な、根本的に異質なものを。[38]

一方に、われわれとは異なるギリシア人の心理組織がある。もう一方にはギリシアでも、今日の世界でも跡をたどれる、宗教的記号に本質的に内在する緊張関係がある。この歴史的眺望と普遍主義的眺望との間の揺らぎは——ヴェルナンの非常に豊かな研究の源となったのだが——現代のわれわれの文化がギリシア文化との間に持つ、親子関係と疎遠さが混ざったまったく特別な関係を考えるなら、非常に良く理解できる。[39] しかし像の場合は、他のものと同様に、われわれとギリシア人の間に非常に深い亀裂を生じさせた。それはより近い距離から詳細に考察されるべきだろう。

5　ローマ皇帝の神聖化《コンセクラティオ》に戻ろう。フロランス・デュポンは、その儀礼に逆説が含まれてい

ることを強調した。

（ローマでは）死者を神聖化するためには［…］墓から引きずり出し、その神殿がある聖なる空間に入れなければならなかった。だがそれは、死者の側からは、墓を失うことになるので、また聖なる空間の側からは、死体によってすさまじく汚されることになるので、実現不可能だった［…］墓は町の外に追い出されていた［…］神殿に捧げられている公共の土地に墓を作ることは禁じられていた。

その障害はこうして取り除かれた。

二つの身体があれば、死者は墓と神殿という異なった空間、葬儀信仰と公的信仰という両立しがたい時間に存在することができる。皇帝は死後も人々の間で、二つの異なったやり方で存在し続ける。[40]

こうした状況はキリスト教の勝利によって覆された。墓地は、死者の町は、生者の町の中に座を占めた。ジャン・ギュイヨンはこの「城壁《イントラ ムロス》内に埋葬地を作ることへの宗教的禁令を数千年に渡って破棄した」行為に、「正真正銘の歴史的変化の印」を認めた。[41]しかし死者の中でも、信者の目には特別の地位を占めると映るものがいた。それは殉教者である。ピーター・ブラウンは殉教者が、そして聖人全般が、聖遺物に宿ることを強く主張した。ローマの皇帝の像に適用される換喩的法則は、この場合は正当に当てはまる。トゥールの聖マルティヌスの墓の上の碑文は、聖人の魂が神のもとにあるが、この場にも完全な形で存在する、それはあらゆる奇跡の示すところである、と書いている。[42]

キリスト教世界で、聖人の聖遺物に付与された機能は、像に対する態度を根本的に変えたに違いなかった。この仮説はすでに形成されていたそれの単なる帰結に過ぎない。つまり像と彼岸の間に緊密な関係があることを示唆していた仮説である。しかし聖遺物自体がわれわれのよく知らない領域に属していた。[43] まず第一にキリスト教の論争家たちが偶像崇拝と呼んでいた現象がある。それに真剣に取り組むべき時が来た。まず二つのことを認めなければならない。われわれはそれについてわずかのことしか知らないし、そのわずかなことの解釈はとても難しい、ということだ。[44] 芸術的観点からは、古代の神々の残存（そして変容）は、初めはヴァールブルク図書館に、後にはウォーバーグ研究所に依拠したフリッツ・ザクスル、アーウィン・パノフスキー、ジャン・セズネックなどの研究者により、かなり前に解明された。[45] しかし宗教上の面で、民衆的図像も含めたこうした像と、明確に反画像的ではないにしても、部分的には非画像的であった傾向とがぶつかり合って、いかなる範囲で反応を引き起こしたかについては、まだ未研究な部分が多いのである。

こうしたぶつかり合いの複雑さを例示するには聖女フィデス（フォア）の例で十分だろう。伝説によれば、聖女フィデスは四世紀初頭に、一二歳で殉教した。その像（図7）はコンクの教会

図7——聖女フィデス（コンク）

の宝物館に保管されているのだが、カロリング朝時代の彫刻、金銀細工の主要作品と長年みなされてきた。その像は『聖女フィデスの奇蹟の書』で重要な役割を果たしている。この聖人伝の最初の二巻は、一〇一三年から一〇二〇年にかけて、ベルナール・ダンジェによって編纂された。彼はシャルトルの神学校で学んだ聖職者で、聖女フィデスの熱烈な信者だった。彼は友人で門弟のベルニエールと、コンクに行く旅に出た。聖女の聖遺物は、そのためにわざわざ建てられたアジャンの教会から持ち去られ、それ以降、一世紀半に渡って、ずっとコンクに保管されていた。[46] ベルナールは巡礼行を続けるうちに、オーベルニュ地方やトゥールーズ一帯で、聖人の聖遺物を収める金、銀、その他の金属の彫像が多いことに驚いた。彼やその友人のような教養ある人物の目には、それは迷信に映った。悪魔の宗教とは言わないにしても、異教のにおいがした。彼は祭壇の上に金と宝石で覆われた聖ゲラルドゥスの像を見たが、それは光り輝く目で、ひざまずいて祈る農民たちを見つめているようだった。ベルナールは友人を振り返り、冷笑しながらラテン語で言った。「我が兄弟よ、この偶像をどう思う？　ゼウスやマルスが自分に値しないこうした彫像を見出したと思うかい？」。彼は、唯一認められる彫像は十字架だ、と述べている。壁に聖人の像を描くのも妥当なことだった。しかし聖人の像を崇拝するのは、無知な庶民の根深い悪習だと思えた。だがこの地方で聖ゲラルドゥスの彫像について本当に考えていることを言ったら、犯罪者のように扱われたはずだった。

　三日後ベルナールとベルニエールはコンクに着いた。「荘厳《マイエスタス》の聖女《サンクテ》フィデス《フィデス》」と呼ばれていた聖女の像は小さな部屋に置かれ、そこはひざまずく人でいっぱいだった。ベルナールはその姿をまねられずに、次のように叫んだ。「聖女フィデスよ、その身体のかけらが像の中に保存されているものよ、裁きの日に我を助けたまえ」。彼はこう言いながら、友人を横目で見て笑った。彼は聖女の彫像＝聖遺物入れについて、あたかもアフロディーテやアルテミスの神像のように、つまり犠牲が捧げられる偶像のように、侮蔑的に語った。

　しかしこうしたことはみな過去のことだった。彼が聖人伝を書いている時点では、本の中にある聖女のいくつかの奇蹟のおかげで、自分の誤りを悟っていた。本には聖女の彫像をばかにしたウルデリコという男のことが書かれている。その次の夜、聖女が現れて杖で男を打った。「極悪人め、なぜ私の像を侮辱したのか？」。彫像はキリスト教信仰を損なわないし、古代人の誤りに再び陥る恐れもない、とベルナールは結論づけている。それは神をたたえ、聖女の記憶を保存するために作られたのであった。[47]

ピーター・ブラウンは、聖女フィデスの怒りと罰が、言ってみれば「共同体の正義感の対応物」であると述べている。「それは集団の厳粛な声だったのである」[48]。そのことは否定できない。しかし口承文化により伝えられた聖女フィデスの奇蹟は、引用したようなページを含む、書かれたテキストに閉じこめられている。それは一連の非対称的な対立に立脚している。例えば教養人／農民、ラテン語／俗語、絵画／彫刻、キリスト／聖人、宗教／迷信などである（ここでは明言されていないが、偏在している、男と女の対立は挙げない）。それは文化的、社会的な二重の対立に還元できる。つまり一方には書記文化（ラテン語）と口承文化（俗語）の対立があり、もう一方には書記文化と図像（イメージ）の対立があるのだ[49]。図像の領域には、ユダヤ的伝統にさかのぼる新しい位階が現れている。偶像崇拝を刺激するものとしては、絵画より彫刻のほうがずっと危険視されたのである[50]。確かにベルナールは章の末尾で、誤りを犯したことを認めている。農民が聖ゲラルドゥスや聖女フィデスの彫像にいだく信仰は迷信とは関係なく、その信教行為は寛大に見られるべきだった。しかし北フランスという、まったく異なった環境からやってきた知識人の目は、寛大にも、位階的なままに留まっている[51]。

6 ベルナールは憤慨しながらも冷笑的に、聖ゲラルドゥスの彫像とゼウスやマルスの偶像とを比較したが、そうするようにうながした当の彫像は失われてしまった。しかしベルナールがアフロディーテやアルテミスの偶像と比較した聖女フィデスの彫像は現存する。その彫像は補修の際、四世紀か五世紀初頭にさかのぼるより古い頭部が、一〇世紀末頃に胴体につけられたことが明らかになった。その頭部は月桂樹の冠をかぶった、神格化されたローマ皇帝の、黄金の頭部だった。ベルナール・ダンジェの初めの反応は必ずしも理に合わないものではなかったのだ。[52]

コンクの彫像の年代とその改造については多くの論議がなされてきた。それを補修したジャン・タラロンは、九世紀末という、古い年代を提起している。「前ロマネスク期の丸彫り彫刻のルネサンス」の分野で、聖女フィデスの彫像は「現存する西欧最古の彫像」であろう。[53]ベルナール・ダンジェはフランス南部で、聖人や聖女の彫像＝聖遺物入れが非常に普及していたと報告している。荘厳の聖母子像はそのヴァリアントと考えられる。[54]その聖遺物入れとしての機能は二次的なものとは決して言えない。おそらくそれは丸彫り彫刻に戻る一種の口実だったのだ。[55]ベルナール・ダンジェの祈りでやや皮肉っぽく呼び起こされた、聖女フィデスの遺骸のかけらが存在したがゆえに、コンクの農民たちは聖遺物を入れた外殻を手に入れることができたのである。つまり宝石をちりばめたマントをまとい、目を見開いた、少女の殉教聖女を表現した、黄金の人形である。

ベルナール・ダンジェが言及している奇蹟譚では、聖女フィデスの像は相矛盾する性格に包まれているように思える。それは一方では中傷者の敵意とあざけりを受け、もう一方では信奉者の幻視に現れる。[56]修道士たちは修道院に遺贈されたが不当にも横領された土地を取り返すために、しきたりに従って、それを行列して運んだ。[57]コンクの人々にとって、聖女フィデスの像と聖女自身にはいかなる違いもなかった。偶像崇拝を避けるためにベルナール・ダンジェが行った論議は

——記憶を助けるための像——わずかの信者にしか有効でなかった。

ベルナール・ダンジェが聖女フィデスの像を見た時におぼえたとまどいは、磔刑のキリスト像について語り始めるや否や、消えてしまった。教会は受難の記憶を生き生きと保つために磔刑の浮き彫りや彫像を広めた、とベルナールは述べている。[58]しかしながらキリストの像も偶像崇拝的視線に服従する可能性があった。ヴェネツィアからアイスランド、あるいはノルウェーまで、ヨーロッパの全域に、十字架上のキリスト像や玉座のキリスト像が流布したが、それには少なくとも一二世紀にさかのぼる、以下のようなラテン語の二行連句が伴っていた。

像が教えるのは神である。だが像は神ではない。
像について瞑想せよ、だがその中に見るものを心の中で敬え。[59]

像への恐怖とその過小評価。このあいまいな態度がヨーロッパの中世を通じて見られる。しかし像《イマーゴ》とは——形《フィグーラ》と同様に——多義的な言葉だ。[60]ここで再度『聖女フィデスの奇蹟の書』から別の文章を引用するが、それはここでざっと触れた一連の主題についてある考えを得るのに十分だろう。自らの尊大さゆえに罰せられたある騎士の例を語るにあたって、ベルナール・ダンジェは自分自身に向かってこう叫んでいる。

おまえはさぞかし幸福だろう、学識あるものよ、なぜならおまえは「尊大さ」を、プルデンティウスの『プシュコマキア』のように、像ではなく、その真の肉体的存在で見たからだ。[61]

この文章に見られる秘蹟的含意は明らかに無意識のものであり、それゆえ示唆的である。かなり前から像《イマーゴ》は福音書に結びついた言葉だった。「影は法の中に、像は福音書の中に、真実は天上の事物に」、と聖アンブロシウスは書いている。[62] だが上記の引用文の中で、像《イマーゴ》は虚偽を、おそらく抽象化を呼び起こしている。いずれにせよそれは色あせ、貧しくなった現実である。それに反して存在《プレゼンティア》は——昔から聖遺物に結びついていた言葉である——さらにひんぱんに聖体に結びつけられることとなった。[63]

聖体と聖遺物との対立は、ギベール・ド・ノジャンが一一二五年に書き終えた聖遺物に関する論述、『聖性の証』に明らかである。[64] ギベールは、例えばサン・メダルドの修道士たちが見せびらかしたイエス・キリストの乳歯のような、偽の聖遺物を拒絶するだけに留まらなかった。彼はキリストが残した唯一の形見は聖体であることを強調した。そしてそれゆえに彼は、代用聖遺物や、無知なものに好まれる文飾としての提喩法を、並行して過小評価するようになった。[65] 一二一五年に全質変化の教義〔聖体拝受の祭儀中に、パンとぶどう酒の実質がキリストの肉と血に変わるとする教理〕を宣言することになる傾向の現れが、ここに見えるのである。

この出来事が像の認識の歴史に決定的な重要性を持ったことは、他の研究者たちによって指摘されている。[66]だがそれに含まれる意味は完全には解明されていない。私はこれまでに語ってきたことに基づいて、そのいくつかの意味を明らかにしたい。まずギリシアのコロッソスの背後に見える考えと、実在の概念との間にある大きな不連続性が目に留まる。確かに両者とも宗教的記号である。しかしヴェルナンがコロッソスについて述べたことを、聖体について言うのは不可能だろう。つまり「その実際的な、有効な機能として、コロッソスは彼岸と現実的接触をし、現世でその存在を実現する野心を持っている」という点である。全質変化の教義に照らしてみるなら、単なる「接触」ではなく、言葉のより強い意味での「実在」について語れるだろう。聖体の中のキリストの存在は、実際には超‐存在である。それを前にしては、いかなる聖性の喚起や表出も――聖遺物、像――少なくとも理論上は生気を失う（実際には物事は別様に進んだのだが）。

以下に述べる多少なりとも大胆な仮説は、この論考のいくつかの発展方向を示唆する。一二一五年以降、偶像崇拝の恐れは減少し始める。異教古代のものも含めて、像を飼い慣らすやり方が学ばれる。この歴史的転回点の成果の一つが、彫刻や絵画による図像表現への回帰だった。こうして像の世界の魔法が解けなければ、アルノルフォ・ディ・カンビョもニコーラ・ピサーノもジョットも出てこなかったろう。ゴンブリッチが「言葉の近代的意味での、表象としての、図像の観念」と呼んだものがここに誕生したのである。

この過程は流血の反響をもたらした。聖体の奇蹟とユダヤ人迫害の関係は周知のことである。[67]一二世紀半ばからユダヤ人に投げつけられた、人身供犠の非難が、外部に大きな不安をかき立てたと推測されている。それは聖体の、実在の観念に結びついていた。[68] そして伝統的な反ユダヤ主義的非難が新しい意味を帯びるようになった。それは聖書の黄金の子牛の逸話を中心にした偶像崇拝の非難と、神の言葉を解釈する時の辞義偏重の非難だった。全質変化の教義は、より深遠な不可視の現実の名において感知しうる事象を否定するがゆえに、例外的な抽象化の勝利と解釈できるのである（少なくとも外部の観察者には）。

同じ時期に抽象化は神学と政治的典礼の領域でも勝利を収める。王の二つの身体に関するカントロヴィッチの大部な研究書では、聖体に関する言及は奇妙にも二次的でしかない。[69] しかしながら全質変化の教義はこの歴史的流れの中で決定的な役割を果たしたと思える。ここではサンドニで行われた、ベルトラン・デュ・ゲクランという高官の葬儀（一三八九）の描写を例に引くに留める。サンドニの年代記作者の修道士は自分の目で見たことを書いている。ミサを挙げていたオータンの司教が、奉献までさしかかると、王とともに祭壇を離れ、聖歌隊席の入口で死者の武器を掲げていた四人の騎士のもとに出向いた。彼らは「言ってみれば、死者の肉体的存在を示す目的で」そうしていたのだった。[70] この驚くべき騎手と紋章の聖体拝領（通常領主や君主にのみ留保されていた）が持つ聖体的含意は、私が提示した仮説に照らし合わせれば、容易に説明できる。秘跡におけるキリストの具体的、肉体的実在こそが、一三世紀末から一四世紀初頭にかけて、本論の出発点となった驚くべき事物の実体化を可能にした。それは国家の抽象化の具体的象徴となった。つまり表象（rappresentazione）と呼ばれた王の肖像のことである。

原注

1　R. Chartier, *Le monde comme représentation*, in "Annales ESC", 1989, n. 6, pp. 1514–1515.

2　この知的流行の告発（同時に兆候でもある）についてはM.-J. Mondzain, *Image, icône, économie. Les sources byzantines de l'imaginaire contemporain*, Paris 1996.を参照のこと。

3　E. Lourie, *Jewish Participation in Royal Funerary Rites: An Early Use of Representation in Aragon*, in "Journal of the Warburg and Courtauld Institutes", 45 (1982), pp. 192–194.

4　Cfr. R. E. Giesey, *The Royal Funeral Ceremony in Renaissance France*, Genève 1960; tr. fr., *Le roi ne meurt jamais*, Paris 1987, pp. 127–193.（参照ページはフランス語版のものである）。ギーセイは初めての人形の使用を、ヘンリー三世の葬儀（一二七二）にさかのぼらせる仮説を、説得力ある論証で退けている（pp. 130–131）。Cfr. W. H. St. John Hope, *On the Funeral Effigies of the Kings and Queens of England, with Special Reference to Those in the Abbey Church of Westminster*, in "Archaeologia", 60 (1907), pp. 526-528. ギーセイは *Cérémonial et puissance souveraine. France* XVe-XVIe *siècles*, Paris 1987. で肖像の問題をまた取り上げている。G. Ricci, *Le Corps et l'Effigie: Les Funérailles des Ducs de Ferrare à la Renaissance*, in *Civic Ritual & Drama*, a cura di A. F. Johnston and W. Hüsken, Amsterdam-Atlanta, Georgia 1997, pp. 175–201.はイタリアでのいくつかの反響を研究している。

5　W. H. St. John Hope, *On the Funeral Effigies*..., cit., pp. 517–570; R. P. Howgrave-Graham, *Royal Portraits in Effigy: Some New Discoveries in Westminster Abbey*, in "The Journal of the Royal Society of Arts", CI (1953), pp. 465–474.（参照できなかった）。最新の史料と多くの図版を備えた *The Funeral Effigies of Westminster Abbey*, a cura di A. Harvey and R. Mortimer, Woodbridge 1994.も参照のこと。

6　E. Kantorowicz, *The King's Two Bodies. A Study in Medieval Political Theology*, Princeton 1957.（カントーロヴィチ『王の二つの身体——中世政治神学研究』小林公訳、平凡社）。

7　Cfr. La Curne de Sainte-Palaye, *Dictionnaire historique de l'ancien language français*, IX, Paris 1881, voce "représentation"（アン伯爵の葬儀 1388; ベリー公の遺言 1415）。私が参照できなかった非常に古いある文書（1225）には、身分の分からないある女性が夫の死後、その肖像 (*representacion*) を得るため金を支払った、と書いてある。Cfr. A. N. Zadoks-Josephus Jitta, *Ancestral Portraiture in Rome and the Art of the Last Century of the Republic*,

Amsterdam 1932, p. 90. これは以下を参照している。V. Gay, *Glossaire archéologique du Moyen Âge et de la Renaissance*, II, Paris 1928, p. 297.

8 R. E. Giesey, *Le roi*, cit., pp. 129, 161.

9 Ivi, p. 137.

10 W. H. St. John Hope, *On the Funeral Effigies*…, cit., pp. 530–531; E. Kantorowicz, *The King's*…, cit., pp. 419–420, R. E. Giesey, *Le roi*…, cit., pp. 131–133. 当時流れた噂では（何人かの年代記作者が書きとめている）、エドワード二世は暗殺され、遺骸は葬儀で見せられる状態ではなかった、とのことである。しかし同じ時期に教皇庁書記のManuele del Fiescoが書いた報告書を信ずるなら、死体を見せることは完全に不可能だった。エドワード二世は敵を愚弄して脱獄し、敵はそのかわりに守衛を殺したからである。Cfr. A. Germain, *Lettre de Manuel de Fiesque concernant les dernières années du roi d'Angleterre Édouard II*, Montpellier 1878; C. Nigra, *Uno degli Edoardi in Italia: favola o storia?*, in "La Nuova Antologia", s. v, vol. XCII (1901), pp.403–425; C.P. Cuttino-T. W. Lyman, *Where is Edvvard II ?*, in "Speculum", III (1958), pp. 522–544. いずれにせよ、こうした状況は人形を使った理由も、さらにはそれがその後長く使われた理由も明らかにしない。

11 J. von Schlosser, *Geschichte der Porträtsbildnerei in Wachs*, in "Jahrbuch der kunsthistorischen Sammlungen des allerhöchsten Kaiserhauses", 29 (1910–1911), pp. 171–258, 特にpp. 202–203 (nuova ed.: *Tote Blicke. Geschichte der Porträtsbildnerei in Wachs. Ein Versuch*, a cura di Th. Medicus, Berlin 1993).

12 Ivi, pp. 8–9.

13 R. E. Giesey, *Le roi*…, cit., p. 229; さらには pp. 127–128, 176, 223–243.も参照のこと。

14 E. Bickerman, *Die römische Kaiserapotheose*, in "Archiv für Religionswissenschaft", XXVII (1929), pp. 1–34 (Id., *Consecratio, le culte des souverains dans l'Empire romain*, in "Entretiens de la Fondation Hardt", XIX, Vandœuvres-Genève 1972, pp. 3 sgg.). Cfr. R. E. Giesey, *Le roi*…, p. 7.

15 R. Hertz, *Mélanges de sociologie religieuse et de folklore*, Paris 1928, pp. 1–98 .（エルツ『右手の優越――宗教的両極性の研究』吉田禎吾他訳、垣内出版）。私の知る限り、この論文は王の葬儀の論議には用いられていない。唯一の例外は（かなり表面的ではなるが）R.Huntington-P. Metcalf, *Celebrations of Death*, Cambridge 1979, pp. 159 sgg.（メトカーフ、ハンティントン『死の儀礼――葬送習俗の人類学的研究』池上良正、川村邦光訳、未来社）。である（カントロヴィッチとギーセイに関して。エルツに負っている点についてはp. 13を参照のこと）。

16　E. Bickerman, *Die römische*, cit., p. 4.

17　R. Hertz, *Mélanges*…, cit., p. 22.

18　F. Dupont, *L'autre corps de l'empereur-dieu*, in "Le temps de la reflexion", 1986, pp. 231–232. 雑誌は *Le corps des dieux.* の特集である。

19　R. E. Giesey, *Le roi*…, cit., p. 233.

20　この文章は Giesey, ivi, pp. 228–229. より引用。

21　Ivi, pp. 226–227.

22　Ivi, p. 19.（Pierre du Chastelの報告）。

23　Ivi, pp. 253, 309–311.

24　Ivi, pp. 240–241.

25　F. Pizarro, *Relación del Descubrimiento y Conquista de los Reinos del Perú*, a cura di G. Lohman Villena, Lima 1978, pp. 89–90, citato da G. W. Conrad-A. A. Demarest, *The Dynamics of Aztec and Inca Expansionism*, Cambridge 1984, pp. 112–113（この本を教示してくれた Aaron Segal に大いに感謝する）。さらに *Relación*…, cit., pp. 51–52.も参照のこと。

26　Ivi, p. 113.（ここではほぼ原文通りに引用している）。

27　R. E. Giesey, *Le roi*…, cit., pp. 276 sgg.

28　この問題に関しては拙著 *Storia notturna. Una decifrazione del sabba*, Torino 1989, pp. 197–198, 205（『闇の歴史』せりか書房）を参照のこと（ブロックとレヴィ＝ストロースに関して）。

29　F. Dupont, *L'autre corps*…, cit., pp. 240–241.

30　M. Mauss, *Une catégorie de l'esprit humain: la notion de personne, celle de 'moi'*, in Id., *Anthropologie et sociologie*, Paris 1960, pp. 352–353.（モース『社会学と人類学』有地亨、伊藤昌司、山口俊夫訳、弘文堂）。Cfr. M. Rambaud, *Masques et imagines. Essai sur certains usages funéraires de l'Afrique Noire et de la Rome ancienne*, in "Les études classiques", XLVI (1978), pp. 3–21, 特にpp. 12–13.

31　A. N. Zadoks-Josephus Jitta, *Ancestral Portraiture*…, cit., pp. 97–110.（モムゼンが主張した *jus imaginum* が存在し

ないことについて)。

32 E. Bickerman, *Die römische*…, cit., pp. 6–7; Dupont, *L'autre corps*…, cit., p. 240.「葬送結社」については K. Hopkins, *Death and Renewal*, Cambridge 1983 p. 211を参照のこと(*funus imaginarium* が "imaginary body"と訳されている)。

33 P. Chantraine, Grec κολοσσός, in "Bulletin de l'Institut francais d'archéologie orientale", XXX (1931), pp. 449–452; É. Benveniste, *Le sens du mot κολοσσός et les mots grecs de la statue*, in "Revue de philologie, de Litterature et d'Histoire anciennes", 3e s., V (1931), pp. 118–135, 特に pp. 118–119. この論議はとりわけ以下の発言によってさらに続けられている。 Ch. Picard, *Le cénotaphe de Midéa et les "kolosses" de Ménélas*, VII (1933), pp. 341–354; J. Servais, *Les suppliants dans la "loi sacré" de Cyrène*, in "Bulletin de correspondance hellenique", 84 (1960), pp. 112–147(要約が有益); J. Ducat, *Fonctions de la statue dans la Grèce ancienne: kouros et kolossos*, ivi, 100 (1976), pp. 239–251.

34 Cfr. J.-P. Vernant, *Figures, idoles, masques*, Paris 1990, pp. 39, 72 sgg.(だが全体が重要)。

35 P. Brown, *A Dark Age Crisis: Aspects of the Iconoclastic Controversy*, in Id., *Society and the Holy in Late Antiquity*, Berkeley-Los Angeles 1982, p. 261. は別の文脈で、同じ見解を述べている。

36 E. H. Gombrich, *Meditations on a Hobby Horse*, London 1963, pp. 1–11.(ゴンブリッチ『棒馬考――イメージの読解』二見史郎他訳、勁草書房)。本の題名となっている論文は一九五一年のものである。*Art and Illusion*, London 1960との関係については *Meditations*…, cit., p. XI.を参照のこと。

37 K. Pomian, *Entre l'invisible et le visible: la collection*, in Id., *Collectionneurs, amateurs et curieux*, Paris 1978, pp. 15–59.(ポミアン『コレクション――趣味と好奇心の歴史人類学』吉田城、吉田典子訳、平凡社)。引用した文章は p. 32.にある。

38 J.-P. Vernant, *Mythe et pensée chez les Grecs. Études de psychologie historique*, Paris 1966.(「不可視のものの成形と〈分身〉の心理的範疇、〈コロッソス〉」pp. 343–358, 特に pp. 357–358)。

39 J.-P. Vernant, *Figures, idoles, masques*, cit.; Id., *Psuché: simulacre du corps ou image du divin?*, in "Nouvelle Revue de Psychanalyse", XLIV (Automne 1991), numero monografico *Destins de l'image*, pp. 223 sgg.

40 F. Dupont, *L'autre corps*…, cit., pp. 234–235, 237.

41 J. Guyon, *La vente des tombes à travers l'épigraphie de la Rome chrétienne*, in "Mélanges d'archéologie et d'histoire: Antiquité", 86 (1974), p. 594. 以下に引用されている。 P. Brown, *The Cult of the Saints*, Chicago 1982, p. 133, nota 16.

42 P. Brown, *The Cult*…, cit., pp. 3–4.

43 H. Belting, *Bild und Kult*, München 1990.（非常に物質的な見方をしている）。

44 この点については D. Freedberg, *The Power of Images*, Chicago 1989 に集められている重要な資料から出発する必要がある（理論的論拠には説得力がない）。M. Camille, *The Gothic Idol*, Cambridge 1989, にはいくつか刺激的な考えがあるが、陳腐な見解も見られ、誤りも多い（例えば pp. 21, 22, 221, 227, 等のラテン語の引用を参照のこと）。

45 J. Seznec, *La survivance des dieux antiques*, London 1940 (tr. it., *La sopravvivenza degli dei antichi*, Torino 1980, S. Settis の重要な序文つき)、（セズネック『神々は死なず――ルネサンス芸術における異教神』高田勇訳、美術出版社）。; F. Saxl, *Lectures*, London 1957 (tr. it., *Storia delle immagini*, nuova ed., Bari-Roma 1990, E. Garin の序文つき; E. Panofsky, *Renaissance and Renascences*, Stockholm 1965.（パノフスキー『ルネサンスの春』中森義宗、清水忠訳、思索社）。

46 *Liber miraculorum Sancte Fidis*, ed. critica e commento a cura di L. Robertini, Spoleto 1994. pp. 319–320 には "scholasticus" の用語に関する論議がある。Robertini はそれが大聖堂学校の教師という技術的意味を持つことを否定している。テキストに関しては A. G. Remensnyder, *Un problème de cultures ou de culture? La statue-reliquiaire et les joca de sainte Foy de Conques dans le* Liber miraculorum *de Bernard d'Angers*, in "Cahiers de civilisation médiévale", XXXIII (1990), pp. 351–379. を参照のこと。

47 Liber…,cit.,I, 13.

48 P. Brown, *Society and the Holy*, cit., pp. 302-332 (特に pp. 318–321, 330).

49 完全な題名は以下の通りである。*Quod sanctorum statue propter invincibilem ingenitamque idiotarum consuetudine fieri permittantur, presertim cum nihil ob id de religione depereat, et de celesti vindicta.*

50 B. Stock, *The Implications of Literacy*, Princeton 1983, pp. 64–72.（ベルナールの章に関する重要な注釈がある）。

51 A. G. Remensnyder, *Un problème*…, cit. は異なった見解を示している。さらに E. Bickerman, *Sur la théologie de l'art figuratif. À propos de l'ouvrage de E. R. Goodenough*, in Id., *Studies in Jewish and Christian History*, III, Leyden 1986, p. 248, nota 7.も参照のこと。

52 Cfr. J. Taralon, *La majesté d'or de Sainte-Foy du trésor de Conques*, in "Revue de l'Art", 40–4 1 (1978), pp. 9–22, 特に

p. 16（優れた論考である）；E. Dahl, *Heavenly Images. The Statue of St. Foy of Conques and the Signification of the Medieval Cult in the West*, in "Acta ad archaeologiam et artium historiam pertinentia", VIII (1978), pp. 175–191; J. Wirth, *L'image médiévale*, Paris 1989, pp. 171–194.

53 J. Taralon, *La majesté*…, cit., p. 19.

54 I. H. Forsyth, *The Throne of Wisdom*, Princeton 1972.

55 J. Wirth, *La représentation de l'image dans l'art du Haut Moyen Age*, in "Revue de l'Art", 1988, p. 15.

56 *Liber*…, cit., I, 1; I, 11; I, 14; I, 15; I, 17; I, 25; I, 26.

57 Ivi, I, 11.

58 Ivi, I, 13.

59 Cfr. R. Bugge, *Effigiem Christi, qui transis, semper honora. Verses Condemning the Cult of Sacred Images in Art and Literature*, in "Acta ad archaeologiam et artium historiam pertinentia", VI (1975), pp. 127–139（素晴らしい論文である。私は翻訳に変更を加えた）。

60 W. Durig, *Imago. Ein Beitrag zur Terminologie und Theologie der römischen Liturgie*, München 1952; R. Daut, *Imago. Untersuchungen zum Bildbegriff der Römer*, Heidelberg 1975. また E. Auerbach, *"Figura"*…, cit., pp. 11–76. も参照のこと。

61 *Liber*…, cit., I, 5. A. Bouillet-L. Servières, *Sainte Foy vierge et martyre*, Rodez 1900, p. 458. "Non dans l'abstraction, mais substantiellement incarné dans un corps"と翻訳されている。さらに B. Stock, *The Implications*…, cit., p. 69. も参照のこと "Not in an image […] but genuinely present in substance".

62 Ambrosius, *In psalmum 38*, n. 25 (PL, 14, coll. 1051–1052). 以下より引用。 H. de Lubac, *Corpus mysticum*, Paris 1949, p. 218.（さらに pp. 217 sgg. も参照のこと）。

63 E. Dahl, *Heavenly Images*…, cit., p. 191; H. de Lubac, *Corpus mysticum*…, cit., p.275.

64 B. Stock, *The Implications*…, cit., pp. 244 sgg.

65 PL, 156, col. 631. 以下に引用されている。 B. Stock, *The Implications*…, cit., p. 250. さらに J. Geiselmann, *Die Stellung des Guibert de Nogent*, in "Theologische Quartalschrift", CX (1929), pp. 67–84, 279–305. も参照のこと。

66 M. Camille, *The Gothic Idol*, cit., p. 217.

67 P. Browe, *Die Hostienschändungen der Juden im Mittelalter*, in "Römische Quartalschrift für christliche Altertumskunde und für Kirchengeschichte", 34 (1926), pp. 167–197; Id., *Die eucharistische Verwandlungswunder des Mittelalters*, ivi, 37 (1929), pp. 137–169.

68 S. Levi Della Torre, *Il delitto eucaristico*, in Id., *Mosaico. Attualità e inattualità degli ebrei*, Roma 1992, pp. 105–134; J. Cohen, *The Friars and the Jews.The Evolution of Medieval Anti-Judaism*, Ithaca 1982. および G.I. Langmuir, *The Tortures of the Body of Christ*, in *Christendom and Its Discontents*, a cura di S.Waugh-P. D. Diehl, Cambridge 1996, pp. 287–309.を参照のこと。

69 E. Kantorowicz, *The King's Two Bodies*, cit., pp. 196–206.

70 *Chronique du religieux de Saint-Denys*, I, Paris 1839, p. 600. 年代記の作者は一四三〇年から一四三五年の間に死んでいる。Cfr. M. Nordberg, *Les sources bourguignonnes des accusations portées contre la mémoire de Louis d'Orléans*, in "Annales de Bourgogne", XXXI (1959), pp. 81–98.

第四章　「この人を見よ」
――キリスト教信仰における像の聖書的起源について*

以下のページで私は、交流のない二つの研究領域を結びつけようと思う。それは新約聖書研究とキリスト教図像学である。私の能力の限界から、他の研究を大幅に利用した。だが結論と、もし誤りがあるなら、それは私の責任である。

I

まず「マタイの福音書」（1, 21–23）から始めることにする。眠っているヨセフのもとに天使が現れ、妻のマリアが彼のものではない子供を宿していると告げる。

「マリアは男の子を産みます。その名をイエスとつけなさい。この方こそ、ご自分の民をその罪から救ってくださる方です」

このすべての出来事は、主が預言者を通して言われた事が成就するためであった。

「見よ、処女がみごもっている。そして男の子を産む。その名はインマヌエルと呼ばれる」（訳すと、神は私たちとともにおられる、という意味である。）[1]

「預言者を通して」。この表現に関してマタイが依拠しているのは「イザヤ書」（7, 14）であるが、「ルカの福音書」（1, 31）にも間接的にだが、言及がある（「ご覧なさい。あなたはみごもって、男の子を産みます。名をイエスとつけなさい」）。だが正確に言えば、マタイは『七〇人訳聖書』に依拠している。そこではイザヤの用いた言葉（'almah, 娘）は、παρθένος 処女と訳されていた。[2] ヘブライ語からギリシア語に移す過程でのこの翻訳、あるいは歪曲が、その後二千年間どれほどの影響力を持ったかは良く知られている。それはおそらくメシア信仰的文脈の中で作られたのだろうが、普通の予言を（「ご覧なさい、娘がみごもり、男の子を生みます」）、超自然的な予言に変えてしまった（「見よ、処女がみごもり、男の子を産む」）。だがこの点に関わり合うつもりはない。ここでは「イザヤ書」（7, 14）への言及の有無から（「マタイの福音書」では直接的、「ルカの福音書」では間接的である）、福音書家の間でイエスの生誕に関する違いが生まれたことを思い出しておくに留める。マタイとルカはイエスをベツレヘムで誕生させている。なぜなら「イザヤ書」(7,14)が「ベツレヘムと呼ばれるダビデの町」という言及(「ルカの福音書」2,4、「ヨハネの福音書」7,42)を導き出したからだ。そこはダヴィデの父、「ベツレヘム人エッサイ」の故郷であり(「サムエル記第一」16,1)、イザヤの予言では(「イザヤ書」11,1以下)、その「根株」から「新芽」出てくるはずだった。マルコとヨハネはベツレヘムを無視し、マタイとルカが固執している、ヨセフのダヴィデに連なる系譜にも注目していない。マルコは単に「イエスはガリラヤのナザレから来られ」、ヨルダン川で洗礼を受けた、と記している(「マルコの福音書」1,9)。ヨハネの記述から、イエスのようなガリラヤ出身者にメシアを認めない人々がいたことが分かっている。なぜなら聖書によれば、メシアは「ダビデのいたベツレヘムの村」から出ることになっていたからだった(「ヨハネの福音書」7,42)。またヨハネはピリポが「ナザレのヨセフの息子」であるイエスについて語った言葉を伝えている(「ヨハネの福音書」1,45以下)。ナタナエルはそれに対して辛らつな言葉を吐いた。「ナザレから何の良いものが出るだろう」。

一九世紀末以来、様々な研究者が、福音書に見られる聖書の引用、あるいは暗示の様から、主題やキーワードごとに編集された引用集あるいは証言集《テスティモニア》があったと推測してきた。だがこの仮説は多くの抵抗に出会った。また福音書の編纂直後に、布教に関連した「証言集」が作られたという仮説を再提起するものもいた。[3] さらには「証言集」は教父の時代になってようやく作られたもので、その最も知られた例であるキプリアヌスの『クイリヌスにて。証言集三巻』もその時代のものである、と主張するものたちもいた。[4] またこうした引用集がユダヤ人との論争用に作られた可能性についても、長い論争が行われた。だが近年になってクムラーン第四洞窟で発見された、「民数記」、「申命記」、「ヨシュア記」、「アモス書」からの引用を含む断片が、「証言集」の仮説を確証する、と様々な研究者が考えるようになった。J・A・フィッマイアーは以下のように述べている。引用集はキリスト教成立以前の文学的展開であり、「新約聖書の形成期に模倣された可能性が十分にある。それは新約聖書の作家たちの引用を混ぜ合わせた書き方にあまりにもよく似ているので、「証言集」が新約聖書のいくつかの部分に影響を与えなかったとは考えにくい」[5]。これは発言者の権威からも、重要な主張である。しかし預言者の言葉から取られて、ユダヤ人にイエスがメシアであることを示すために、福音書に入れられた引用を検討した結果からは、その主張はあいまいに映る。[6]こうした引用について――様々な面で方法論的に強調されてきたのだが――「模倣」とか「影響」という言葉を使うのはあまりにも婉曲的すぎる。

そのことは私が出発点とした例が示している。お気づきのように、私は『七〇人訳聖書』の歪み（おそらく意図的なものだった）を介した「イザヤ書」（7, 14）のメシア的読解が、「マタイの福音書」（1, 22）「ルカの福音書」（1, 26以下）を作り出した、あるいはイエスの処女懐胎に関する部分を生み出したということを、自明のものとして提示した。だがこの二つのテキストの系列の関係が異なったやり方で、むしろ正反対に解釈できることも承知している。つまりイエスの処女懐胎に「イザヤ書」（7, 14）の予言の実現を認め、さらに一般的には、イエスの生と死に聖書の予言の実現を見る立場である。だがこの見方は、宗教的見通しからは完全に正当だが、科学的研究を導くことはできない。[7] 明確であれ、暗示的であれ、「イザヤ書」(7,14) への言及と、イエスのベツレヘムでの生誕とを結ぶ関係は、「サムエル記第一」(16, 1) と「イザヤ書」(11, 1以下) を含む「証言集」が存在したことを推測させる。この場合は、主題別に編成された引用のいくつかの系列が、影響を与えたのではなく、ある物語を生み出したのである。K・ステンダールも別の経路を経て同じ結論に達している。「降誕の話では、全体の文脈がある中核――引用群――から出発して作られたように思える。それは展開の観点から見るなら、萌芽として作用した」。[8]

しかしこうした引用を指すのに「証言集」という言葉を使い続けるのは有益だろうか。ステンダールは「マタイの福音書」の中の旧約聖書の引用を分析して、きっぱりと否定している。ハリスが「証言集」の存在を前提にして解釈を試みた諸特徴は、その大部分が、ユダヤ教の伝統に連なる、典礼や教育に関する聖書読解法(ミドラシュ、ペシェル)に帰せる、というのである。[9] この結論は福音書やイエスの生涯について流布されたイメージを、かなり改変する結果をもたらす。ステンダールはそれを完全に理解していたが、はっきりと述べないようにしていた。[10] 私はそれを明確にしようと思う。彼の研究の成果を他の研究者のそれと統合することによって。

Ⅱ

「ルカの福音書」(2, 26–32) に移ろう。幼児のイエス(τὸ παιδίον)が神殿に連れて行かれる。

正しく敬虔なシメオンは死ぬ前にメシアを見るとの予言を受けていた。彼は神殿に行き、幼児を腕に抱き、神を称えて言った。

「主よ。いまこそあなたは、あなたのしもべを（つまりシメオン自身を）、
みことばどおり、安らかに去らせてくださいます。
私の目があなたの御救いを見たからです。
御救いはあなたが万民の前に備えられたもので、
異邦人を照らす啓示の光、
御民イスラエルの光栄です。」

シメオンの賛歌は「イザヤ書」の文章をモザイクのように寄せ集めたものだが、それは「苦しむしもべ」「主のしもべ」（'ebed Yahweh）の歌（52, 10 ; 49, 6 ; 42, 6 ; 46, 13）から取られている。福音書ではπαιδίονという言葉で示されている幼児イエスは、「イザヤ書」（今日では第二のイザヤと同一であると認められている）の「主のしもべ」と暗黙のうちに同一視されている。この「主のしもべ」は『七〇人訳聖書』ではほとんどπαῖς（しもべ）と訳されているが、「子供」とされている時もある。この同一視を助けたのは、おそらく『七〇人訳聖書』が「イザヤ書」（53, 2）に導き入れたメシア的ニュアンスであり、それはヘブライ語のjoneq（乳飲み子）をπαιδίον（幼

児）と訳したためであった。その言葉は「イザヤ書」（9, 6）の予言を思い起こさせ（「ひとりのみどりごが、私たちのために生まれる。ひとりの男の子が、私たちに与えられる」）、またその後に出てくるῥίζα（根）という言葉は（「イザヤ書」53, 2）また別の「イザヤ書」（11, 1）の予言を呼び起こすことが可能であった（「エッサイの根株から新芽が生え、その根から若枝が出て実を結ぶ」）[11]。こうした引用の連鎖（「イザヤ書」53, 2 : 9, 6 ; 11, 1）を想定してみれば、ダヴィデの子孫である（と想定された）幼児が、「主のしもべ」と同一視されることもあり得たことが分かる。その「主のしもべ」はメシア的観点から解釈され、「多くのものの罪をになう」（「イザヤ書」53, 12）「子羊」（「イザヤ書」53, 7）と比較された。「イザヤ書」（7, 14）の場合と同様に、この連鎖の元にはメシア的読解に想を得た、歪められた翻訳があったのであり、それはおそらく似た文章を近接させる考えに基づいた、厳密な解釈法に帰せられる。[12] 従って福音書の叙述の前提が、アレクサンドリアのヘレニズム的ユダヤ教精神の中にあったという印象は捨て去りがたい。そこから『七〇人訳聖書』は生まれたのであり、それは『トーラー』以前のことで、その後に歴史書や予言書が書かれたのだった（「イザヤ書」の年代は前一七〇年から前一五〇年頃である[13]）。

「マタイの福音書」（12, 15–21）ではイエスと「主のしもべ」との同一視は明白である。それは「イザヤ書」（42, 1–4）をもとにしているが、この場合は『七〇人訳聖書』とは別の翻訳で引用されていた。

パリサイ人は出て行って、どのようにイエスを滅ぼそうかと相談した。イエスはそれを知って、そこを立ち去られた。すると多くの人がついて来たので、彼らをみないやし、そして、ご自分のことを人々に知らせないようにと、彼らを戒められた。これは、預言者イザヤを通して言われた事が成就するためだった。

「これぞ、わたしの選んだわたしのしもべ、
わたしの心の喜ぶわたしの愛する者。
わたしは彼の上にわたしの霊を置き、
彼は異邦人に公義を宣べる。
争うこともなく、叫ぶこともせず、
大路でその声を聞く者もない。
彼はいたんだ葦を折ることもなく、
くすぶる燈心を消すこともない、
公義を勝利に導くまでは。
異邦人は彼の名に望みをかける。[14]」

この場合も、マタイは語っている出来事に予言の成就を見ている。[15]だがこれはマリアの処女懐胎のような超自然的ではない、一般的な出来事なので、予言がそれに関連する出来事を確実に作り出したと結論づけるのは性急だろう。「イザヤ書」(42, 1-4)への言及は単なる装飾なのかもしれ

ない。しかしイエスの受難の描写の場合は、この仮説は確実に排されるべきである。イエスは「主のしもべ」の嘆きのひな形通りに、侮蔑され、つばを飛ばされ、むち打ちを受けたのだった（「マルコの福音書」10, 34、「マタイの福音書」26, 67 ; 27, 26）。

私は打つ者に私の背中をまかせ、
ひげを抜く者に私の頬をまかせ、
侮辱されても、つばきをかけられても、
私の顔を隠さなかった。

この種の対比は数多くある。時には第二イザヤとの関係はより間接的だがより深い。イエスが総督官邸から出てきた時の描写がそうである。

それでイエスは、いばらの冠と紫色の着物を着けて、出て来られた。するとピラトは彼らに「さあ、この人です」と言った。（「ヨハネの福音書」19, 5）

キリスト教的伝統がすぐに認めた（「使徒の働き」8, 6以下、3, 13）、あざけられ、辱められるメシアの王という至高の観念は、「イザヤ書」（53, 2–8）の「苦しめられるしもべ」の描写を前提にしている。

彼には、私たちが見とれるような姿もなく、
輝きもなく、
私たちが慕うような見ばえもない。彼はさげすまれ、人々からのけ者にされ、
悲しみの人で病を知っていた。
人が顔をそむけるほどさげすまれ、
私たちも彼を尊ばなかった。［…］
彼は痛めつけられた。
彼は苦しんだが、口を開かない。
ほふり場に引かれていく小羊のように、
毛を刈る者の前で黙っている雌羊のように、
彼は口を開かない。
しいたげと、さばきによって、彼は取り去られた。[16]

イエスもまた「口を開か」なかった。彼が裁判の時に沈黙したのは（「マタイの福音書」26, 63、「マルコの福音書」14, 61、「ヨハネの福音書」19, 9）、「イザヤ書」（53, 7）の「主のしもべ」の行動を暗黙のうちに反映している。

ほふり場に引かれていく小羊のように、
毛を刈る者の前で黙っている雌羊のように、[17]

イエスのイメージが――世界の歴史を変えることになった――第二イザヤの「主のしもべ」とイエスを同一視する態度に深く浸透されているのは確実である。同様に確実なのは、福音書の作者たちがその同一視を分かち合っていたことである。だがイエスもそうだったのだろうか。ヨアヒム・エレミアスはハーナックの示唆に従って、イエスにあてられた添え名 παῖς θεοῦ が元来は「主のしもべ」を意味したのであって、「神の子」の意味ではなかったと主張している。イエスを「主のしもべ」とする予言は「当初から彼を「イザヤ書」(42, 53)で予言されていた主のしもべと性格づけようと」意図していた。この同一視はとても古い伝統に結びついていたが、社会的には屈辱的であったので、初期のキリスト教教会で強い抵抗に遭い、最終的には姿を消した。エレミアスは有力な証拠を元に、イエスも自分自身を第二イザヤが予言した「主のしもべ」ととらえていた、と結論づけている。[18]

この仮説は、福音書のテキストから編纂作業を免れた文章を取り出して、イエスが自分をどう考えていたか分からせようとするのだが、必然的にいくつかの大きな困難にぶつかる。その中でも、エレミアスがはっきりと論じなかった可能性がある。つまり福音書の作者たちが、第二イザヤの「主のしもべ」を中心とする一連の引用から出発して（『七〇人訳聖書』の翻訳を介していたこともあり得るのだが）、それを——特にイエスの受難に関して——イエスの人物や生涯とはまったく関係のない叙述に変形した可能性である。一つの例を挙げれば、この仮説の重要性が明らかになるだろう。アラム語のtalia'（しもべ）は「少年」と「子羊」の意味を持つことが指摘されてきた。洗礼者ヨハネがイエスに呼びかけ（「ヨハネの福音書」1, 36）、イエスがメシアであると認められるお膳立てをした（「ヨハネの福音書」1, 41）添え名、「神の子羊」は、エレミアスによれば、言語的にあいまいなアラム語の表現「主のしもべ」を、ギリシア語に翻訳した時の歪みが原因である。[19] だがもちろんこれだけが隔絶した例ではない。福音書の作者は暗に「神の子羊」という添え名を、磔刑の情景の最後に反映させているのだ（「ヨハネの福音書」19, 31–36）。

その日は備え日であったため、ユダヤ人たちは安息日に（その安息日は大いなる日であったので）、死体を十字架の上に残しておかないように、すねを折ってそれを取りのける処置をピラトに願った。それで、兵士たちが来て、イエスといっしょに十字架につけられた第一の者と、もうひとりの者とのすねを折った。しかし、イエスのところに来ると、イエスがすでに死んでおられるのを認めたので、そのすねを折らなかった［…］

この事が起こったのは、「彼の骨は一つも砕かれない」という聖書の言葉が成就するためであった。

文字通りに解するなら、この文章は理解できない。十字架にかけられた罪人の死を早めるために足の骨を折ることはない。[20] 説明は別のところに、成就を強調する聖書の文章に求めるべきである（「出エジプト記」12, 46）。過越の日に関する神の命令に以下のものがある。

「これは一つの家の中で食べなければならない。あなたはその肉を家の外に持ち出してはならない。またその骨を折ってはならない」

ヨーゼフ・ヘニンガーは、犠牲獣の足を折る禁令が、セム族の領域でも、地理的、文化的により広い領域でも（実際にはユーラシアにまたがる）、再生に関する信仰に結びついていたことを鮮やかに論証した。[21] しかしイエスにより容易に「出エジプト記」（12, 46）の文章を当てはめるようにさせたのは、別の引用だったに違いない。「主は、彼の骨をことごとく守り、その一つさえ、砕かれることはない」[22]（「詩篇」34, 21）。「主のしもべ」と「イザヤ書」（53, 7）の子羊との類似は、「出エジプト記」（12, 46）の犠牲の子羊と「詩篇」（34, 21）の虐げられる義者を結びつけることで強化され、イエスの足が折られなかったという細部に行き着いたのだ。

その直後に福音書のヨハネは、イエスの脇腹が槍で突かれたことを語っている。そして自分自身について触れている。「それを目撃した者があかしをしているのである。そのあかしは真実である。その人が、あなたがたにも信じさせるために、真実を話すということをよく知っているのである」。

こうして目撃した上で証言している点を強調している類例は、福音書にはないことがしばしば指摘されてきた。しかしヨハネが聖書の言葉の成就を二つもあげている事実は（「彼の骨は一つも砕かれない」、「彼らは自分たちが突き刺した方を見る」という文章は「ゼカリア書」（12, 10）に依っている）、彼がその出来事（槍で突かれた後に骨が折られなかったこと）を見なかったことを示している。おそらくその出来事は起こらなかったのであり、ある出来事として提示されたメシア的観念、つまりテオログメノンであったのだろう。[23]

一連の引用がある物語的状況を生みだし、それがパウロによって、イエスを犠牲の子羊とする定形表現にまとめられた（「私たちの過越の子羊キリストがすでにほふられたからです」（「コリント人への手紙第一」5, 7））。また磔刑の日も、共観福音書が翌日に設定しているのに反して、ヨハネはあえて過越の日に設定しているが、それはこのメシア的眺望に示唆されたためだと思える。[24] 私たちが理解している、現実に基づく事実は、福音書を編纂したものたちには第一義の関心事ではなかった。だがいったい「真実とは何なのか?」（「ヨハネの福音書」18, 38）。

Ⅲ

「真実」という言葉はたくさんの意味を持っている。信仰に従った「真実」と歴史に従った「真実」は区別できる。また歴史的真実の様々なレベルも区別できる。イエスが歴史的に実在したということは、合理的に疑えない真実である。しかしイエスが実際にどういう人物だったのかは簡単に言えない。なぜなら彼の人生と、特にその死は、彼が本当に予言されたメシアであったことを示したい意志で包まれ、覆い隠されて伝えられたからである。また歪みは少ないだろうが、奇跡を行う人、叡智の師、λόγια（託宣）のイエスという像もこの眺望の中に入っている。[25]

ジョン・D・クロッサンは最近の本で、イエスの受難の話がどのように作り上げられたか推測しようとした。

> 近しい弟子たちが受難について知っていたことのすべては、イエスが十字架にかけられたことだった［…］。この時伝統文化の最も教養のある繊細な部分で、熱心に聖書が調べ始められ［…］全体として受難に当てはめられそうな文章やイメージが見つかったが、明らかに細部には適用できなかった。なぜならそうした細部は記憶されていなかったからだ。（最終的に）そうした聖書の関連と個々の予言の成就が、首尾一貫した、筋の通った叙述に編成された。[26]

クロッサンは多くを語っていない。だが少なくとも彼が力を込めて確実だとしていることがある。「イエスはポンツィオ・ピラトの治下で磔刑にされた」ことである。[27]

しかしながら聖書との関連や予言の成就は磔刑にも見られなくはない。キリスト教の初期の時代から「詩篇」（22, 17b）（「彼らは私の手足に穴を開けた」）はイエスの磔刑の予言と考えられてきた。だが最近グレゴリー・ヴォールが、再度『七〇人訳聖書』の誤訳をもとにこの解釈の歴史を再構成した。おそらく元になった文章は、「彼らは私の手足を縛った」というものだった。[28] キリスト教成立以前に、第二イザヤの「主のしもべ」と「詩篇」22の虐げられる義者（「しかし私は虫けらです。人間ではありません。人のそしり、民のさげすみです」）とをメシアとして結びつけるような、一連の引用があったことが推定できるだろう。[29]「詩篇」22全体がイエスの死の叙述に組み入れられた諸要素の目録と化し、それはさらに後で受難の典礼に入れられた。十字架の下で兵士たちがくじを引いてイエスの服を分ける逸話は（「マルコの福音書」15, 24、「ルカの福音書」23, 24、「ヨハネの福音書」19, 23–24）、「詩篇」（22, 18）（「彼らは私の着物を互いに分け合い、私の一つの着物を、くじ引きにします」）を叙述形式に直したものである。「詩篇」22の最初の詩句（「わが神、わが神。どうして、私をお見捨てになったのですか」）はイエスが十字架で発した最後の祈願となった（「マタイの福音書」27, 46、「マルコの福音書」15, 34）。

クリスター・ステンダールはこう書いている。

　歴史的事実と旧約聖書の引用との関係は、しばしば語られた事実への旧約聖書の影響という形で見られてきた。特に受難の記述がそうである。それは「詩篇」22に関しては疑いのない事実で、受難の典礼に完全に組み込まれている。増大する細部が歴史に浸透し、詩篇と受難を関係づけた事実と、詩篇から喚起された細部を区別するのはもはや困難である。[30]

こうした細部がさらに叙述を発展させたと思える。例えばイエスが十字架上で行った「詩篇」22の引用（「エリ、エリ、レマ、サバクタニ（わが神、わが神。どうして、私をお見捨てになったのですか）」）が誤解を生み、兵士たちの冗談を引きだした箇所である（「この人はエリアを呼んでいる」〔「マタイの福音書」27, 46–49,「マルコの福音書」15, 34–36〕）。第二イザヤの精神では、メシアの否定もまた予言の成就の論理的枠組みに入っているのだ。[31]

Ⅳ

従って預言者（特にイザヤ）の引用に基づいたメシア的要素が、聖書正典に入れられた福音書の叙述の萌芽であったのだろう。だからそれらは、メシア的要素に関しては、「トマスの福音書」のようなイエスの言行録とはかなり違っている。[32] この予言を元にした中核は、その後徐々に現れた一連の表現を生み出した。

それらは「見よ、処女がみごもっている」「見よ、私のしもべを」「見よ、神の子羊を」「見よ、この人を」である。『ウルガータ聖書』ではそれらはEcce virgo, Ecce puer meus, Ecce agnus Dei, Ecce homoと翻訳されている。一五三五年頃、ハンス・ホルバイン（子）は、新約聖書と旧約聖書を結ぶ絆を生き生きと表現するために、第一の言葉を切り取って描いた（第三の言葉はより控えめに

図8――ハンス・ホルバイン（子）「旧約、新約聖書のアレゴリー」（エディンバラ、スコットランド・ナショナル・ギャラリー）

描いた）（図8）。

「見よ」（ecce）とはヘブライ語のhinnēの翻訳である。『七〇人訳聖書』ではhinnēはἰδοὺあるいはἴδεとなった。これは口語的な副詞的表現で、「見る」という動詞につなげて使われ、だいたい今日の英語のルックlookと同様に、聞き手の注目を引くために用いられた[33]。福音書ではἰδοὺとἴδεは平均がとれた形では使われていない。「マタイの福音書」では六二回と四回、「ルカの福音書」では五九回と〇回、「マルコの福音書」では一二回と七回、「ヨハネの福音書」では六回と一六回である[34]。「ヨハネの黙示録」でἰδοὺが頻発するのは（三〇回）、動詞を省略した文章に傾きがちな預言者的スタイルをまねたためだと考えられている。[35] 確かにἰδοὺが「イザヤ書」（八八回）「エレミア書」（一三二回）「エゼキエル書」（一〇〇回）に大量に集中しているのは、『七〇人訳聖書』でその表現が予言的夢や幻視に主に結びついていることを示している。[36] 聖ヒエロニムスはこう書いている。「このために預言者は目の見える人 videntes と呼ばれた。なぜなら他のものが見えなかったものを見たからだ」。つまりイエスのことである。[37]

これから論証しようと思うのだが、福音書に入れられた預言者の引用は、まったく予期できなかった図像的可能性を大幅に開くことになった。だがそれが実現されるまでには多くの時間が過ぎた。キリスト教美術は初めはまったく違った道をたどったからだ。

福音書に関連すると思われる図像で、記録が残っている初期のものの一つは、四世紀にさかのぼる。『教会史』の最も有名な文章で（VII, 18）、エウセビオスは、パネアス（カエサレア・フィリッピ）で「ブロンズ製の浮き彫りを見た。それにはひざまずき、哀願者の姿勢で腕を伸ばしている女が表現されていて、その女の前には素晴らしいマントに身を包み、女の頭に手を伸ばして立っている男がいる」と書いている。[38] 地元の伝承によると、図像は長血をわずらう女を治すイエスを表現していた（「マタイの福音書」9, 20–22、「マルコの福音書」5, 26–34、「ルカの福音書」8, 43–48）。それを作らせたのは長血をわずらう女自身で、同じ伝承によればパネアスの生まれであり、家の前にそれを置いたとのことである。この文章は、エウセビオスが、おそらくアスクレピウスを表現した群像のキリスト教的解釈《インテルプレタティオ クリスティアナ》を受け入れていたことを示している。なぜならその記念碑に生えている薬草への言及が、そうした推測を可能にするからだ。しかしキリスト教的図像が製作されるという考えは彼を居心地悪くさせた。彼はイエスと長血をわずらう女を表現したと思える群像以外に、ペテロ、パウロ、イエスを描いたいくつかの画像も、異教徒が発案したものだ、としたほどである。[39] そしてコンスタンティヌス帝の姉妹コンスタンツァが救済者の図像を送るように求めてきた時、彼は（もし今日まで伝えられてきたテキストが正しいなら）、モーセが図像を禁じていることと、いかなる図像もキリストの完璧性を伝えられないということを理由に、それをきっぱり拒絶した。[40]

こうした四世紀初頭の文書に現れている図像表現への衝動は、ユダヤ教的伝統を保持していた聖職者たちの弱い抵抗を押しつぶした。長血をわずらう女の奇蹟は、奇跡を起こすイエスに捧げられた、キリスト教徒の棺を飾る浮き彫りに、ひんぱんに現れる主題となった。奇跡を起こすイエスは、受難のイエスと違って、異教徒にも直接親しめるような人物像だった。イエスは異教徒のそれよりもずっと効き目のあるアスクレピウスになったのだ。[41] だが長血をわずらう女の奇蹟の人気は意味深い。なぜならその奇蹟では、イエスの奇蹟を起こす力 δύναμις は、彼が望むこともなく、それを意識せずに、それ自体で作用しているからだ。それは制御できない電荷のようなもので、彼は即座に女に結びつけられてしまうのだ。[42] それはまったく例外的な瞬間である。福音書では、イエスは、苦しみの時でも、十字架上で「詩篇」22 の言葉で絶望的な反抗を表明した時も、常に能動的に動いていた。長血をわずらう女の場合は（汚れた状態にあると考えられていた）、イエ

図9——ラティーノ191石棺(ヴァティカン博物館)

図10——樹木の石棺(アルル、レアトゥ博物館)

スは行動せず、相手の働きかけの対象となっている。あたかもその場面の叙述が、二人の肉体的接触に含まれる掟の侵犯を和らげようとしているかのようである。[43] 共観福音書が記録している、ある重要な細部は、イエスがその女の存在に気づいていなかったことを強調している。彼女は「イエスのうしろに来て、その着物のふさにさわった」[44](「マタイの福音書」9, 20「マルコの福音書」5, 27「ルカの福音書」8, 44)(図9)。一方同じ場面の他の諸表現が、その直後の瞬間を中心にしているのは意味深く思える。つまりイエスが不意に女の存在に気づく瞬間である(図10・11)。

この決定的瞬間《プンクトゥム》に集中している図像は、キリスト教図像学の驚くべき新しさを例示している。ギリシアやローマの芸術では、

図11——イエスと長血をわずらう女が描かれた石棺の断片（ローマ、サン・カリストのカタコンベ）

無名の苦しむ女にこれほどの重要性が与えられたことはなかった。[45] T・F・マシューズが述べたように、「奇蹟こそが、初期キリスト教時代の図像の、中核であり基盤であった」のである。[46] しかし五世紀から六世紀にかけて、この伝統はまったく異なったものに取って代わられた。叙述的内容をわずかしか持たない、あるいはまったく持たない、文化的図像が出現したのである。私たちは「文化的図像におけるギリシア＝ローマ的伝統への回帰」について語ることができるのだろうか？　それはカート・ワイツマンが企画した高名な展覧会、「精神性の時代」に関連するシンポジウムへの序文で、彼自身が示唆したことである。[47] 同じシンポジウムでエルンスト・キツィンガーは別の解釈を述べている。文化的図像の出現、あるいはその再出現は、「天上界とのよ

図12——エゼキエルの幻視（テッサロニキ、ホシオス・ダヴィデ教会）

り直接的で親密なつながりの必要性」への答だった可能性がある。「それを見るものにとって、図像を事実の資料、あるいは歴史的資料、さらには自己充足の体系の一部分として知覚することは、もはや十分ではなかった。図像はその場で即座に役に立たなければならなかった」、というのである。[48] この点や他の要素は、確かに信仰的図像の人気に寄与したと思える。だがテッサロニキのホシオス・ダヴィデ教会の内陣を飾る壮大なモザイク（四二五—四五〇頃）（図12）と、「天上界とのより直接的で親密なつながりの必要性」とを結びつけるのは難しいだろう。それはエゼキエルの幻視（「エゼキエル書」1, 4-5）を表現したもので、キリスト教的伝統に従って、キリスト到来の啓示と解釈されている。[49] エゼキエルのテキストは、福音書で引用されている予言的文章の導入に使われた決まり文句に、再び向かい合うようにさせる。

> 私が見ていると、見よ、激しい風とともに、大きな雲と火が、ぐるぐるとひらめき渡りながら北から来た。その回りには輝きがあり、火の中央には青銅の輝きのようなものがあった。その中に何か四つの生きもののようなものが現れ、その姿はこうであった……

「私が見ていると、見よ」καὶ εἶδον καὶ ἰδοὺ…「マタイの福音書」（24, 30）に霊感を与え、従って荘厳の主《マイエスタス・ドミニ》の図像を生み出した、「人の子」の幻視（「ダニエル書」7, 13）もほぼ同じように書き出されている。[50] この決まり文句は私たちを、イエスの奇蹟を劇的な即時性で語っている石棺からはるか遠くに連れて行く。実際にはあらゆる叙述的次元から離れたところに。それは明示的次元といえるかもしれない。ある命令形（ἰδοὺ）を導入部にして、私たちを別の次元に、予言的幻視の次元に投げ出すのである。そのことはイエスが手に持つ巻紙によって強調されている。そこには「イザヤ書」（25, 9–11）に基づく文章が書かれている。「見よ。この方こそ私たちの神 ἰδοὺ ὁ θεὸς ἡμῶν。私たちが救いを待ち望んだ方。その御救いを楽しみ喜ぼう。なぜならこの家に留まりになるから[51]」。

前にも述べたように、ἰδοὺはしばしば動詞を省略した文章と結びつく。引用した「エゼキエル書」の文章は、『七〇人訳聖書』では、厳密な意味での動詞省略文ではないが、ただ一つの動詞

ἤρχετο に一連の名詞と形容詞が寄りかかるという特徴を見せている。キリスト教の図像の叙述的でない、明示的な次元は、こうした予言的な動詞省略文の視覚的同等物である。

私が福音書から取り出した、メシア的意味を内包している動詞省略文は、まさにこのことを示している。それは普及したいくつかの宗教的図像に想を与えていた。それは受胎告知から（しばしば「見よ、ここに主の侍女がいる」という言葉をともなっている）洗礼者ヨハネにまで及んでいる（ふつうは「見よ、ここに主の子羊がいる」という巻紙とともに描かれる[52]）。旧約聖書には具体的な根拠がない聖母子像（図13）は、おそらく ἰδοὺ ὁ παῖς という表現に由来するのだろう。ここでは、意味のあいまいさを利用して、社会的には問題のある「しもべ」を取り去り、「息子」あるいは「男の子」としている。それは『七〇人訳聖書』でも同じで、参照した「イザヤ書」（42, 1）の文章（見よ、わたしのしもべ）が、「マタイの福音書」（12, 28）の引用では「見よ、わたしの息子を」となっている[53]。しかし第二イザヤの「主のしもべ」からは、前述のように、ἰδοὺ ὁ ἄνθρωπος「見よ、この人を」も派生して

図13——聖母と幼子イエス（ローマ、サンタ・マリーア・アンティクア教会、6－7世紀）

図14——この人を見よ（イスラエル・フォン・メケネム、15世紀末）

図15——キリストの磔刑（オーリド、14世紀初頭）

いる。それは西欧世界で、ローマのサンタ・クローチェ・イン・ジェルサレンメ教会に保存されている高名なイコンを通じて有名になった図像の型なのである[54]（図14）。

「図像的経験と神秘的経験の類似は、幻視の中に「苦しむ男」と「恩寵の玉座」が現れていることから確認できる。それは近代的文化図像の例である」とハンス・ベルティンクは書いている[55]。ここで扱った資料はこの見解をさらに遠い眺望のもとに投げ入れる。それによれば、「図像的経験と神秘的経験の類似」は、ユダヤ教的予言にさかのぼるテキスト的伝統にまで根を下ろしているのである。この伝統は福音書によって再活性化され、「図像的体験」のみならず、その生産においても決定的な重要性を持った。

この点を例証するにはある例で十分だろう。福音書ヨハネは磔にされたメシアから、いつもの明示的手本の新たなるバリエーションの着想を得たが（「ヨハネの福音書」19, 26–27）、それは普及した図像的型を忠実に敷き写しにしていた。

イエスは、母と、そばに立っている愛する弟子とを見て、母に「女の方。そこに、あなたの息子がいます」（ἴδε ὁ υἱός σου）と言われた。それからその弟子に「そこに、あなたの母がいます」（ἴδε ἡ μήτηρ σου）と言われた[56]（図15）。

驚くべき逆説によって、ユダヤ教の予言のテキストに頻出する特徴が、まったく異なった、新しい現象の前提を作り出した。その現象こそキリスト教的図像の出現なのである。

原注

* 私は本論文の以前の版を以下の二つのシンポジウムで発表した。「聖像破壊主義——宗教における表現の可能性」（ハイデルベルク、一九九七年二月九日—一四日　モシェ・バラシュを記念して）、「想像力と現実」（フランクフルト、一九九七年六月一四日—一六日）。特にクラウス・ライヒェルトの意見に感謝する。さらにシュテファン・グレーンブラットと、特にマリーア・ルイーザ・カトーニの批判的意見に感謝する。また例によってヤン・アスマンとの会話から多くのヒントが得られた。研究のすべての段階でのピエル・チェーザレ・ボー

リの援助は非常に重要だった。本論の最終版の責任はもちろん筆者にある。

1　傍点は筆者のものである。イタリア語訳は *La Bibbia di Gerusalemme*, Bologna 1980. より取られている。(Vulgata: "Pariet autem filium, et vocabis nomen eius Iesum; ipse enim salvum faciet populum suum a peccatis eorum. Hoc autem totum factum est ut adimpleretur quod dictum est a Deo per prophetam dicentem: 'Ecce virgo in utero habebit et pariet filium, et vocabunt nomen eius Emmanuel'.")

2　Cfr. J. Coppens, *L'interprétation d'Is. VII, 14 à la lumière des études les plus récentes*, in *Lex tua Veritas. Festschrift für Hubert Junker*, a cura di H. Gross e F. Mussner, Trier 1961, pp. 31–46. παρθένοςとνεᾶνιςの交換については、ユスティノスの対話者であったユダヤ人トリュフォンが挑発的な言い方をしている(*Dialogo con Trifone*, 43)。Cfr. P. Prigent, *Justin et l'Ancien Testament*, Paris 1964, pp. 145 sgg.その千年後、ヘブライ語聖書のラディーノ語訳者たちは、一五五三年にフェッラーラで刊行された版で、異端審問所の検閲を避けるために、異なった版を用意した。そこでは *'almah*という言葉は*virgen*とも*moça*とも訳された。Cfr. *The Lidino Bible of Ferrara (1553)*, edizione critica a cura di M. Lazar, Culver City 1992, pp. XXII–XXIII.

3　この仮説はRendel Harrisや他の研究者が立てたもので(*Testimonies*, in collaborazione con V. Burch, Cambridge 1916–1920, 2 voll.)、先駆者的で、軽率なところもあったが、その豊かな成果についてはC. H. Dodd, *According to the Scriptures. The Sub-Structure of New Testament Theology*, London 1952, p. 26 e *passim*.で認められている。さらにはB. Lindars, *New Testament Apologetic. The Doctrinal Significance of the Old Testament Quotations*, London 1961.も参照のこと。

4　C. H. Turner, cit. da J.-P. Audet, *L'hypothèse des Testimonia. Remarques autour d'un livre récent*, in "Revue Biblique", 70 (1963), pp. 381–405, 特に p. 382.が主張するように、副題は後の時代に付け加えられたと思える。オードの書き方はそっけない。彼によると「証言集」と想定されるものは（クムラーンの断片も含む pp. 391–392, 401)、重要性の乏しい「講義ノート」あるいは「著者の分類カード」なのである。まったく別の考えがFitzmyerの論文に見られる。

5　Cfr. J. A. Fitzmyer s. j., *"4Q Testimonia" and the New Testament*, in "Theological Studies", XVIII (1957), pp. 513–537, 特に pp. 534–535: "While the collections of *testimonia* that are found in patristic writers might be regarded as the result of early Christian catechethical and missionary activity, 4Q Testimonia shows that the stringing procedure of *OT* texts from various books was a pre-Christian literary procedure, which may well have been imitated in the early stage of the formation of the *NT*. It resembles so strongly the composite citations of the *NT* writers that it is difficult not to admit that testimonia influenced certain parts of the *NT*". *4Q Testimonia* の初めての編者はこう述べている。"It must now be regarded as more than a possibility that the first Christians were able to take over and use collections of Hebrew testimonia already current in a closely related religious community like this of Qumrân" (J. M. Allegro, *Further Messianic References in Qumrân Literature*, in "Journal of Biblical Literature", LXXV [1956], pp. 174–187, 特に p. 186, nota 107).

6 文献目録付きの報告 F. Van Segbroeck, *Les citations d'accomplissement dans l'Évangile selon saint Matthieu d'après trois ouvrages récents*, in *L'Évangile selon Matthieu. Rédaction et théologie*, a cura di M. Didier, Louvain 1972, pp. 108–130. を参照のこと。新約聖書における聖書の引用というより広汎な問題については、I. H. Marshall, *An Assessment of Recent Developments*, in *It is Written: Scripture Citing Scripture. Essays in Honour of Barnabas Lindars*, a cura di D. A. Carson e H. G. M. Williamson, Cambridge 1988, pp.1–21. の考察表を参照のこと。さらには *The Scriptures in the Gospels*, a cura di C. M. Tuckett, Leuven 1997. も参照のこと。

7 これは一般的問題で、Leo Strauss は以下のように書いている。"It is only naturally or humanly impossible that the 'first' Isaiah should have known the name of the founder of the Persian empire; it was not impossible for the omnipotent God to reveal to him that name" (*Spinoza's Critique of Religion*, Chicago 1965 [1997], introduz. 1962, p. 28). 第二の仮説をもとに論議するものは、自らを研究の領域から排除する。

8 K. Stendahl, *The School of St. Matthew and Its Use of the Old Testament*, Uppsala 1954, p. 204. 対立的観点の G. M. Soares Prabhu s. j., *The Formula Quotations in the Infancy Narrative of Matthew. An Inquiry into the Tradition Histoty of Mt.1-2*, Rome 1976, pp. 15–16, nota 109: も参照のこと。初期の福音書は、聖書ではなく「イエス・キリストの生涯の出来事に」刺激を得ていた、としている（この点にミドラシュの注釈に見られるユダヤ的類型との類似が認められる、と言うものがいる）。

9 K. Stendahl, *The School of St. Matthew*…, cit., p. 217.（本の結末部分の pp.207–217 は「証言集」への論議に当てられている）。

10 ステンダールは自分が編纂した *The Scrolls and the New Testament*, London 1958, p. 16, への序文で次のように書

いている。“But it is hard to see how the authority of Christianity could depend on its ‘originality’, i. e., on an issue which was irrelevant in the time when ‘Christianity’ emerged out of the matrix of Judaism, not as a system of thought but as a church, a community. But one may hope that Christianity of today is spiritually and intellectually healthy enough to accept again the conditions of its birth”. ハーヴァード大学、ディヴィニティ・スクールの教授だったステンダールは、ストックホルムのルーテル派の司教になった。

11 W. Zimmerli, *Grande Lessico del Nuovo Testamento*, IX, colonne 333–334 (=W. Zimmerli, in W. Zimmerli e J. Jeremias, *The Servant of God*, London 1957, pp. 41–42).

12 J. Koenig, *L'herméneutique analogique du judaïsme antique d'après les témoins textuels d'Isaïe*, Leiden 1982. H. M. Orlinskyは、『七〇人訳聖書』が「イザヤ書」7, 14を誤解したのは、「主のしもべ」とイエスを同一視する見方があったからであり、それら双方は「聖書的ではないヘレニズム的」環境から生まれたとしている。(*Studies on the Second Part of the Book of Isaiah*, in H. M. Orlinsky, *The So-Called “Servant of the Lord” and “Suffering Servant” in Second Isaiah*, Leiden 1967, pp. 73–74). Orlinskyは「主のしもべ」と福音書のイエスとのいかなる関係も否定している。

13 J. Bickerman, *Some Notes on the Transmission of the Septuagint* (1950), in Id., *Studies in Jewish and Christian History*, I, Leiden 1976, pp. 137–176, 特に p. 147.（年代に関して）。

14 Vulgata: “Iesus autem sciens recessit inde, et secuti sunt eum multi, et curavit eos omnes. Et praecepit eis ne manifestum eum facerent, ut adimpleretur quod dictum est per Isaiam prophetam dicentem: ‘Ecce puer meus, quem elegi, dilectus meus, in quo bene complacuit animae meae. Ponam spiritum meum super eum, et iudicium gentibus nuntiabit. Non contendet neque clamabit, neque audiet aliquis in plateis vocem eius; harundinem quassatam non confringet et linum fumigans non exstinguet donec eiciat ad victoriam iudicium. Et in nomine eius gentes sperabunt’.”

15 これはいわゆる *Reflexionszitate*（省察引用文）であり、マタイに特有の言い方である。

16 この点についてはS. Levi Della Torre, “L'idea di ‘popolo eletto’” in Id., *Essere fuori luogo. Il dilemma ebraico tra diaspora e ritorno*, Roma 1995, p. 77–119.にある、逆説的な選抜に関する、内容の濃い見解を参照のこと。

17 J. Bickerman, *Utilitas Crucis*, in *Studies*, III, Leiden 1986, p. 137.

18 W. Zimmerli e J. Jeremias, *The Servant of God*, cit., p. 86 e *passim*. 同じ方向にあるが、部分的に論議が異なるC. H.

Dodd, *According to the Scriptures*, cit.も参照のこと。最新の研究については、P. Benoît, *Jésus et le serviteur de Dieu*, in *Jésus aux origines de la christologie*, nuova ed. ampliata da J. Dupont, Leuven 1989, pp. 111–140, 419.が論じている。

19　J. Jeremias, *The Servant of God*, cit., pp. 80 sgg. さらに R. Schnackenburg, *The Gospel According to St. John*, tr. ingl. di K. Smith, Turnbridge Wells 1984, p. 299.も参照のこと。

20　C. H. Dodd, *Historical Tradition in the Fourth Gospel*, Cambridge 1963, pp. 42–44, 131-132, はその点を指摘しているが、結論が違っている。“Surely the simpler hypothesis is that he [Giovanni] has followed informations received, and that it was the remembered facts that first drew the attention of Christian thinkers to the testimonium of Ps. XXXIII: 21 rather than the other way round”. 論議は明らかに反対になされるべきである（p.49で一般的な言い方でなされている）。J. D. Crossan, *The Cross That Spoke. The Origins of the Passion Narrative*, San Francisco 1988, pp. 161 sgg.に広範な論議がある。

21　J. Henninger, *Zum Verbot des Knochenzerbrechens bei den Semiten,* in *Studi orientalistici in onore di Giorgio Levi della Vida*, Roma 1956, I, pp.448–458（増補版 Id., *Neuere Forschungen zum Verbot des Knochenzerbrechens*, in *Studia Ethnographica et Folklorica in Honorem Béla Gunda*, Debrecen 1971, pp. 673–702）. さらに C. Ginzburg, *Storia notturna*（ギンズブルグ『闇の歴史』竹山博英訳、せりか書房） cit., p. 228.も参照のこと。

22　Cfr. C. H. Dodd, *According to the Scriptures*, cit., pp. 98–99.以前に「証言」が存在したという仮説を M. J. J. Menken, *The Old Testament Quotation in John 19,36. Sources, Redaction, Background*, in *The Four Gospels 1992. Festschrift Frans Neirynck*, a cura di F. G. van Segbroeck *et alii*, Leuven 1992, III pp. 2101–2118, は説得力ある形で論証しているが、思いがけずも、その結論は正反対である。

23　「あなたはテオログメノンを見ることはできない」と言ったのは C. H. Dodd, *Historical Tradition*…, cit., p. 135. である。

24　この不一致に関する論議については C. H. Dodd, ivi, pp. 109–110を参照のこと（奇妙にも、ヨハネがイエスと過越の子羊との対比に関心があったことを否定している）。一方 Schnackenburg: “The paschal lamb of the N.T. dies, according to the Johannine chronology, just when the paschal lamb of the Jews is being slaughtered in the temple, and none of his bones are broken” (*The Gospel according to St. John*, cit., p. 299)も参照のこと。

25　Eusebio di Cesarea (*Storia ecclesiastica*, III, 39)が述べている、ヒエラポリス司教パピアス (60–138 ca.) の証言によ

ると、福音書作者のマタイは λόγια をヘブライ語で（あるいはヘブライ語の様式で）収集し、それをできる限り翻訳した（あるいは解釈した）、とのことである。だがもしこのロギアがこの場合も他の場合も「予言」「神の言葉」を意味するのだとしたら(cfr. J.-E. Menard, *L'Évangile selon Thomas*, Leiden 1975, p. 75)、パピアスはマタイの編纂作業の二つの段階を語っていることになる。B. Orchard e H. Riley, *The Order of the Synoptics. Why Three Synoptic Gospels?*, Macon, GA-Leuven 1988, pp. 169–195（エウセビオスに関する章）特に pp. 188 sgg.が考えるように、ロギアを福音書と見るのは難しいと思える。福音書はいずれにせよ最終結果であろう。

26 J. D. Crossan, *The Historical Jesus. The Life of a Mediterranean Jewish Peasant*, San Francisco 1992, p. 375.

27 Ivi, p. 372.

28 G. Vall, *Psalm 22: 17 B: "The Old Guess"*, in "Journal of Biblical Literature", 116 (1997), pp. 45–56.

29 この「証言」は C. H. Doddが公準化したものの一部をなしている。彼はそれをパウロの手紙より前の、非常に早い時期のものとし、最近の分析ではキリスト自身のものとしている(*According to the Scriptures*, cit., pp. 89 sgg., 特に pp. 108–110).

30 K. Stendahl, *The School*, cit., pp. 196–197. Cfr. D. Daube, *The Earliest Structure of the Gospels*, in "Neue Testamentliche Studien", 5 (1958–59), pp. 174–187.

31 この点に関する注意を喚起してくれた Klaus Reichert と、ここに述べた解釈を示唆してくれた Stefano Levi Della Torre に感謝する。

32 J.-E. Ménard, *L'Évangile selon Thomas*, cit.（翻訳と注釈付き）

33 E. Bickerman, *The Septuagint as a Translation*, in Id., *Studies*, I, pp. 167–200特に pp. 187–188; さらに J. Coppens, *L'interprétation...*, cit., p. 39., P. Fiedler, *Die Formel "Und Siehe" im Neuen Testament*, München 1969 (Pier Cesare Bori の教示による)も参照のこと。

34 P. Fiedler, *Die Formel*, cit., p. 13.

35 Ivi, pp. 43–44, これは以下を引用している。M. Johannessohn, *Der Wahrnehmugssatz bei den Verben des Sehens in der hebräischen und griechischen Bibel*, in "Zeitschrift für vergleichende Sprachforschung", 64 (1937), pp. 145–260, 特に pp. 188–189, 249; Id., *Das biblische καὶ ἰδοὺ in der Erzählung samt einer hebräischen Vorlage*, ivi, 66 (1939), pp. 145–195; 67 (1942), pp. 30–84.

36 この点に注意を喚起してくれた Pier Cesare Bori に感謝する。

37 PL, 22, col. 543, ep. LIII (*Ad Paulinum, de studio Scripturarum*).

38 Eusebio di Cesarea, *Storia ecclesiastica*, tr. di M. Ceva, Milano 1979, pp. 401–402.

39 Cfr. E. von Dobschütz, *Christusbilder. Untersuchungen zur christlichen Legende* (“Texte und Untersuchungen zur Geschichte der altchristlichen Literatur”, a cura di O. von Gebhardt e A. von Harnack, N. F., III), Leipzig 1899, pp. 31, 197 sgg.; A. von Harnack, *Die Mission und Ausbreitung des Christentums in den ersten drei Jahrhunderten*, Leipzig 1902, p. 88.

40 Cfr. H. J. Geischer, *Der byzantinische Bilderstreit*, 1968, pp. 15–17. テキストの信憑性に好意的な E. Clark, *Eusebius on Women in Early Church History*, in *Eusebius, Christianity, and Judaism*, a cura di H. W. Attridge e G. Hata, Leiden 1992, pp. 256–269特に p. 261 (最近の研究を参考にしている)を参照のこと。さらに M. V. Anastos, *The Argument for Iconoclasm as Presented by the Iconoclastic Council of 754*, in *Late Classical and Medieval Studies in Honor of Albert Mathias Friend jr.*, a cura di K. Weitzmann, Princeton 1955, pp. 181–188, 特に pp. 183–184.も参照のこと。

41 E. Dinkler, *Christus und Asklepios*, in “Sitzungsberichte der Heidelberger Akademie der Wissenschaften”, 1980, 2, p. 12 e *passim*. ユスティヌスは第一の『アポロギア』で、イエスとアスクレピウスの奇跡的治療の相似を強調し、後者が故意に前者をまねた、としている (22, 6; 54, 10)。

42 「電荷」という言葉は T. F. Mathews, *The Clash of Gods. A Reinterpretation of Early Christian Art*, Princeton 1993, pp. 61 sgg., 特に p. 64.に由来する。

43 この解釈を示唆してくれた Stefano Levi Della Torreに感謝する。

44 Cl. Nauerth, *Heilungswunder in der frühchristliche Kunst*, in *Spätantike und frühes Christenum, Ausstellung*..., Frankfurt a.M. 1983, pp. 339–346, 特に p. 341, ill. 157. 彼は石棺 Latino 191 に描かれているひざまずく女を、慎重な論証で、長血をわずらう女であるとしている。女がイエスに背後から近づいている事実が、その特定を確実なものにしている。

45 T. F. Mathews, *The Clash*..., cit., p. 68. この新しさはもちろん福音書に起源を持つ。それはエーリッヒ・アウエルバッハが『ミメーシス』の忘れがたい部分で示している。フェミニズム的観点からの長血をわずらう女についての考察に関しては E. Moltmann-Wendel, *Das Abendmahl bei Markus*, in *Wir Frauen und das Herrenmahl*, Stuttgart 1996, pp. 50–55を参照のこと（Hildegard Cancik-Lindemaierのおかげで、私はこの本を読むことができた)。

punctum については R. Barthes, *La chambre claire. Note sur la photographie*, Paris 1980（バルト『明るい部屋』花輪光訳、みすず書房）を参照のこと。

46 T. F. Mathews, *The Clash*..., cit., p. 65.

47 *Age of Spirituality. A Symposium*, introduzione a cura di K. Weitzmann, New York 1981, pp. 3–4.

48 E. Kitzinger, *Christian Imagery: Growth and Impact*, in *Age of Spirituality*..., cit., p. 148.

49 T. E Mathews, *The Clash*..., cit., pp. 116 sgg.; そして G. Schiller, *Ikonographie der christlichen Kunst*, 3, Gütersloh 1971, pp. 147, 183 sgg.; A. Grabar, *Christian Iconography. A Study of Its Origins*, Princeton 1968, p. 44.も参照のこと。

50 Daniel 7,13 sgg.:「私がまた、夜の幻を見ていると、見よ、人の子のような方が天の雲に乗って来られ」Matteo 24,30:「そのとき、人の子のしるしが天に現れます。すると、地上のあらゆる種族は、悲しみながら、人の子が大能《たいのう》と輝かしい栄光を帯びて天の雲に乗って来るのを見るのです」。

51 T. F. Mathews, *The Clash*..., cit., p. 137. Cfr. Ch. Diehl, *Une mosaïque byzantine de Salonique*, in *Comptes-rendus de l'Académie des Inscriptions et Belles-Lettres*, 1927, pp. 256–261; V. Grumel, *Dieu Sauveur au monastere du "Latome" à Salonique*, in "Echos d'Orient", 33, 158, avril–juin 1930, pp. 157–175; J. F. Mitchell, *The Meaning of the "Maiestas Domini" in Hosios David*, in "Byzantion", 37 (1967), pp. 143–152.

52 Cfr. H. Belting, *Bild und Kult*, cit., p. 162 e ill. 85, これは以下を引用している。K.Corrigan, *The Witness of John the Baptist on an Early Byzantine Icon in Kiev*, in "Dumbarton Oaks Papers", 42 (1988), pp. 1–11. シナイ山を出所とする、六世紀頃のあるイコンでは（現在はキエフにある）、預言者は「見よ、ここに主の子羊がいる」という巻紙を持つ以外に、予言が関係するキリストのメダイヨンを示す姿でも描かれている。

53 素晴らしい論文 A. von Harnack, *Die Bezeichnung Jesu als "Knecht Gottes" und ihre Geschichte in der alten Kirche* (1926), in *Kleine Schriften zur alten Kirche*, Leipzig 1980, pp. 730–756. を参照のこと。異教芸術における図像的先例については A. Grabar, *Christian Iconography*, pp. 36–37. を参照のこと。しかし私が扱う主題は、論文の副題に示してある別のものである。

54 C. Bertelli, *The Image of Pity in Santa Croce in Gerusalemme*, in *Essays in the History of Art Presented to Rudolf Wittkower*, a cura di D. Fraser *et alii*, London 1967, pp. 40–55.

55 H. Belting, *Bild und Kult*, cit., p. 462; Cfr. Id., *Bild und Publikum im Mittelalter*, Berlin 1981.

56　*Giovanni* 19,25–27: "Stabant autem iuxta crucem Iesu mater eius et soror matris eius Maria Cleophae et Maria Magdalene. Cum vidisset ergo Iesus matrem eius et discipulum stantem quem diligebat, dicit matri suae: 'Mulier, ecce filius tuus'; deinde dicit discipulo: 'Ecce mater tua'." イエスの ἴδε の使い方についてはH. Schürmann, *Die Sprache des Christus*, in "Biblische Zeitschrift", 2 (1958), pp. 54–84, 特にp. 64.を参照のこと。

第五章　偶像と図像
――オリゲネスの一節とその運命*

1　初期キリスト教の時代、図像への本質的に敵対的な態度が、少しずつだが、部分的にしか分からない理由によって、本質的に好意的な態度に取って代わられた。これから分析するテキストは――オリゲネスの『出エジプト記注解』（VIII, 3）――この決定的な変化とその長期的な影響について、予期しなかったような光を投げかけるはずである。[1]

オリゲネスの『出エジプト記注解』は、彼の膨大な文学的著作の多くがそうであるように、五世紀の初めにアクイレイアのルフィヌスが整理したラテン語訳でのみ伝えられている。[2] ルフィヌスは、速記者が二三五年から二四五年頃に収集したテキストをもとに仕事をしたが、いくつか文章を削除し、繰り返しを補充し、欠落を埋めた。[3] しかしこれから扱うテキストには、ギリシア語原本の断片が二つ存在する。第一の断片は一七世紀の教養人フランソワ・コンブフィにより、いわゆる「カテーナ・ロマーナ」（Vat. Barb.gr.569）から刊行された。[4]第二の断片はより長く、ベーレンスによって編纂されたオリゲネスの『出エジプト記注解』に収録されているのだが、ガザのプロコピオスがまとめた未刊行の「カテーナ」の写本（Monac.graec.358）から取られたものである。[5]二つの断片は長さや内容にわずかな差があり、あいまいなところもあるが、オリゲネスの思想に関してより直接的なイメージを与えてくれる。しかしだからといってルフィヌスの翻訳の検討が免除されるものではない。彼の翻訳は特に西欧で、そのいくつかの考えが非難されたにもかかわらず、オリゲネスの名を今に伝えたという理由で重要なのである。

2　「あなたは自分のために、偶像も図像も造ってはならない。上の天にあるものでも、下の地にあるものでも、地の下の水の中にあるものでも、いかなるものも」（「出エジプト記」20, 4）モーセの十戒の第二戒はこう述べている。これは西欧のラテン世界では第一戒と合わさり、第一戒と結合するまでになっている。オリゲネスはこの言葉を注釈するにあたって、一方で「偶像」と「神」が、他方では「偶像」と「図像」が、同義語ではない点を強調している。特に第二の区別に立ち止まり、「コリント人への手紙第一」の文章を引き合いに出している。そこでは聖パウロは、偶像に捧げられた肉を食べるのは罪ではない、なぜなら「この世で偶像は何ものでもない」からだとしている（「コリント人への手紙第一」8, 4）。しかしオリゲネスは「彼が言っているのは偶像が存在しないということで、図像が存在しないとは言っていない」と述べている。そして以下のように続けている。

例えば誰かが——金、銀、木、石など——何らかの材料を使って、四つ足の獣、蛇、鳥の外観を作り、それを敬うよう決意するなら、それは偶像ではなく、図像を作ることになる。そして同じ動機で、それを絵に描くなら、図像を作ったと言うべきである。

一方偶像とは「存在しないもの」である。

だが存在しないものとは何か。目では見られないが、頭で想像するものである。例えば誰かが犬か雄羊の頭と人間の体を持つものを、あるいは二つの頭を持つ人間を、あるいは人間の上半身を馬か魚の下半身と結びつけて描くとしよう。この種のことをするものは、図像ではなく偶像を作っているのである。

この場合、「図像は存在するものから得られたのではない。それは無為な、物好きな頭が自分自身の中に見つけたものに相応する」。しかしいずれにせよ、神の禁止は偶像にも図像にも及んでいる、とオリゲネスは結論を述べている。[6]

3　オリゲネスは神からモーセに与えられた戒めに関して、一方ではケンタウロスやセイレーンについて（「人間の上半身を馬か魚の下半身と」結びつけている偶像）、他方では「犬の頭と［…］人間の体」を持つエジプトのアヌビス神についてほのめかしながら、注釈をつけている[7]（図16）。動物の「図像」についてのほのめかしはさほど簡単には理解できない。それは例えばエジプトのメンデス神について述べているのかもしれない。メンデス神は初めは雄羊の姿で、後には山羊の姿で表現されたからである[8]。オリゲネスは「出エジプト記」への注釈を、二三一年にアレクサンドリアを強制的に退去させられる前に講じていた。そこには、ヘレニズム文化の正真正銘の結節点であった大都市の街角で、互いに交錯していた、様々な言葉や用語の反響が見て取れるのである。

図16——アヌビスが描かれた葬儀用の敷布（モスクワ、プーシキン博物館）

オリゲネスの結論は、図像を禁じるモーセの禁令を繰り返すに留まっていて、新しいところはない。一方それに先立つ論議は、偶像と図像の明確な区別に基づいていて、異例なものと思える。その数十年前の二〇三年から二〇六年頃に書かれた、テルトゥリアヌスの「偶像崇拝について」という論文の出だしと比べてみれば分かる。「エイドスとはギリシア語で、形態formaを意味する。同じように、その言葉に由来する縮小型のエイドロンは、我々の言葉では定式formulaという言葉を生み出した。それゆえ、形態や定式は実際には「偶像」を意味する」[9]。このテルトゥリアヌスの観点はオリゲネスのものとまったく違っている。それではオリゲネスはいかにしてその区別を作り上げたのだろうか。

4　オリゲネスの論議は二つの言葉、「偶像」と「図像」(similitudo　似姿)のまわりを回っている。後者はオリゲネスとルフィヌスの間の違いを、より正確に言えば、両者が典拠とした聖書の翻訳の違いを浮き彫りにする。『ウェトゥス　ラティーナ』では「似姿」(similitudo)という言葉は「出エジプト記」(20, 4)でも「創世記」(1, 26)でも使われている。「あなたは自分のために、偶像も図像(似姿)も造ってはならない」「われわれに似るように、われわれのかたちに、人を造ろう」[10]。一方『七〇人訳聖書』では、前者はホモイオシスὁμοίωσις、後者はホモイオマὁμοίωμαと訳されている。だがこの違いがあっても、ギリシアの図像愛好家たちはその敵対者に、「創世記」(1, 26)を論拠として用いるのをやめなかった[11]。

ホモイオシスという言葉の選択は（ホモイオマでもなく、ホモイオテース ὁμοιωτής でもなく）、プラトンや新プラトン主義的著作の中では、人間と神を能動的に同一視するという含意を持っていたが、G・ラドナーによると、それは「観念の歴史上決定的な出来事だった」のである。[12] オリゲネスの「出エジプト記」20への注釈で最も重要な言葉、エイドロン εἴδωλον とホモイオマ ὁμοίωμα には、それらがパウロの手紙に出てくるということ以外に、プラトン的な反響が見て取れる。[13] プラトンはこれらの言葉を、天上のイデアが、十分ではありえない地上の図像に移行する過程を記述するのに使った。[14] それではオリゲネスの偶像と似姿の区別にもプラトンの影響を見ることが適切なのだろうか。その問いに答えるには、プラトンが『ソピステス』で展開した論議を検討する必要がある。

エレアからの客人は、「まねる技術」という全体的カテゴリーの中で、「似像を作る（εἰκαστικήν）」技術を「見かけだけを作る（φανταστικήν）」技術と対比している（235e–236c, 260d–e, 264c, 266d–e）。「似像を作る技術とは」とエレアからの客人は説明する。「似たものを作り上げるにあたって、長さと幅と深さにおいて原物が持っている釣り合いにこれを合致させ、さらに加えてそれぞれの部分にふさわしい着色をほどこすというやり方」である。しかし「何か巨大な作品を塑像として作ったり、画に描いたりする人たちは」別のやり方をする。「もし美しい原物のもっている真実の釣り合いをそのまま作品に与えるならば、君も知っているとおり、上方の部分は本来よりも小さく見えるだろうし、下の方の部分は大きく見えすぎることになるだろうからだ」[15]（235e–236a）。

より納得できる外観を作り上げる努力には欺きの要素が含まれることになる。この意味でソフィストとは「見かけだけを作る技術を持つ」（φανταστικὴν τέχνην）ものなのである。これは単なる類似ではない。ソフィストとは「図像を作るもの」（εἰδωλοποιόν）であるという仮説は、対話篇の中心に一直線に導く。つまりパルメニデスの「あらぬものはない」という説への反証である。図像（εἴδωλον）は真実ではないが、「ある仕方では、確かにある」（ἀλλ᾽ ἔστι γε μήν πως）（240b）ものである。[16] それゆえ差異としての否定を非在としての否定と混同してはならない（パルメニデスの根本的に一元論的な論議のように）[17]。

そのものとしての実在に言及していないプラトンの論議は、不在のものを無視している。例えばセイレーンやケンタウロスのような詩的虚偽である。[18] 一方オリゲネスの論議はまさにこうした虚偽の存在の表現についてなされている。それは「包括的表現」（κατὰ περιληπτικὴν φαντασίαν）によって頭の中で作り出されたものである。[19] この表現は、「真実と証拠」を結びつける「包括的理性」（περιληπτικὸς λόγος）というプラトン的概念（セクストゥス・エンピリクス『反論理学者論』I, 143）と、ストア派的な「了解的表現」（καταληπτικὴ φαντασία）の概念を結びつけたものである。この「了解的表現」の回りを、ストア派の知覚理論と論理の決定的課題、つまり「真実の根拠」が回っているのである。[20]

セクストゥス・エンピリクスは次のように書いている（『反論理学者論』I, 248–249）。「了解的表現とは実在する物体（ἀπὸ ὑπάρχοντος）に由来するもので、その実在する物体と一致する形で主体の心に刻まれ、刻印されており（καὶ κατ᾽ αὐτὸ τὸ ὑπάρχον）、実在しない物体（ἀπὸ μὴ ὑπάρχοντος）に由来することはあり得ない形で存在する［…］例えば狂気の場合がそうであるように、不在の物体（μὴ ὑπάρχοντος）に由来する表現の多くが我々の心を打つが、そうしたものは了解的（καταληπτικαί）ではあり得ない」。オリゲネスは「包括的表現」によって頭の中で作り出された偶像について、同じ言葉を使っている。「それらは実在しない事物の図像である」[21]（τάδε εἴδωλα ἀνυπάρτων ἐστίν）。

「実在するもの」（τὸ ὑπάρχον）という表現は――これもストア派の用語では根本的なものであるが――A・グレザーによれば、言葉と現実の間に、単なる類質同象的対応関係（プラトンやアリストテレスはそう考えていた）ではない、より複雑な関係があるという考えを内包している、とのことである。[22] しかしかなり前にA＝J・フェステュギエは、アリストテレスが『分析論後書』（89b23–25）で、（ὕπαρξιςなどといった抽象的な用語を使わずに）おそらくソフィストにさかのぼると思える教条主義的な論議を用いて、ギリシア語の動詞「存在する」（εἶναι）の内部の実在的中核を分離しようと試みた、と述べている。[23]

われわれは四つの事柄を探求する。すなわち(1)「事実（何かが何かであること）」と、(2)「根拠（それは何故かということ）」と、(3)「存在（何があるかということ）」と、(4)「本質（それは何であるかということ）」とである。すなわち、われわれは、(1)「（何かが）これこれであるか、それともまた、これこれであるか」と、——数として立てて——探求する時に、「事実」を探求している。たとえば、「太陽が（いま）蝕を受けているか、それとも、いないか」と探求する場合がそれである。［…］これに対して、(2)事実を知っている時に、われわれはその根拠を探求する。たとえば、「（太陽が）蝕を受けている」という事実や「地球が動いている」という事実を知っている時に、「何故、太陽が蝕を受けているのか」、または、「何故、地球が動いているのか」と探求するように。

さて、これらのものについては、われわれはこのような方式で探求するが、或る幾つかのものについてはこれらとは異なった方式で探求する。すなわち、(3)「ケンタウロス、または、神があるか、それともあらぬか」と探求する場合がそれである。ここで「あるか、それとも、あらぬか」と私が言う時、それは「限定ぬきの意味において［何かが］あるか、それとも、あらぬか」という意味であって「［何かが］白であるか、それとも、白であらぬか」という意味ではない。そして、(4)「そのものがある」ということを知る時に、われわれは「そのものが何であるか」を探求する。すなわち、「では、神とは何であるか」、または、「人間とは何であるか」と探求する場合のように。（加藤信朗訳、岩波書店）

この論議は数ページ後で、以下の文章により強調される。

何となれば、「人間の何であるか」や、何であれ他の何ものかの「何であるか」を知っている者は、必然にまた、「そのものがある」ことをも知っていなければならないからである。じっさい、あらぬものについてはひとは、誰もそのものが何であるかを知らないのである。もちろん、私が「山羊鹿（トラゲラポス）」と語る時、その陳述、あるいは、名称が何を表示しているかをひとは知っている。しかしながら、「山羊鹿」の「何であるか（山羊鹿の本質）」はひとがこれを知ることの不可能なるものである。[24]（加藤信朗訳）

フェステュギエは、アリストテレスがεἶναι（ある）の連結的な意味と実在的意味をこれほどはっきりと分けるように提起したのは、宗教的伝統に対するソフィストの懐疑的態度に着想を得たためだと考えている。しかしながら「その物体が何であるか知った時」「それでは神とは何か、あるいは人間とは何か」という問いが出てくる、というアリストテレスの見解は、暗黙のうちに、ケンタウロスと神という論争の的となるような隣接状態を排除する、という点を明確にする必要がある。だがアリストテレスは、ケンタウロスや牡山羊鹿といった架空の存在、あるいは意味は持つが指示的規定を持たない用語から生まれる困難さを提示することで、ストア派に道を開いた。つまり言葉と事物との類質同象を論議することで、不在の存在に精力を傾ける道を開いたのだ。セクストゥス・エンピリクスは次のように書いている。

実際のところ、あらゆる思考（ノエシス）は、ある感覚を通じてか、あるいは感覚を通じずに作られたものである。さもなければ、体験された出来事を通じてか、体験された出来事なしに作られたものである。従って虚偽と呼ばれる表現でさえも——例えば夢や狂乱状態で現れるもの——体験された出来事に応ずる感覚を通じて知ったところの表現とはっきりと分離されるものではない、ということが分かる。その狂気の中で、血まみれの蛇のような乙女たち（エウリピデス『オレステス』256）を復讐の女神と想像するものは、すでに眼前に現れた事物を組み合わせた形を考えている。同じように、眠りながら夢で翼のある人間を見るものは、以前に翼あるものと人間を見ていなければ、そうした夢は見ない。一般的には、体験された出来事を通じて知っていると意識していないものを、思考の中に見いだすのは不可能である。

こうしたことは、類推、あるいは大きさを拡大する（キュクロープスの場合）、あるいは縮小する（ピグミーの場合）ことでなされる、とセクストゥス・エンピリクスは述べる。

またば組み合わせによってもなされる。例えば人間と馬で、決して目にしたことがないケンタウロスを考えるように。[25]（セクストゥス・エンピリクス『反論理学者論』II, 56–60）

またオリゲネスの論議に戻ろう。ケンタウロスはその組み合わせ的な性質から、偶像であり、従って実在しない。オリゲネスはこのようにして、アリストテレスが強調したケンタウロスの非実在を、ストア派が強調した組み合わせ的性質と結びつけた。この交錯の中に、オリゲネスといわゆるメディオ・プラトニズムとの関係が認められる。そこでは、すでに強調されたように、「ストア派的主題とアリストテレスによって引きだされた要素が支配的なプラトン的中核に接ぎ木されていた」[26]。オリゲネスが行った「コリント人への手紙第一」（8,4）の言葉の注釈も（「この世で偶像は何ものでもない」ὅτι οὐδὲν (ἐστι) εἴδωλον）、ストア派の用語を反映している[27]（Οὐ γὰρ ὕπαρξίς τὸ εἴδωλον）。私は「コリント人への手紙第一」に関する論議に加わることはできないが、いずれにせよこの論文の主題には関係ない。しかし私はオリゲネスの翻訳がまったく不正確だという印象は持っていない。実際のところ偶像は「何ものでもない」という主張は、「コリント人への手紙第一」（10, 19）で修辞学的疑問として間接的に再提起されているのだが（「私は何を言おうとしているのでしょうか［…］偶像の神に真実の意味があるとか、言おうとしているのでしょうか」τί οὖν φημι [...] ὅτι εἴδωλον τι ἔστιν）、それまでの教育上の固定化した図式を敷き写しにしている、と主張することは可能なのだ。それは、アリストテレスが教えてくれるように（『分析論後書』89b23–35）、ケンタウロス、神、あるいは両者の実在を疑わせるものなのだ[28]。

5　三世紀のアレクサンドリアでは、図像について語る人は（特に宗教的図像については）あいまいな言葉を使わざるを得なかった。それは同じ言語を、例えばギリシア語を使う場合でも同じだった。プラトンと聖パウロの言葉を並べることで、このあいまいさを例証する試みがなされてきた。それは「だが（図像は）ある仕方では、確かにある」（εἴδωλον ἔστι γε μήν πως）と「この世で偶像は何ものでもない」（ὅτι οὐδὲν εἴδωλον ἐν κόσμῳ）（「コリント人への手紙第一」8,4）の場合である。πῶς（ある仕方では）と οὐδὲν（何ものでもない）は明らかに対照的だが、二つのエイドロン εἴδωλον と二つのエスティ ἔστι の隠れた差異に比べれば、さほど重要ではない。これらはそれぞれ「図像」「偶像」、「ある」「実在する」と翻訳できるのだ。[29]

オリゲネスはプラトン的伝統に多くを負っている。それは図像や似姿に関連する比喩を使う傾向に、明らかに見られる。彼は父なる神を「非常に大きくて、大地をすべて含み［…］その巨大さゆえにだれも検査できない彫像」にたとえるのをためらわないし、神の息子は以下のようにたとえている。

> それは、並はずれた大きさ以外は、四肢や顔つき、形態や素材は完全に同じで、巨像がその大きさで観察や検査を許さなかったのに、それを見ると、他のものを見たという信頼感が持てるのである。というのもそれはすべての性格、四肢や顔の外観、形態や素材を完全なる似姿（similitudine）で再現しているからだ。[30]

ギリシア語の原典で二つの彫像の似姿（similitudo）に、ホモイオマか、あるいはホモイオシスが使われていたのか、私たちは知らない。オリゲネスによると、父なる神と神の息子の相似は、神と人間のそれと同様に、純粋に精神的に理解されるべきなのである。[31]だがいずれにせよ、彫刻に関する比喩を選択した点は意味深い。私が引用したような文章は、オリゲネスが「出エジプト記」（20, 4）で作り上げた、偶像《エイドロン》と図像《ホモイオマ》の区別が、ギリシア哲学とユダヤ教的伝統との典型的なアレクサンドリア的妥協に着想を得ていると思わせる。[32] オリゲネスが偶像も図像も非難して、自分の注釈を明確な反図像的精神で締めくくっているところを見ると、後者は外見上は優位を保っている。しかし時がたつと、この結論はそれが依って立つ区別によって転覆されるのである。[33]

七世紀末か八世紀の初めの頃、ボストラのステファヌスは『反ユダヤ人論』という論文を書いた。そこでは、わずかに残された断片から知る限り、モーセの戒律は図像 εἰκόνες を偶像 εἴδωλα καὶ ἀγάλματα に対置することで再定式化されている。[34] 人間は神の姿で作られているので、崇拝できる。蛇は悪魔の創造物だから、崇拝できない。ユダヤ教の偶像恐怖症に対して、ステファヌスはいくつか挑発的論議を行い、小壁龕に描かれたケルビム（智天使）について述べている。[35] さて、ガザのプロコピオスの「カテーナ」では、オリゲネスの『出エジプト記注解』から取られた、偶像と図像に関する文章の直後に、無名の敵対者の質問が置かれている。「もし図像が非難されるのなら、なぜ神は小壁龕にケルビムの図像をお望みになったのか」。この質問とそれへの答えがオリゲネスの『注解』から取られたものなのか、私には断言できない。[36] しかしボストラのステファヌスが、ガザのプロコピオスの「カテーナ」にまとめられた「出エジプト記」（20, 4）のテキストを、自分の省察の出発点にしたことはあり得ると思う。ステファヌスがいかなる文脈で、ユダヤ人に対して、図像弁護論を展開したか、分かっていない。おそらくまだボストラ地域で生き残っていた、ナバテア人の、反図像的伝統に結びついていた図像への敵意に対抗するための口実だったのだろう。[37] いずれにせよ前にも指摘したように、オリゲネスが提起した偶像と図像の区別は、キュロスのテオドレトスとストゥディオンのテオドロスの親偶像的テキストに再出現するのである。[38]

6 オリゲネスの考えは、部分的には異端として非難されたが、ラーンのアンセルムが編纂した膨大な聖書注解集、『グロッサ・オルディナリア』に収録された文章という形で広く西欧に流布した。クレルボーのベルナールの著作に見られるオリゲネスの影響は、こうした文脈で言及されている。[39] だが注目されていないのは、オリゲネスの「出エジプト記」(20, 4)への注釈(これも『グロッサ・オルディナリア』[40]に収録されている)と、ロマネスク教会の回廊を飾る彫刻を批判した、(あいまいなニュアンスがなくもない)ベルナールの有名な文章との関係である[41](『ギョーム に送る弁明』1125)(図17・18)。

回廊で、読書をする兄弟たちの目の前で、その驚くべき、醜悪な美しさ、その美しい醜悪さは何の役に立つのか。汚らわしい猿、凶暴な獅子、奇怪なるケンタウロス、半獣の人間、縞で覆われた虎、合い戦う騎士、角笛を吹く狩人はいったい何のためにそこにいるのか。一つの頭の下に数多くの胴体のある怪物、数多くの頭の下に一つしか体のない怪物がいる。蛇の尾を持つ四つ足の獣、動物の頭を持つ魚がいる。また前が馬、後ろが羊の怪物、角があり、後ろ四分の一が馬の怪物がいる。

図17——スフィンクスの柱頭（コンク、サント・フォア教会、回廊）

図18——セイレーンの柱頭（コンク、サント・フォア教会、回廊）

要するにいたるところに驚くべき様々な形が飾られているため、我らが本を読むよりも、彫刻を読む誘惑に駆られ、神の掟を瞑想するよりも、こうしたことに呆然として丸一日を過ごすようにいざなわれる。神よ、もし人がこうした狂気の沙汰を恥じないにしても、なぜ少なくともその支出を抑えようとしないのでしょうか?[42]

古代末期から、ケンタウロスやセイレーンは、書物と図像により、西欧ラテン世界全体に普及してきた[43]。書物の中では、クレルボーのベルナールも、彼の同時代人も良く知っていた、ホラティウスの『詩論』の冒頭の詩句が重要な役割を果たしていた[44]。だがオリゲネスは特別である。一二世紀のクレルボー修道院の図書館の目録は、オリゲネスの写本を八つ記載しているが、その中にルフィヌスが翻訳した旧約聖書の注解が含まれている[45]。「図像は存在するものから得られたのではない。それは無為な、物好きな頭が自分自身の中に見つけたものに相応する」。偶像を批判するこのオリゲネスの言葉は、聖ベルナールの修道会精神の奥底に触れたに違いなかった。いずれにせよ、彼は広く物好きの罪を批判する文章を書き、おそらくオリゲネスの影響のもとで、「神の掟を瞑想するよりも、こうしたことに呆然として丸一日を過ごす」危険性について語ったに違いない[46]。

聖ベルナールの言葉には、魅了される気持ちがかろうじて抑えつけられていることが見て取れるが、それは図像の普及に両義的側面があることを示している。彼の最大の敵対者ペトルス・アベラルドゥスは、この両義性を別の形で、つまり『然りと否』に「神の身体的表現」に賛成するテキストと反対するテキストを列挙したのである。その列挙の冒頭にはオリゲネスの偶像と図像に関する文章が掲げられた。[47] この区別は、『グロッサ・オルディナリア』にその文章が入れられたことで可能になったのだが、図像の基本法則の曖昧性を明確にするのに役立つと思える。それはユダヤ教的伝統とは対称的な、キリスト教が持つより全般的な曖昧性の中の一要素なのである。[48]

7 オリゲネスの文章は、著者の名前が明記されないまま、トマス・アクィナスの「コリント人への手紙第二」(8,4) への注釈に現れる。聖トマスは非在の存在の図像の例として、ケンタウロスについて語る代わりに、馬の頭部と人間の身体を持つ怪物について述べている。彼にとって、自明なことに、問題は、偶像崇拝ではなく、今日では「図像の指示的性質」とも言うべきものであった。エラスムスはその『新約聖書注解』で、聖トマスが定式化した偶像 (idolum) と図像 (similitudo, simulacrum) の区別を引用しているが、一見したところ、それが自分の愛するルフィヌス訳のオリゲネスに由来することには気づいていないようである。エラスムスはその区別が『カトリコン』にふさわしいと述べている。[49] これが皮肉っぽい表現であるのは明らかである。『カトリコン』はジェノヴァ人のジョヴァンニ・バルビが編纂したラテン語辞典で、ロレンツォ・ヴァッラが言語的蛮行の例として挙げたものである。[50] 事実、ヴァッラの友人で、近しい協力者でもあったジョヴァンニ・トルテッリは、『正書法について』で、偶像崇拝とは、正当にも、図像信仰 (simulachrorum cultura) であるとしている。[51] エラスムスは正しかった。古典ラテン語では、聖トマスがオリゲネスから（正確にはルフィヌスから）引きだした区別はいかなる意味も持たなかった。しかし分析をさらに深めると、オリゲネスの区別の持つ意味は、聖トマスが「コリント人への手紙第一」（8, 4）への注釈で提示した問題と同様に、見かけよりもずっと複雑なのである。

聖トマスが論駁するために列挙した反対意見の中に、「芸術家は見たことのあるものだけを表現できる」というものがある。それでは非在のものの図像はいかにして得られるのだろうか。聖トマスは反論する。偶像が似ていないという点は、自然の事物を表現した部分ではなく、全体に及ぶべきである、と。[52] 彼の答えはストア派の、幻想が持つ結合的性質に関する見解を思い起こさせる。この比較が不条理に見えるのは表面的なものだ。聖トマスは「コリント人への手紙第一」への注釈を（一〇章まで）第二次パリ滞在期に書いた（一二六九年一月から一二七二年六月まで）。[53] 彼はイタリアを発つ前にかなり異なった仕事をしていた。それは五世紀初頭の二つの注釈に基づいた、アリストテレスの『命題論』への注釈である。その二つの注釈とは、ドミニコ会士ムールベーカのギヨームがギリシア語から訳したばかりのアンモニオスのものと、ポルフュリオスに大きく依拠したボエティウスのものである。[54] 前述の聖トマスの、「コリント人への手紙第一」（8, 4）への注釈を読むと、アリストテレスの『命題論』とその古代の注釈家の影響が見える。

まさに『命題論』の冒頭に再度牡山羊鹿が出てくるのである。

しかし霊魂のうちには時として思想が真、あるいは偽であることなしにあるが、また時としてはもうこれらのうちのどちらか一方がかならず存しなければならぬ思想があるように、音声のうちにもまた同様なことがある。というのは偽と真とは結合と分離とに関するものだからである。ところで名称と動詞とはそれ自身としては結合や分離なしにある思想に似ている。例えば何も付加されていない時の「人間」、あるいは「白い」のようなものである。というのは、それはまだ真でも偽でもないからである。そしてそのことの証拠はこうである、すなわち「牡山羊鹿」は或るものを意味する、しかしそれに、あるいは時の限定を抜いてにせよ、あるいはそれを付けてにせよ、「ある」や「あらぬ」が付加されていなければ、真、あるいは偽をいまだ意味しないのである。（山本光雄訳　岩波書店）

意味と指示性が非常に明確に分離している牡山羊鹿のような言葉は、より一般的な現象を強調する。つまり言語の慣習的な性質である。アリストテレスはこう続けている。名詞は慣習によって固定された意味を持っている。それを構成している各部分は、複合名詞を除いて、意味を持たない。

そして「約束によって」というのは、名称のうちのどれ一つ「自然によって」そのようなものであるのではなくて、象徴となる時に、そのようなものであるのだからである。というのはなるほど音節をもたぬ音響、例えば野獣どものそれも何かを明らかにはするが、しかしそれらのどれ一つ名称ではないからである。[55]（山本光雄訳　岩波書店）

アンモニオスは『命題論』への注釈で、ストア派の意味に関する省察を発展させ、より広い可能性を列挙している。(a)「人間」のように、言葉であり、意味を持つ音、(b)犬の鳴き声のように、意味を持つが、言葉ではない音、(c)「ボロロン」(伝統的にハープの音を指す)のように、言葉であるが、意味のない音、(d)言葉でなく、意味もない音。例えば口笛、あるいは野生動物がたまたま発する音のように、何かを意味したり表現したりする目的がない場合。[56]

この文章はミメシスμίμησις、あるいはrepraesentatio(ムールベーカのギヨームが使った言葉である)について語っている。しかし視覚的表現に関する省察は、古代でも中世でも、深く深化しなかった。ケンタウロスや他の非在の存在が再三言及されるのは、意味のない図像や記号が広く未解明の主題であることを間接的に示している。部分的な例外が、たまたま生まれた図像に関するありきたりな話が、規則を確証する。[57] ギリシアの画家プロトゲノスがかっとなって、自分の未完の絵に投げつけたスポンジを、一種の視覚的な「ボロロン」と見る誘惑に駆られる。意味のない印が、犬のよだれの完璧な表現に変容したととらえられたのである。しかしこの驚くべき成功がなければ、真実であれ、虚偽であれ、逸話は記憶されなかっただろう。記号は本質的には意味を持たないが、(エルンスト・ゴンブリッチが示したように)特定の視覚的慣習に働きかけて、観客に幻影を体験させる。こうした記号は、ミメシス(模倣)に立脚した芸術的伝統が論議され始める時にのみ、理論的省察の対象となる。

8 それぞれ言葉と図像に対する、古代と中世の態度の不均衡は、歴史的違いに帰せられる。つまり図像を模倣として解釈することは、それと自然界との関係を当然とみなした。だがアリストテレスがプラトンに反対して提起したように、人間の言語を習慣と解釈することは、言語の前、脇、後にある現象の範囲を徹底的に探るようにうながした。しかしこの説明は十分ではない。なぜなら言葉と図像の、より深い、(私の理解する限り)より本質的な違いを無視しているからだ。「牡山羊鹿」のような言葉は「非在」として断定されうる。だがそれに関連する図像はそうできない。[58] 図像は、実在のもの、非在のもの、あるいは何ものも描かないにしても、常に肯定的である。[59] ルネ・マグリットの絵のように「これはパイプではない」と言うためには言葉が必要だ。図像とはそこにあるものなのである。

私は意図的にこの言葉を「出エジプト記」(3, 14)(神はモーセに仰せられた。「わたしは『わたしはある』という者である」)と関連させた。私たちは偶像崇拝もその断罪も、もはや終わった過去に属していると考えるのに慣れている。しかしオリゲネスが偶像と図像の深い隣接関係を見抜いた時、おそらく彼は完全に間違っていたわけではないのだ。

原注

* 文献を示唆してくれたフェルナンド・レアルとアンジェリカ・ヌッツォに感謝する。またピエル・チェーザレ・ボーリ、アルベルト・ガヤーノ、マウロ・ペーシェの所見にも感謝する。

1 以下の論文にこの文章への言及がある。G. Ladner, *The Concept of the Image in the Greek Fathers and the Byzantine Iconoclastic Controversy*, in Id., *Images and Ideas in the Middle Ages*, Roma 1983, I, p. 91 nota 73（論文全体が重要である）; P. C. Bori, *Il vitello d'oro, Le radici della controversia antigiudaica*, Torino 1983, p. 64.（区分の「スコラ哲学的」性格に暗に言及している）。私の知っている限り、この文章は分析的に論じられていない。

2 Cfr. Origene, *Werke*, a cura di W. A. Baehrens, VI, 1: *Die Homilien zu Cenesis, Exodus und Leviticus* (Die griechischen Christlichen Schiftsteller der ersten drei Jahrhunderte), Leipzig 1920, pp. 221–222: "Post haec videamus, quid etiam secundum videtur continere mandatum: 'non facies tibi ipsi idolum neque omnem similitudinem eorum, quae sunt in coelo vel quae in terra vel quae in aquis subtus terram' [*Esodo* 20, 4]. Longe aliud sunt idola et aliud dii, sicut ipse nos nihilominus Apostolus docet. Nam de diis dixit: 'sicut sunt dii multi et domini multi' [1 *Coninzi* 8, 5]; de idolis autem dicit: 'quia nihil est idolum in mundo' [1 *Corinzi* 8, 4]. Unde mihi videtur non transitorie haec legisse, quae lex dicit. Vidit enim differentiam deorum et idolorum et rursum differentiam idolorum et similitudinum; nam qui de idolis dixit quia non sunt, non addidit quia et similitudines non sunt. Hic autem dicit: 'non facies tibi ipsi idolum neque similitudinem omnium' [*Esodo* 20, 4]. Aliud ergo est facere 'idolum', aliud 'similitudinem'. Et si quidem Dominus nos ad ea, quae dicenda sunt, illuminare dignetur, ego sic arbitror accipiendum, quod, verbi causa, si quis in quolibet metallo auri vel argenti vel ligni vel lapidis faciat speciem quadrupedis alicuius vel serpentis vel avis et statuat illam adorandam, non idolum, sed similitudinem fecit; vel etiam si picturam ad hoc ipsum statuat, nihilominus similitudinem fecisse dicendus est. Idolum vero fecit ille, qui secundum Apostolum dicentem quia: 'idolum nihil est' [1 *Coninzi* 8, 4], facit quod non est. Quid est autem, quod non est? Species, quam non vidit oculus, sed ipse sibi animus fingit. Verbi gratia, ut si qui humanis membris caput canis aut arietis formet vel rursum in uno hominis habitu duas facies fingat aut humano pectori postremas partes equi aut piscis adiungat. Haec et his similia qui facit, non similitudinem, sed idolum facit. Facit enim, quod non est nec habet aliquid simile sui. Et idcirco haec sciens Apostolus

dicit: ‘quia idolum nihil est in mundo’ [1 *Corinzi* 8, 4]; non enim aliqua ex rebus exstantibus adsumitur species, sed quod ipsa sibi otiosa mens et curiosa reppererit. Similitudo vero [est], cum aliquid ex his, quae sunt ‘vel in coelo vel in terra vel in aquis’, formatur, sicut superius diximus. Verumtamen non sicut de his, quae in terra sunt vel in mari, similitudinibus in promptu est pronuntiare, ita etiam de coelestibus; nisi si quis dicat de sole et luna et stellis hoc posse sentiri; et horum namque formas exprimere gentilitas solet. Se quia Moyses ‘eruditus erat in omni sapientia Aegyptiorum’ [*Act*. 7, 22], etiam ea, quae apud illos erant in occultis et reconditis, prohibere cupiebat; sicut verbi causa, ut nos quoque appellationibus utamur ipsorum Hecaten quam dicunt aliasque daemonum formas, quae Apostolus ‘spiritalia nequitiae in coelestibus’ [*Ephes*. 6, 12] vocat. De quibus fortassis et propheta dicit quia: ‘inebriatus est gladius meus in coelo’ [*Isaia* 34, 5]. His enim formis et similitudinibus invocare daemonia moris est his, quibus talia curae sunt, vel ad repellenda vel etiam ad invitanda mala, quae nunc sermo Dei universa complectens simul abiurat et abicit et non solum idolum fieri vetat, sed et ‘similitudinem omnium quae in terra sunt, et in aquis et in coelo’ [*Esodo* 20, 5]”.

3 Cfr. R. Devreesse, *Les anciens commentateurs grecs de l’Octateuque et des Rois* (*Fragments tires des chaînes*), Citta del Vaticano 1959, pp. 26 sgg.; C. P. Hammond Bammel, *Der Römerbrieftext des Rufin und seine Origenes-Übersetzung*, Freiburg 1985, pp. 43–58.

4 Cfr. Migne, *Patrologia greca* (PG) 12, 353–354 (Fr. Combefis, Bibliothecae Graecorum Patrum auctarium novissimum, I, Paris 1672を底本にしている): Cfr. L. Doutreleau, *Recherches autour de la Catena Romana de Combefis*, in *Corona gratiarum (Miscellanea… Eligio Dekkers… oblata)*, II, Bruges 1975, pp. 367–388.

5 Cfr. Origene, *Die Homilien*, cit., pp. 221–223, e l’introduzione di Baehrens, pp. XXVII–XXVIII. この文章の後半への注釈はこの論文の範囲には入らない。 この断片のラテン語訳がMigne (PG, 87, 1, 605 sgg.) にある。ガザのプロコピオスは「カテーナ」という文学的ジャンルの創始者としばしば考えられてきた。F. Petit, *Catenae Graecae in Genesim et in Exodum*, I: *Catena Sinaitica*, (Corpus Christianorum, Series Graeca), Brepols-Turnhout 1977, pp. XX–XXI.を参照のこと。

6 Origene, *Omelie sulla Genesi e sull’Esodo*, tr. it. di G. Gentili,（多少の改変がある） pp. 484–485.

7 Cfr. J.-Cl. Grenier, *Anubis Alexandrin et Romain,* Leiden 1977.

8 Cfr. *Mendes e Widder*, in W. Helck e E. Otto, *Lexikon der Aegyptologie*.

9 Tertulliano, *De idololatria*, 3, 2–4, a cura di J. H. Waszink e J. C. M. van Winden, Leiden 1987, pp. 26–27; 年代については pp. 10–13も参照のこと). pp. 109–110で、編者は、テルトゥリアヌスの語源論が不正確だとしている。だが S. Saïd, *Deux noms de l'image en grec ancien: idole et icône*, in "Academie des Inscriptions & Belles-Lettres, Comptes-rendus des séances de l'année 1987", pp. 309–330, 特に p. 310.を参照のこと。

10 『ウルガータ聖書』は「創世記」1, 26でも、「出エジプト記」20, 4でも "similitudinem"を "idolum"（偶像）ではなく、"sculptile"（彫像）と訳している。

11 Cfr. G. Ladner, *The Concept of the Image*, cit., pp. 71–72, 84 sgg.

12 Cfr. G. Ladner, *The Idea of Reform. Its Impact on Christian Thought and Action in the Age of the Fathers*, Cambridge, Mass. 1959, pp. 48–107, 特に p. 83 (p. 94 にはニュッサのグレゴリオスにおけるホモイオシス ὁμοίωσιςとホモイオマ ὁμοίωμα の音交換についての見解がある). Cfr. J. Danielou, *Origène*, Paris 1948, p. 289.

13 Cfr. *Theologisches Wörterbuch zum neuen Testament*, a cura di G. Kittel e F. Gerhard, *homoioma*の項目 (di J. Schneider).

14 Cfr. E. Cassirer, Eidos und Eidolon, in "Vorträge der Bibliothek Warburg 1922–1923" I (1924), pp.1 sgg.; S. Saïd, *Deux noms de l'image…*, cit. (非常に重要である)

15 Platone, *Dialoghi (Parmenide - Sofista - Politico - Filebo)*, tr. it. di A. Zadro, Bari 1957, pp. 12 1–122.

16 W. S. Cobb, *Plato's Sophist*, p. 72.

17 ここでは Ch. H. Kahn, *The Thesis of Parmenides*, in "Review of Metaphysics", 22 (1969), p. 700–724, 特に pp. 719–720. の論議に従っている。さらには同じ雑誌の H. Stein (pp. 725–734) と A. P. D. Mourelatos (pp. 735–744) の注釈、そして Kahn, *More on Parmenides*, in "Review of Metahysics", (23, 1969, pp. 333–340).の返答も参照のこと。

18 Cfr. ivi, pp. 338–339. Bluck (*Plato's Sophist*, pp. 61–62) は、こうした存在はプラトンの論議には含まれないと思うと述べているが、その理由は書いていない。

19 Cfr. Sesto Empirico, *Contro i logici*, a cura di A. Russo, Roma-Bari 1975.（以下の引用はこの翻訳を利用している)。この本は Platone, *Tim.*, 28a; Origene, *Die Homilien zu Genesis, Exodus und Leviticus*, cit., p. 222.に暗に言及している。

20 Cfr. F. H. Sandbach, *Phantasia Kataleptike,* in *Problems in Stoicism*, a cura di A. A. Long, London 1971, pp. 9–21; G. Striker, *Kriterion tes aletheias*, in "Nachrichten der Akademie der Wissenschaften in Göttingen, Phil.-hist. Kl.", 1974, 2, pp. 107–110; G. Watson, *Discovering the Imagination. Platonists and Stoics on Phantasia*, in *The Question of "Eclecticism"*.

Studies in Later Greek Philosophy, a cura di J. M. Dillon e A. A. Long, Berkeley-Los Angeles 1988, pp. 208–233; G. Camassa, *"Phantasia" da Platone ai Neoplatonici*, in *Lessico intellettuale europeo. Phantasia-Imaginatio.* v *Colloquio internazionale*, a cura di M. Fattori e M. Bianchi, Roma 1988, pp. 23–56特に pp. 40–43. Cfr. E. Elorduy, *El Enfulo estóico en Orígenes*, in *Origeniana*, a cura di H. Crouzel *et alii*, Bari 1975, pp. 277–288.

21 Cfr. Origene, *Die Homilien zu Genesis, Exodus und Leviticus*, cit., pp.221–222.

22 Cfr. A. Graeser, *A Propos* huparkein *bei den Stoikern*, in "Archiv für Begriffsgeschichte", xv, 2, 1971, pp. 299–305, この論文は P. Hadot, *Zur Vorgeschichte des Begriffs "Existenz"*. Huparkhein *bei den Stoikern*, ivi, XIII (1962), pp.115–127.を批判している。

23 Cfr. A.-J. Festugière, *La révélation d'Hermès Trismégiste*, IV: *Le Dieu inconnu et la gnose*, Paris 1981, pp. 6–17, 特に p. 11, nota. カーンは初めはこの説を退けたが、後にフェステュギエを暗に認めるようになった。Ch. H. Kahn, *The Greek Verb "To Be" and the Concept of Being*, in "Foundations of Language", 2, 1966, pp. 245–265, 特に p. 259, nota 15, pp. 262–265 (あとがき) とその後の著作 *The Verb "Be" in Ancient Greek*, Dordrecht-Boston 1973, pp. 300–306.を参照のこと。J. Wirth, *L'image médiévale*, cit., p. 43 (私と意見が違う点が多くあるが、刺激的な見解に満ちている) に見られる、本質と実在についてのアリストテレスの考えの提示は、『命題論』cit.(p.128).の文章からも分かるように、不十分である。

24 Aristotele, *Organon*, a cura di G. Colli, Torino 1955, pp. 358, 370. フェステュギエはこの文章を論じていない。全般的には G. Sillitti, *Tragelaphos. Storia di una metafora e di un problema*, Napoli 1980.を参照のこと。

25 Cfr. Diogene Laerzio, *Vite dei filosofi*, VII, 53 (G. Watson, *Discovering the imagination*, cit., p. 215より引用).

26 H. Crouzel, *Origen*, tr. di A. S. Worrall, Edinburgh 1989, p. 162.

27 A.-J. Festugière, *La révélation d'Hermès Trismégiste*, cit., IV, p.11, nota, は、「ὕπαρξις」に固執することが、フィロンやその後継者たちの伝統では、神を知ることの不可能性に関連している、と指摘している。Combefis が刊行した『出エジプト記注解』の断片では以下のようになっている。「元来存在した事物では作られていない」。

28 パウロとコリント人との論議を再構成するいくつかの試みについては、以下を参照のこと。J. C. Hurd jr, *The Origin of I Corinthians*, London 1965; R. A. Horsley, *Gnosis in Corinth: I Corinthians 8, 1–6*, in "New Testament Studies", 27 (1980), pp. 32–51. C. K. Barrett, *Essays on Paul*, London 1982, pp. 40–59, 特に p. 51, は、「コリント人への手紙第

一」8, 4と*The Mishna on Idolatry: Aboda Zara* (Texts and Studies, VIII 2), tr. e cura di W. A. L. Elmslie, Cambridge 1911. との関連を見ている。いずれにせよ、偶像崇拝と、*Mishna*で執拗に述べられている「死者の犠牲」(pp. 31 sgg.)との類似は、偶像の非在に関するパウロの見解とは等価値ではない（それと両立しうるとしても）。(Cfr. pp. 42 sgg. *Excursus* I: *On the Deadness of the Idols*). R. M. Grant, *Hellenistic Elements in the I Corinthians*, in *Early Chiistian Origins. Studies in Honor of Harold R. Willoughby*, a cura di A. Vikgren, Chicago 1961, pp. 60–66, は「コリント人への手紙第一」(8, 4)への言及をしていないが、いくつかの興味深い指摘をしている。

29　初めの一対の言葉に関してはS. Saïd, *Deux noms de l'image*, cit.; R. A. Horsley, *Gnosis in Corinth*..., cit., 特にp. 37を参照のこと。二番目の一対の言葉に関しては注23のフェステュギエとカーンを参照のこと。「コリント人への手紙第一」(8, 4)にプラトンの影響がある可能性は、「コリント人への手紙第一」3,9と*Eutifrone* 13e–14aに一致点があることで補強された。W. K. C. Guthrie, *A History of Greek Philosophy*, IV, Cambridge 1975, p. 107 nota 1がこの点を強調している(Alberto Gajanoの教示による)。

30　Origene, *I principi*, a cura di M. Simonetti, Torino 1968, pp. 153–154 (*Traité des principes*, I, a cura di H. Crouzel e M. Simonetti, Paris 1978, "Sources chretiennes 252", pp. 126 sgg.).

31　神と人間の類似についてはOrigene, *Hom. in Gen.*, cit., I, 13を参照のこと。

32　全般的にはG. Ladner, *Images*, cit., I, p. 84 sgg.; H. Crouzel, *Théologie de l'image de Dieu chez Origène*, Paris 1956, pp. 147–179, 217–245を参照のこと。

33　Cfr. G. Ladner, Images, cit., I, p. 110:「オリゲネスは多くの面で、正統的かつ異端的ビザンツ思想の父である」。

34　PG, 94, 1376; G. Mercati, *Stephani Bostreni nova de sacris imaginibus fragmenta e libro deperdito Katà Ioudaion*, in *Opere minori*, I, Citta del Vaticano 1937, pp. 202–206; G. Ladnei; Images, cit., I, 95–97.

35　PG 94, 1376. Cfr. Giovanni Damasceno, PG 94, 1329.

36　以前に述べたように、ガザのプロコピオスの「カテーナ」は未刊である。そのラテン語訳は以下の通りである(*Commentarii in Exodum*, PG 87, 1, 606–607)。"Quidam quaerunt: Si adeo detestatur imagines, quare Cherubim fingi voluit? Respondetur: Non jussit fieri Cherubim ut adorentur; sed arca adoranda erat sub imaginibus vitulorum, quibus apud Aegyptios divinus deferebatur honor, ut sic cognoscerent se pariter Deum et numina Aegyptiorum colerent".

37　Cfr. J. Patrich, *The Formation of Nabatean Art. Prohibition of a Graven Image Among the Nabateans*, Jerusalem 1990;

G. W. Bowersock, *Hellenism in Late Antiquity*, Ann Arbor 1990, cap. 1.

38 Cfr. Teodoreto di Ciro, *Quaest. in Ex.*, PG 80, 264 C; Teodoro di Studion, *Antirrheticus*, I, 16, PG 99, 345 C sgg.（両者とも G. Ladner, *Images*, cit., I, p. 91 n. 73で言及されている)。

39 B. Smalley, *The Study of the Bible in the Middle Ages*, Oxford 1952 (Iª ed. 1940), pp. 13–14, e nota. Cft. Origene, *Homélies sur l'Exode*, a cura di M. Borret ("Sources chrétiennes", 321), p. 404,（Rabano Mauro, *Comm. in Ex.*. II, PL, 108, 95を引用している); Giona di Orléans, *De cultu imaginum*, PL, 106, 321.

40 PL, 113, 251–252.

41 J.-Cl. Fau, *Les chapiteaux de Conques*, Toulouse 1956.

42 M. Schapiro, *On Aesthetic Attitude in Romanesque Art*, New York,1977, pp. 1–27.より引用。だが論文全体を参照のこと。Cfr. C. Rudolph, *The "Things of Greater Importance", Bernard de Clairvaux's Apologia and the Medieval Attitude Toward Art*, Philadelphia 1990, p. 283, commenti a pp.110–124. Cfr. J. Adhémar, *Influences antiques dans l'art du Moyen Age français*, London 1939, p. 270 nota.（聖ニロのオリンピオドロスへの手紙について言及している PG, 79, 24)。M. Camille, *Image on the Edge. Margins in Medieval Art*, Cambridge, Mass. 1992.（カミール『周縁のイメージ』長澤峻他訳、ありな書房）は残念ながら役に立たなかった。それはある手稿の書き始めに注釈を加えて始まっているのだが、「おお、主よ、私を助けるように目を向けて下さい」(cfr.ill.14)と読むべきところを、「おお、主よ、私の祈りを聞いて下さい」としている（p.11)。本の残りも同じレベルにある。

43 テキストの伝達に関しては A. Chastel, *Le* dictum Horatii quidlibet audendi potestas *et les artistes (XIII–XVIᵉ siècles)*", in Id., *Fables, formes, figures*, I, Paris 1978, pp. 363–376;を参照のこと。図像の組み合わせについては C. Villa, "'*Ut poesis pictura'. Appunti iconografici sui codici dell'* Ars *poetica*", in "Aevum", LXII (1988), pp. 186–197.を参照のこと。

44 Cfr. J. Leclercq, *Recueil d'études sur Saint Bernard et ses écrits*, IV, Roma 1987, p. 216 (*De arte poetica*, 139); Id., *Recueil d'études sur Saint Bernard et ses écrits*, II, Roma 1966, pp. 348 sgg. 特に pp. 369–371.（Evrard di Ypresであると判明した、Evrardという名の修道士への手紙)。

45 Cfr. A. Wilmart, *L'ancienne bibliothèque de Clairvaux*, in "Collectanea ordinis Cisterciensium Reformatorum", XI (1949) pp. 101–123, 301–319,特に pp.117–118; *La Bibliothèque de l'abbaye de Clairvaux du XIIᵉ au XVIIIᵉ siècle I*, cataloghi e repertori a cura di A. Vesnet con la collaborazione di J.-F. Ge-nest, Paris 1979, pp. 122–123. Cfr. G. Hoquard, "Revue du Moyen

Age latin", 1, 1945, 192–193; G. Bardy, *Saint Bernard et Origène*, ivi, 420–421; E. Gilson, *La théologie mystique de Saint Bernard*, Paris 1947, pp. 27–28; J. Leclercq, *Saint Bernard et Origène d'après un manuscrit de Madrid*, in *Recueil d'études sur Saint Bernard et ses écrits*, II cit., pp. 373–385.

46 ベルナールと好奇心に関しては M. Schapiro, *On the Aesthetic Attitude*..., cit., p. 7; C. Rudolph, *The Things of "Greater Importance"*..., cit., pp. 110 sgg.を参照のこと。*Apol.* XII, 28で、ベルナールは「奇妙な絵」を気乗り薄に受け入れながら、絵画と彫刻を論議し始める（Rudolph, p. 278）。

47 Pietro Abelardo, *Sic et Non*, edizione critica a cura di B. B. Boyer e R.McKeon, Chicago 1976–1977, pp. 204–210: XLV（ペトルス・アベラルドゥス『然りと否』清水哲朗訳〔『前期スコラ哲学』所収、上智大学中世思想研究所編訳〕平凡社）: "Quod Deus per corporales imagines non sit repraesentandus et contra". アベラールは、その教えで、宗教的図像を非常に明確に攻撃していると思える。Cfr. *Commentarius Cantabrigensis in Epistolas Pauli e Schola Petri Abaelardi*, II, a cura di A. Landgraf, Notre Dame, Ind. 1939, pp. 250–251, su 1 *Corinzi* 8.

48 この点については本書第三章を参照のこと。

49 *Erasmus' Annotationes on the New Testament. Acts - Romans -* I *and* II *Corinthians, Facsimile of the Final Latin Text with All Earlier Variants*, a cura di A. Reeve e M. A. Screech, Leiden 1990, p. 481: "Thomas Aquinas adducit novam differentiam inter idolum et simulacrum, quod simulacrum sit effictum ad similitudinem alicuius rei naturalis: idolum contra, ut, inquit, si corpori humano addatur caput equinum. Quae distinctio vera sit, nec ne, iudicent alij: mihi lexico quod Catholicon inscribunt, non indigna videtur. Certe Ambrosius nullum novit discrimen inter idolum et simulacrum: nec ego ullum video, nisi quod simulacrum est vox Latina a simulando dicta, idolon Graeca, ab *eidolon*, species, quod speciem et imaginem inanem prae se ferat, quum absit veritas. Unde quae nos spectra vocamus, Graeci vocant *eidola*".

50 Cfr. *Laurentii Valle Epistole*, a cura di O. Besomi e M. Regoliosi, Padova 1984, pp. 200–201 (Giovanni Serraあての書簡, 13 agosto 1440). バルビの『カトリコン』(Mainz 1460) の復刻版が存在する（Meisenheim/Glau 1971）。

51 Cfr. G. Tortelli, *De Orthographia*, per Stephanum Koblinger, Vicentiae 1479: "Idolum [...] dici potest a nostris simulachrum. Et inde idololatria quasi simulachrorum cultura".

52 S. Thomas Aquinas, *Super epistolas S. Pauli lectura*, a cura di R. P. Cai, o. p., I, Taurini-Romae 1953, pp. 314, 317: "*Idolum nihil est in mundo*, id est, nullius rei, quae sit in mundo habens similitudinem. Est enim differentia inter idolum, et simili-

tudinem, quia simulachrum dicitur, quod fit ad similitudinem rei alicuius naturalis: idolum ad nullius rei est similitudinem, ut si corpori humano addatur caput equinum, Esa. 40 cui similem fecistis Deum etc."; "Contra, non potest artifex cogitare, vel formare nisi qualia non vidit, Responsio, non habet similitudinem in toto sed in partibus".

53　P. Glorieux, *Essais sur les Commentaires scripturaires de saint Thomas et leur chronologie*, in "Recherches de théologie ancienne et médiévale", 17 (1950), pp. 237–266, 特に pp. 254–258.

54　Cfr. Ammonio, *Commentaire sur le* Peri Hermeneias *d'Aristote, traduction de Guillaume de Moerbeke*, edizione critica a cura di G. Verbeke, Louvain-Paris 1961. Verbekeは序文で(pp. LXVII sgg.)、聖トマスの『命題論』への注釈(*editio princeps*: Venezia, eredi di O. Scoto, 1526)は未完に終わった、なぜなら彼は一二六八年九月一二日より前にヴィテルボを去らなければならなかったからだ、と書いている。その日付は（*Vat. lat.* 2067の奥付から分かるように）、ムールベーカのギヨームが翻訳を完成した日だった。

55　Aristotele, *Della interpretazione*, a cura di M. Zanatta, cit., pp. 79, 81 (16a10–17, 16a27–29).（『命題論』）。このテキストがアベラールの著作に与えた重要な影響についてはD. F. Blackwell, *Non-Ontological Constructs*, Bern 1988, 特にpp. 133–141を参照のこと。

56　Ammonio, *Commentaire*, p. 60: "Accidet enim hanc quidem esse vocem significativam et litteratam, ut homo, hanc autem significativam et illitteratam ut canis latratus, hanc autem non significativam et litteratam ut blituri, hanc autem non significativam et illiteratam ut sibilus quae fit frustra et non gratia significandi aliquid aut vocis alicuius irrationalium animalium repraesentatio, quae fit non gratia repraesentationis (haec enim iam significativa), sed quae fit inordinate et sine intentione finis". ストア派が意味のない言葉(*blituri, skindapsos*)に関心を示していたことは、すでにセクストゥス・エンピリクスが書いている(*Adv Log.*, II, 133)。*blituri, blittri, blictri*に関しては、卓抜なC. Giannelli, *Ancora a proposito di blittri*, in *Studi in onore di Angelo Monteverdi*, I, Modena I 959, pp. 269–277, とG. Carabelli, *Blictri: una parola per Arlecchino, in Eredita dell'Illuminismo*, a cura di A. Santucci, Bologna 1979, pp. 231–257を参照のこと（p.240で引用されているTolandの文章はAristotele, *Analitici Secondi*, 89b23–35, citato sopraの文章を反映している）。

57　Cfr. E. Gombrich, *Art and Illusion*, cit., pp. 154 sgg.; H. W. Janson, *The "Image Made by Chance" in Renaissance Thought*, in *De Artibus Opuscula* XL, a cura di M. Meiss, I, New York 1961, pp. 254–266.

58　ヒエログリフのような、図像に基づいたコミュニケーションのコード化システムは別の事例だが、L. R.

Horn, *A Natural History of Negation*, Chicago-London 1989, p. XIII: の冒頭の言葉と矛盾はしない。「人間のすべてのコミュニケーション・システムは否定表現を含んでいる」。

59 Leo Chenから指摘を受けたように、S. Worth, *Studing Visual Communication*, Philadelphia 1981, p. 179.がすでにこの点を検討している。だが M. Foucault, *Ceci n'est pas une pipe. Deux lettres et quatre dessins de René Magritte*, Paris 1973.（フーコー『幻想の図書館』工藤庸子訳、哲学書房）は誤解をして次のように書いている（p. 59）。"La vieille équivalence entre ressemblance et affirmation, Kandinski l'a donc congédiée dans un geste souverain, et unique; il a affranchi la peinture de l'une et de l'autre" (cfr. pp. 77 sgg.). カンディンスキーにとって、相似からの解放は、完全に肯定的な絵画の不可欠な条件であった。重要な論文 S. Ringbom, *Art in "the Epoch of the Great Spiritual". Occult Elements in the Early Theory of Abstract Painting*, in "Journal of the Warburg and Cortauld Institutes", 29 (1966), pp. 386–418.を参照のこと。

第六章　様式*——包含と排除

理性と心の一神教、想像力と芸術の多神教、われわれに必要なのはこうしたものだ。
ヘーゲル**（一七九七）

1　一六〇五年にヴェネツィアの二人の聖職者が軽犯罪で告発され、投獄されたのだが、この事件がヴェネツィア共和国と教皇庁との間で激しい外交戦争を引き起こした。教皇パウルス五世は、ベッラルミーノが定式化した間接《ポテスタス》権限《インディレクタ》の原則に基づいて、ヴェネツィア共和国の内政問題に介入する権利があると考え、二人の聖職者の釈放を求めた。激しい論争が巻き起こった。その時点ではヴェネツィア共和国の司法的政治的独立がかかっていたが、より長期的には教会と国家のそれぞれの限界が問題となっていた。ヴェネツィア側の論点を強力に支えたのは共和国公認の神学者、パオロ・サルピであった。彼は聖母マリア下僕会の修道士で、数年後には『トレント公会議史』の偽名の作者として、ヨーロッパ中で有名になった。サルピは一六〇七年に破門された。その数ヵ月後、自分の修道院の近くで五人の男たちに襲われた。彼らはナイフでサルピを殺そうとした。サルピは重傷を負ったが、治療にあたる医師に、この傷は、衆知のように、「ローマの教皇庁のスティーロによるものだ」とささやいた。この場合、スティーロは「細身の短剣」とも、「法的措置（文字通りにはペン）」とも解釈できるのである。[1]

この素晴らしい掛詞は何よりにもまして、様式（スティーレ、ラテン語スティーロの派生語）の政治的意味に関する論議の導入となるだろう。今後検討するように、様式はしばしば、あたかも武器であるかのように、境界を定め、断ち切る道具として使われてきた。だが様式は文化の差異を受け入れる際に重要な役割を果たしてきた（十分には認識されていないのだが）。私はこの両義性を視覚芸術の分野で検討してみたい。最後のほうでは歴史や科学思想に関連する部分も出てくるはずである。

2

キケロの『弁論家について』（前五五年）のある部分から論議を始めたい。著者の視点を代表するクラッススが修辞学について語り始め、すべての知的活動はある内的一貫性に結びついている、というプラトンの言葉に言及する。だがそれに続く部分はまったく非プラトン的な味わいを持っている（III, 26–36）。クラッスス＝キケロは自明のことから始める。自然界には、聴覚の楽しみや嗅覚の楽しみのように、異なってはいるが、同じように快いものがある。[2] この事実の確認は、初めは視覚や言語の芸術に適用されるが、後には雄弁術にも適用される。彫刻のような個々の芸術分野では、ミュロン、ポリュクレイトス、リュシッポスといった素晴らしい彫刻家がいる。

彼らはそれぞれ非常に異なっているが、みなに賛美されている。それは絵画でも（クラッススはゼウクシス、アグラオポン、アペレスの名をあげている）、詩でも同じである。ギリシア詩人のアイスキュロス、ソフォクレス、エウリピデスが互いに違っているように、エンニウス、パクウィウス、アッキウスといった詩人はそれぞれ違っている。「しかしながらその書き方が違うにもかかわらず、彼らにはほとんど同じような賛辞が寄せられている」。その優秀さは比類がない。その完璧さは個々の芸術家が自分に固有のやり方を用いることで達成できる。それはキケロが様々な演説者の性格を簡潔に特徴づけて示したとおりである。[3] だが結局のところ、時空に関係なく、すべての演説者を検証できたとしたら、演説者の数だけ種類があるという結論が出ないだろうか。[4] つまり種類《ゲヌス》の概念は、私たちが使う個人の様式の概念と同等のものになるのだ。

キケロが種類の重要性に固執し、それを個々の人物と同一視するまでに至ったことは、「適合」（ギリシア語の τὸ πρέπον）という修辞学的概念に想を得ている。[5] キケロはいかなる訴訟、公衆、演説者、状況にもふさわしい、総括的な修辞学的ジャンルを検討することを、明らかに拒否していた。彼は読者に、扱うべき事件に適合するある演説様式を――高い調子、低い調子、あるいは中間の調子――選ぶように忠告しているだけである（III, 210–212）。私たちは美の普遍的イデアを探求するプラトンからは遠いところにいる。

この論議は視覚、言語芸術の領域外にも広げることが可能で、それは予想外の結果をもたらす。それは聖アウグスティヌスが皇帝代表委員のフラウィウス・マルケリヌスに宛てた書簡に見える。[6]

ローマの元老院議員ウォルシアヌスが挑発的な質問をした。神が新たなるキリスト教徒の犠牲を好意的に受け入れ、かつての犠牲、あるいはユダヤ教の儀礼を非難することがいかにして可能だろうか？　神が意見を変えることなどあり得るだろうか？　アウグスティヌスは「美しい」（pulchrum）と「適当な」（aptum）の違いを強調しながら答える。それは散逸した青年時代の論文「美と適合について」の主題であった。アウグスティヌスは次のように書いている。一年の季節と人間の年齢は、自然も人間の活動も、時の要請に従って変化することを示している。それはある種のリズムにのっとっているが、それが変化のリズムに影響を与えることはない。この原則は宗教の領域にも認められる。神が定めた犠牲は原初の時代には適合《アプトゥム》していた。だが今ではそうではない。現在に適合する変化は神が望んだもので、神はいかなる人間よりも、それぞれの時代に適合するものを知っている。アウグスティヌスは旧約聖書が真実であり且つ時代遅れになっていることを示すために、真実の「ねたみ深い」見方（「出エジプト記」34,14,「申命記」4,24）を用いることはできなかった。彼は別のものを必要としていた。彼はそれを『弁論家について』の中に、芸術的卓越にいたる道は多様で比較できないという考えの中に見出した。しかしアウグスティヌスは実質的には非時間的だったキケロの類型を再編成し、時間的眺望の中に投げ入れた。こうしてアウグスティヌスは「適合」という修辞学的概念で、神の不変性と歴史的変化を同時に考慮することができた。これはまさに決定的な一歩だった。様式の相違は非時間的観点で着想されたが、歴史的眺望の観念を発達させるのに貢献した。その眺望は実質的には私たちまで受け継がれている。[7]

3　キケロの論議はバルデサール・カスティリオーネの『宮廷人』（一五二八年に刊行されたが、書かれたのはその一〇年ほど前である）の一節に現れる。それは視覚芸術の領域における、「様式」という言葉の最も初期の例である。大きな成功を収めることになった、その「さりげなさ」に関する議論は、当時大いに論議された主題、つまり「文学的模倣」の中に現れている。対話編の中でカスティリオーネの視点を代弁するカノッサのルドヴィーコ伯は、「習慣」の名において古代の手本の模倣を退け、「ほとんどいつも、様々な道を通じて、あらゆる卓越の頂点に向かうことは可能である」と主張する。『弁論家について』への暗黙裡の言及が何度かなされた後で、当時の音楽や絵画への言及がなされる。この領域では、「方法」や「様式」は同義語として用いられ、一般的な「やり方」に特別な意味を付与している。

様々なものが同じように私たちの目に好まれるので、どれが最もここちよいのか判断するのは難しい。例えば絵画ではレオナルド・ヴィンチョ、マンテーニャ、ラッファエッロ、ミケランジェロ、ジョルジョ・ダ・カステルフランコなどが卓越している。もちろん彼らはみな異なったやり方で描いている。それはそれぞれのものがその方法において、何事にも欠けていないと思えるほどである。なぜならそれぞれがその様式において完璧であることが知られているからである。[8]

こうした画家のグループにマンテーニャのような先行世代の画家が入っているのは驚くべきことだ。そしてティツィアーノが入っていないことにはさらに驚かされる。確かにカスティリオーネが、ウルビーノの宮廷での対話編を設定した年代であった一五〇七年では、ティツィアーノは若すぎた。しかし『宮廷人』が刊行された一五二八年でも、その名前は落とされる可能性があった。[9] レオナルド、ラファエッロ、ミケランジェロ、ジョルジョーネはいまだヴァザーリが作り上げた基準の中心にいた。ヴァザーリは彼らにいわゆる「近代的作風」の先駆者を見ていた。彼らを階層的な位階に位置づけることは、今日、多くのものに時間の無駄と映るだろう（カスティリオーネにもそうであったように）。しかしこの自明さは人を欺く。キケロの文章は単なるトポス（常識）、あるいは常套句とはかけ離れたものであり、二者択一的な認識モデルを開示する公式であった。それはアビ・ヴァールブルクの言葉を言い換えて、「理性の定式《ロゴスフォルメル》」と言えるかもしれない。[10] それはヴァザーリの眺望を補完するものであり、その点においてわれわれのものでもあるのだ。

4　アーウィン・パノフスキーは今日でも基本的なものとされているある論文で、ヴァザーリの歴史的眺望を、二つの相反する原則の混成の結果として記述している。その一つは実際的なもので、あらゆる現象を因果関係の過程に属すると考え、もう一方は教条的なもので、あらゆる現象を「芸術の完璧な規則」の多少なりとも適合した具体化と考える。[11] しかしヴァザーリの目的論的眺望において、対立は簡単に和解する。それはあらゆる芸術家、あらゆる作品が、芸術の発展にどれだけ寄与したかで評価されるからだ。パノフスキーが指摘したように、ヴァザーリは「単純に」と「それによって」というスコラ学的区別を反映させた言葉づかいで、作品の最後に次のように書いている。

私はいつも、単純にではなく、よく言われるように、それによって評価をしてきた。つまり場所、時代、あるいはそれに類する状況を尊重して、評価をしてきたのだ。[12]

「それによる」評価は完璧の概念に対立するどころか、ある意味ではそれの論理的帰結である。ヴァザーリはさらにこう書いている。

例えばジョットが彼の時代、非常に賞賛されていたのは事実である。だがブオナッロートの時代だったら、彼や他の古い時代の画家が何と言われたか分からない。完璧の極にあるこの時代のものたちは、もし以前のものたちがそうではなく、直前のものがそうでないなら、こうした状態にはないだろう。[13]

パノフスキーによれば、ヴァザーリの歴史の再構成は実質的には神学である。[14] ヴァザーリはミケランジェロを「神的な」と呼んでいたので、異論はないだろう。だがそれはチマブーエとジョットから始まった過程の帰結をミケランジェロに見る、芸術上の神学であった。それは確かに歴史の外に存在する規則ではなかった。ヴァザーリが芸術家を評価するにあたって、常に「場所、時代、あるいはそれに類する状況を尊重」してきたと断言するのを見ると、必然的に、キケロが弁論家に執拗に適合性を忠告し、アウグスティヌスがそれを彼の歴史神学の基礎にすえたことが思い出される。[15]

しかしヴァザーリの筋の通った歴史の再構成は、実際ある対立を引き起こす危険があった。それはパノフスキーが示唆したものとは別であったが。一五五〇年に刊行された『芸術家列伝』の初版には、当時ヨーロッパで名声の頂点にあった（皇帝カルロス五世の肖像を二点描いたばかりだった）ティツィアーノの生涯が含まれていなかった。当時ヴァザーリは、その数年前にローマでティツィアーノと会っていて、その作品をすでにいくつか知っていた。ヴァザーリはジョルジョーネの生涯の末尾で、念入りな賛辞の後に、ティツィアーノの生涯を入れなかった理由を説明している。「それは［ティツィアーノが］まだ生きていて、作品も見られるので、ここで論じるにはいたらなかったのである」。[16]『芸術家列伝』の初版を締めくくっているミケランジェロこそ、作品に入れられるべき唯一の芸術家だった。おそらくヴァザーリはティツィアーノを入れると、ミケランジェロに用意した絶対的優位がそこなわれると考えたのだろう。またティツィアーノの生涯を入れることを、ミケランジェロが評価しないと考える理由があったのだろう。その理由がどうであれ、ミケランジェロの死後の、一五六八年に刊行された『芸術家列伝』第二版は、実際ティツィアーノの生涯を入れているのだが、賛辞と批判が相半ばしている。ある有名な箇所で、ヴァザーリは、一五四六年にローマでミケランジェロと行った会話を、第三者として伝えている。両者はティツィアーノを訪ね、「ダナエ」を見せられた。

彼のもとを去り、ティツィアーノの描き方を議論すると、ブオナッロートは多くの意見を述べ、その色使いと描き方は大いに気に入ったと言った。しかしヴェネツィアでは初めからデッサンを学ばないこと、そして画家たちが学ぶのに最良の方法を持たないことは残念だと言った〔…〕。従ってデッサンを多く行わず、新旧の絵を選んで学んだものは、それ自体を実際に描くのも、モデルを使って肖像を描くのもうまくできない〔…〕。[17]

こうした見解が出てきたのは、ティツィアーノの「ダナエ」がミケランジェロの「夜」をモデルにしていたためだろう。[18] ミケランジェロの批判の標的は、「非常にぼんやりとして生き生きとしている」と彼が賞賛した「やり方」、つまりティツィアーノ個人のスタイル（様式）ではなかった。それはティツィアーノの師匠、ジョルジョーネが始めた伝統に内在する弱さだった。ヴァザーリによれば、ジョルジョーネは「トスカーナで活動し、新しいやり方の画家たちとされたものたちと競い合う〔…〕名を得たもの」なのである。[19]『芸術家列伝』第二版は、チマブーエからミケランジェロにいたるフィレンツェのデッサンの勝利をいまだ賞賛するものだった。しかしヴァザーリは(パノフスキーも心休まることに)非常に開放的で、因習や教条主義とは無縁の批評家だったので、フィレンツェの伝統とはかけ離れた老ティツィアーノの神話的絵画に、記念すべき賛辞を書くことができた。「打ち付けるようなタッチで、ぞんざいに線が引かれ、しみがつけられ、近くからはよく分からないが、遠くからは完璧に見える」[20]。ここでは個人的現象としての様式と、より広い意味での様式との緊張関係が鋭く交差している。[21]

5

一五五七年ヴェネツィアの作家ルドヴィーコ・ドルチェは、ヴァザーリの『芸術家列伝』の初版に『絵画の対話』で答えた。そこにはキケロが提起し、カスティリオーネによって広められた論議が再度現れている。「完璧な描き方に唯一の形しかない[…]と信ずるべきではない」。ドルチェは「神々しく比類のない」としてティツィアーノを賞賛し、締めくくっている。それはミケランジェロの「偉大さと恐ろしさ」、ラファエッロの「魅力と美しさ」、そして自然の色を混淆したものである。[22] それぞれデッサンと色を基にした相対する二つのモデルが姿を現した。[23]

この論議は一七世紀末から一九世紀初頭まで続き、初めはプッサンとルーベンス、後にはアングルとドラクロワの対立として現れた。[24] この対立は「古代」と「近代」というもう一つの対立に関係していた。色の信奉者は「近代」と同一だった(一九世紀初頭、ギリシアの彫刻や建物が彩色されていたと初めて説かれた時、多くの古代賛美者は大いに憤慨したのだった)。『古代と近代の建築比較』への序文で、フランス古典主義の中心人物であり、プッサンの大賛美者であったロラン・フレアール・シュール・ド・シャンブレは、「近代」信奉者の反論を侮蔑的に列挙している。

精神は自由である。そして我々は発明し、古代人がそうしていたように、我々の才能に従う権利がある。もちろん彼らの奴隷になることなく。というのは芸術は無限のもので、日々完成してゆくからである。時代とその国の気質に適合することによって。時代や国民は様々な形で評価し、美を自分たちなりに定義する。このような多くの曖昧で軽薄な論議がなされているが、それはまだ芸術の実践に幻滅していない半可通や、自分の仕事を表面的にしか理解していない単純な職人の心に大きな影響を与えている。

「様々な形で評価する、時代とその国の気質に適合することによって……」。適合の概念は修辞学から神学へ、神学から歴史に移動することにより、その予期せぬ豊かさを明らかにし続けた。こうした多様性は選別された、不動の、古典的モデルからはかけ離れていた。その古典的モデルは、フレアール・ド・シャンブレによれば、古代の遺跡から「偉大な近代人、ミケランジェロとラファエッロ」によって救い出されたのだった。[25] 古代の信奉者の目には、古典的モデルへの自由な態度はゴシックに匹敵する、あるいは最悪の建築破壊犯罪に相応すると映ったに違いなかった。一六世紀の建築家フィリベール・ドゥロルムが唱えたコリント式オーダーの再構成は、フレアール・ド・シャンブレによって完膚無きまでに清算されてしまった。

この立派な男は古代建築の研究者で賛美者であるにもかかわらず、近代的精神を持っていて、ローマの最も美しいものをゴシックの目で見てしまったのだ。[26]

6 それから少しして、まさにローマで生まれた反古典的建築が、ローマや伝統への反乱をはぐくみ、より広い建築的基準に道を開いた。そうした動きの最も初期の、最も印象的なものの一つが、ヨーハン・ベルンハルト・フィッシャー・フォン・エルラッハの『古代や外国の高名なる様々な建築の図解による歴史的建築企画』(一七二一)である。彼はオーストリアのバロック建築の中心人物の一人で、ローマでの長期滞在中に(一六七〇―八六)フランチェスコ・ボッロミーニの作品に大きな影響を受けた。[27] フィッシャーの本の壮麗な挿し絵には、スペイン人イエズス会士ヴィッラルパンダが提起した再構成によるソロモン神殿(図19)、ストーンヘンジの岩塊(図20)、ペストからコンスタンティノポリスにいたる一連のモスク、シャム王の住居、中国の王宮、一連の中国の橋(図21)、彼自身が建設した一連の建物などが描かれていた。フィッシャー・フォン・エルラッハは序文で、美的趣味に結びついたより一般的な多様性に訴えることで、この異質な建物の混淆を正当化している。

設計者はここで建築における国民の美的趣味が、服装や肉の調理法に劣らず異なることを見出すだろう。そしてそれらを互いに比較することで良識ある選択ができるだろう。そして結局、実際に

図19――ヨーハン・ベルンハルト・フィッシャー・フォン・エルラッハ『古代や外国の高名なる様々な建築の図解による歴史的建築企画』1721（ソロモン神殿）

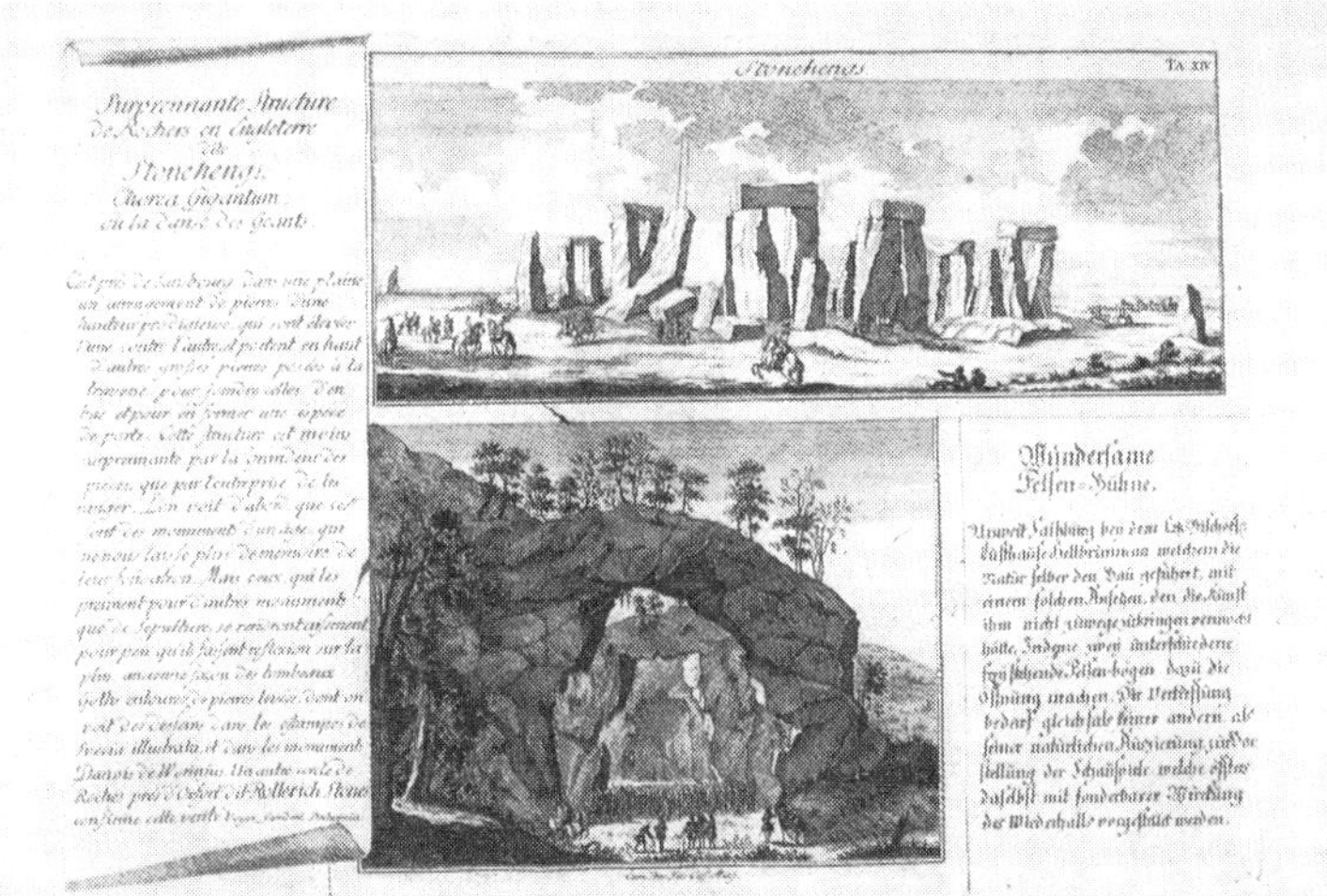

図20――ヨーハン・ベルンハルト・フィッシャー・フォン・エルラッハ『古代や外国の高名なる様々な建築の図解による歴史的建築企画』1721（ストーンヘンジ）

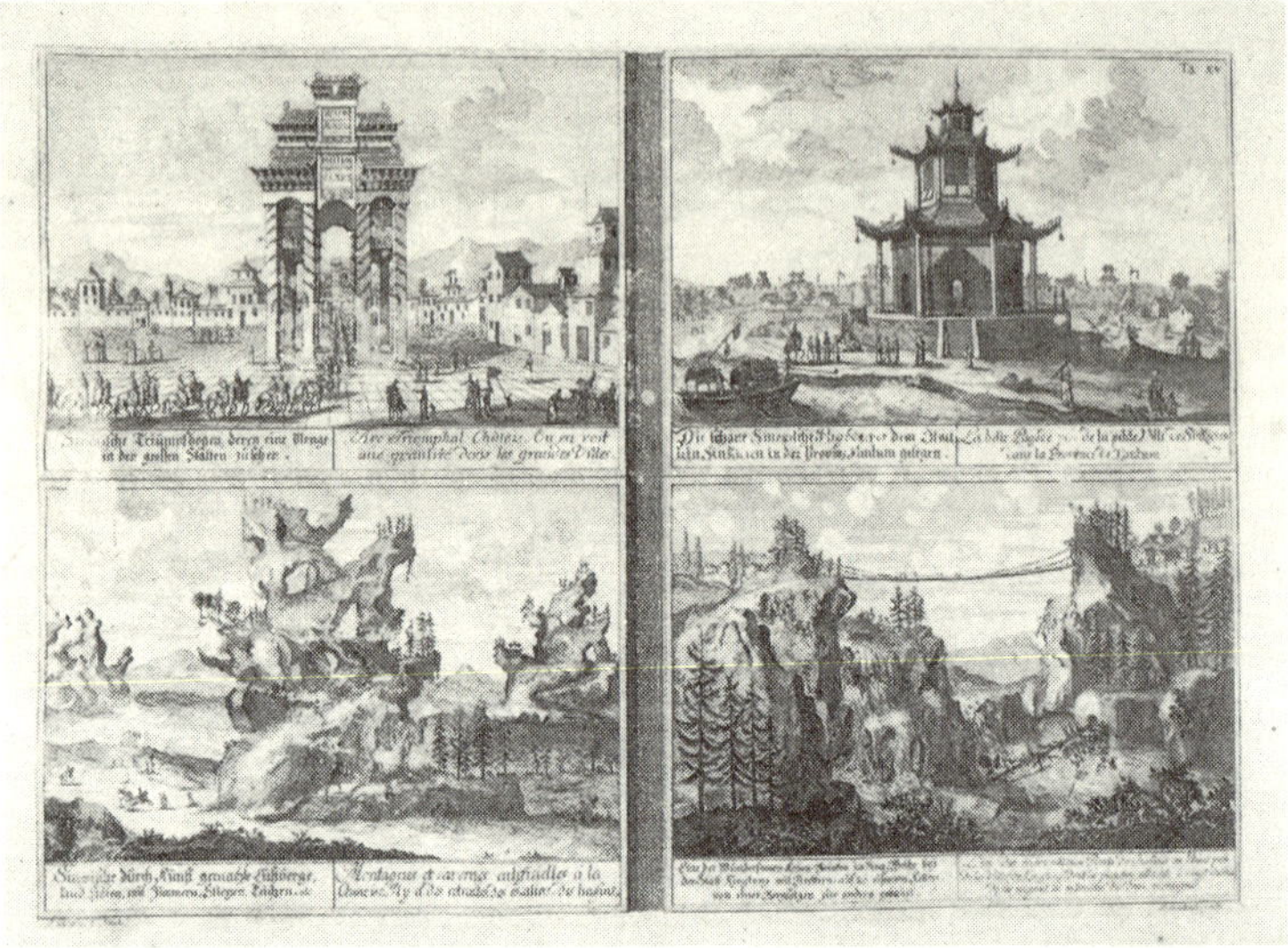

図21——ヨーハン・ベルンハルト・フィッシャー・フォン・エルラッハ『古代や外国の高名なる様々な建築の図解による歴史的建築企画』1721（中国の橋）

は慣習は建築の芸術においていくらかの奇抜さを認めることができる、ということを理解できるだろう。それは例えばゴシック建築の外壁装飾、交差リブ穹窿、尖頭アーチ、教会の鐘楼、インド風の装飾や屋根などで、それに関しては意見の相違は問題にならない。それは美的趣味にかかわる時がそうであるのと同じである。[28]

フィッシャーの本にはゴシック建築は入れられていなかった。しかしボッロミーニの敵対者たちはひんぱんに「ゴシック」という言葉を侮蔑的に投げかけていた。古典主義者のベッローリは彼を「無知なゴシック建築家」と呼んだ。[29]「奇抜さ」という言葉もボッロミーニを思わせる。彼は自分の作品にこの言葉を使っていたのだ。[30]ここでは、ボッロミーニの最も風変わりな考えが、例えば聖イーヴォ・アッラ・サピエンツァ教会の燭台のような尖塔が（おそらく東洋の例に間接的に着想を得たと思える）、ヨーロッパ以外の例さえも包含する、より広い建築上の美的基準を作ろうとした、フィッシャー・フォン・エルラッハの試みに寄与したという考えを持ちたくなる。[31] 国民の美的趣味の相違を受け入れるフィッシャーの開放的態度は（対称性や安定性の規則のような、わずかの普遍的な建築の原則を例外としている）、当時のイエズス会宣教師がヨーロッパ外の文化にとった態度を思わせる。それは明らかに適合の原則に基づいていた。[32] この点に関しては、『歴史的建築企画』がイエズス会士アタナシウス・キルヒャーの学識ある作品に広汎に依拠していたことを（必ずしも明瞭な形ではないが）思い起こすべきである。フィッシャーはローマでキルヒャーと会っていたのである。[33]

時がたつにつれて、こうした態度は前例のない現象への道を開いた。異なった様式を同時に使うことである。初めはそれは庭園に限られた建築的実験だった。つまり自然と文化、森と町の間に位置する空間である。[34] ゴシック的廃墟と中国風のあずまやの共存が、しばしば美的趣味の規則の逸脱と考えられ、論争を巻き起こした。一七五五年、「ワールド」誌に現れた記事には以下のような主張が見える。

> 中国風の装飾やゴシック的天分の野蛮な所産への賛辞は、ギリシアやローマの芸術の特徴であるあの単純さを、そしてあらゆる他の民族の芸術よりもそれを上位におき、今後もそうするような単

純さを、再度滅ぼす危機をもたらしていると思える。[35]

7

「高貴なる単純さと静謐な偉大さ」。これはヨーハン・ヨアヒム・ヴィンケルマンが、やはり一七五五年に刊行された『ギリシアの彫刻と絵画の模倣に関する考察』で、ギリシアの彫刻を特徴づけた言葉である。[36] 同じ性質が同じ時期のギリシアの文章にも見られる、とヴィンケルマンは述べている。例えばソクラテスの弟子たちの著作がそうだし、ラファエッロのような古代の模倣者の作品にも同じことが言える。[37]「唯一の善しかないように、唯一の美しかない」とヴィンケルマンは再度書いている。[38]

こうした言葉がプラトン的刻印を帯びているのは明らかだ。しかしその最も影響力を持った『古代芸術史』で、彼は永遠なる美の啓示だけに留まっていない。初めはプリニウスが、後にヴァザーリが行った伝記的切り口を拒否して、ヴィンケルマンは芸術史の任務が芸術自体の起源、発展、変化、堕落の検討にあると言明している。「そして同時に民族、時代、芸術家による様式の違い」も検討すべきだとしている。[39] 彼はエジプト、エトルリア、ギリシアの様式を分析する以外に、ギリシアの様式の中に四つの段階を区分している。初めて様式が芸術史の具体的な対象として確定され、それとともに総合的歴史に関係づけられたのだった。

ヴィンケルマンは様式の変化を分析するために、それを形成した多様な条件を調べた。かなり伝統的な用語を使えば、彼は風土の役割に言及する以外に、芸術の政治的自由と、歴史の証言としての様式の重要性を強調した。[40] しかしあまり目立たなくて、しばしば解釈者も無視する第三の要素が、ヴィンケルマンの切り口全体に予期せぬ光を投げかける。ヴィンケルマンはエトルリアの様式の主要な性格を要約して、それはある程度は、民族としてのエトルリア人自身のものでもあると述べている。過剰なまでに細部に固執する傾向は、エトルリア人の「凝りすぎた、技巧的な」文学様式にも見ることができる。それはローマ様式の純粋な明晰さとはまったく違っている。そしてエトルリア人の芸術家の様式は、だれよりも偉大なミケランジェロも含めて、その後継者にも認められる。同じ性格がダニエーレ・ダ・ヴォルテッラ、ピエトロ・ダ・コルトーナやその他の芸術家の欠点の説明になる。一方ラファエッロとその流派は精神的にはよりギリシア人に近かった。[41]

ヴィンケルマンは、彫刻とギリシア語の比較に立脚した、先に引用した『考察』の警句で、ギリシア人の模倣家としてラファエッロを賛美した。しかし『古代芸術史』では、トスカーナの作家と画家の悪意ある比較は、もはや自覚的模倣ではなく、エトルリア人とトスカーナ人の人種的連続性を前提にしていた。この論議は、ヴィンケルマンに大きな影響を与えた（明確に言明していないが）二人の作家の考察を、予期せぬ方向に伸ばした。その作家とはケーリュスとビュフォンである。[42]

一七五二年以降に刊行された『エジプト、エトルリア、ギリシア、ローマの古美術品集成』で、ケーリュスは単なる古美術的視点を退け、芸術家の精神と技法を注意深く研究し、その意図を消化し、その実技を追跡する方法を支持する。つまりある時代にある国で支配的であった嗜好の証拠、表現として芸術作品を考える方法である[…]。一度ある国の嗜好が限定されれば、その発展と変化を追跡する以外にすることはなくなる。そうすることにより、少なくとも部分的にでも、各世紀の嗜好を知ることは可能になる。[43]

こうしてケーリュスは芸術史をより広い意味での歴史に結びつける必要性を述べたが、ヴィンケルマンはそれをより影響力のある形で強調した。[44] ヴィンケルマンは古美術商のビアンコーニに宛てた書簡で、自分がケーリュスに負う点を認めているが、ケーリュスは物事を上から下に扱う杓子定規なところがあったとしている。

彼は古代の人々の芸術様式の実質に踏み込んだ栄光をになう初めての人物である。しかしパリでそうしようとしたことは、任務を超えた責務だった。[45]

だがエトルリア人とトスカーナ人の連続性を想定することは、国民の嗜好という概念から大きく踏み出すことだった。ここにはビュフォンの間接的影響が見て取れる。ヴィンケルマンは一七五〇年と一七五四年という異なった二つの時期に、ビュフォンの『博物誌』からの長い抜粋を取り上げている。[46] 彼はビュフォンから、綿密な調査に基づいた観察を、ある種の古典的没個性を希求する生き生きとした様式で伝えることを学んだ。[47] ヴィンケルマンにとって様式とは、ビュフォンの大比較企画にとっての動物種であった。ヴィンケルマンもその注意を個人ではなく(個々の芸術作品、あるいは個々の芸術家)、種(様式)に向けた。ヴィンケルマンはこの類推から、様式が創作されたり模倣される以外に、生物学的に伝えられうると主張するようになったと思える。この主張は予期せぬ結果をもたらすことになった。

8 一九世紀は政治的争乱(フランス革命の結末、ナポレオン戦争)、ヨーロッパの対外拡張(インド、太平洋の島々、エジプトなど)、内奥からの知的、社会的変化の時代だった。こうしたことはヨーロッパの知的公衆の視覚文化を根本的に変え、はるかに遠い時空の文明遺産との直接的、間接的接触をもたらした。[48] ヴィンケルマンが提起したギリシア芸術の見方は多くのものにとって、この異質な素材の固まりの中で方向を見出す導きの糸となった。一八一〇年以降に行われ、死後に刊行されたジョン・フラックスマンのロイヤル・アカデミーでの講演『彫刻講義』は、この現象の雄弁な好例となっている。[49] フラックスマンは彫刻家であったが、ホメーロス、ヘシオドス、アイスキュロス、ダンテの挿し絵画家としてより広汎に知られていた。それは明らかにヴィンケルマンが宣言した芸術原理に想を得た、節度ある、簡潔な線描のデッサンだった。[50] しかしフラックスマンの線は、ゲーテが強調したように、エトルリアの(つまりギリシアの)壺絵だけでなく、ルネサンス前派の絵からも影響を受けていた。[51]『彫刻講義』はこの二つの参照点を理論的、歴史的視野に収めている。フラックスマンは様式に独創的芸術原理を認めていて、それを以下のような流麗な文章で書いている。

芸術自体の起源とともに生まれる良く知られた性質、それはその発展とともに成長し、繁栄とともに強化され、その発生原因の完成の中で美の最高限度に到達し、その衰微とともに枯渇し滅びる。こうした性質はその発展の段階を明確にし、その堕落の行程を記録する［…］。こうした性質は無知な野蛮人の野蛮な試み、単純な職人の慎ましい努力、科学に導かれ、哲学に気高くされ、情愛を込めた深い自然研究により完成された芸術の奇蹟を、我々の目や知性に、即座に明確にする。素描芸術では、こうした分別的性質は「様式」と呼ばれている。

フラックスマンはあらゆる可能性からして、「様式」の概念を「身分の低い職人」や未開人の作品にまで拡大した初めての人だった。[52]その論議の跡を追うのは有益だろう。

この用語（様式）は初めは詩にかかわるもので、ホメーロスやピンダロスの様式はフィディアスやゼウクシスのそれよりもはるかに以前に知られていたと思える。しかし時がたつとともに、詩人が尖筆（スティーロ）とペンで書き、素描家が尖筆（スティーロ）と鉛筆で描いていたため、道具の名前が、作家や画家の天分や作品を指すのに一般的に使われるようになった。この象徴的表現方法ははるかな古代から古典期に、芸術や文芸の復興期に、そして現代にいたるまで続いてきた。それはいつも同じように理解可能であり、間断なく使われたことと、古代や近代の権威によって、さらに強化された。

つまり道具（尖筆）から、広い意味でのその産物に用いられたのだ。フラックスマンは以下のように続けている。

ここでこう言うことができる。「様式」という言葉で芸術の継続、発展、衰退の様々な段階を示すことができるように、同じ言葉で同時に、人間の頭の発達や社会状態に間接的に言及できる。なぜなら頭の慣習に作品は相応し、手は頭脳や感情が立ち止まるものを好んで作り出すからである。

頭と手を結びつける概念としての様式は、社会史、文化史の明確な段階を暗示している。フラックスマンはこの考えを展開して、注目すべき見解を述べる。

こうして未開人は身体を保護し、敵から身を守るために、こん棒、槍、斧に頼り、水上をカヌーで行くために櫂やパドルに頼る。それらは注意力のかなりの部分を引きつけるものであるため、信じられないような労力で、それを可能な限り目的に適したものにする。従って、実用性が美の特性であるため、最も文明化された教養ある代表者を驚かせるほどの優雅な形をしばしば作り出す。そしてその未開人は形態的優雅さに、さらなる装飾を付け加えるまでに至る。それは道具の表面の浮き彫りで、波形の線、ジグザグの線、ひもの結び目などの形をしており、必要と仕事が親しく観察させた単純な事物を模倣している。それは頭の中の初めての科学の夜明けが、理解することを可能にしたものである。この段階まで、彼の労力はある程度は成功を収める。しかしもしその労力を人間の形まで、あるいは神の属性にまで押し進めるなら、その粗野な観念や未教育な頭は変形した、生命のない図像、あるいは恐ろしい不快な図像を作り出すだろう。[53]

非常に限定された枠内にあるにせよ、フラックスマンの未開人の芸術に対する賛美はまったく驚くべきである。彼はその「形の優雅さ」を、私たちがいままでに出会った性質と結びつけて賛美した。それは「適合している」(aptum, τὸ πρέπον)である。しかしフラックスマンは「ある目的に[…]適している」を実用的に解釈している。「実用性が美の特性である」という言明は、ウェッジウッドで壺絵やカメオの絵を描いていたものにとっては驚くべきものではない。[54]芸術と産業の新しい関係が、歴史の中で作られた多様な事物への偏見のない視点を示唆し、同時に歴史に対するより開かれた見方を示した。その例は、一部はフラックスマンのデッサンに、また一部は他のものの本に依拠した、『彫刻講義』の挿し絵である。フラックスマンのなめらかな、うねった線は、視覚言語の驚くべき広汎で異質な範囲をとらえ、翻訳するのに成功している。例えばウェールズの大聖堂やペルセポリスの浮き彫り(図22)、ギリシアのアルカイックな彫像(図23)、インドの彫像（図24）、ミケーネの建築、中世の写本から取られた細密画（図25）などである。それに比べると、フラックスマンによるミケランジェロの「恐ろしさ」の甘ったるい再解釈はとても虚弱に見える。特に彼の偉大な同時代人、フュスリに比べるとそう思える。

フラックスマンの『彫刻講義』を聞いたある聴衆は、その講義が「ジョン・ブル主義」のゆえに、聴衆に気に入られたと書いている。[55] フラックスマンはイギリス中世の彫刻への賛美を隠してはいない。しかし彼の『彫刻講義』の政治的意味は、この賛美のはるか彼方まで及んでいた。挿入された挿し絵は異文化を理解し、その中に入り込み、翻訳し、自分のものにする試みと考えられる。それはイギリスの帝国主義の視覚的等価物なのである。

図22——ジョン・フラックスマン『彫刻講義』1829（ペルセポリス）

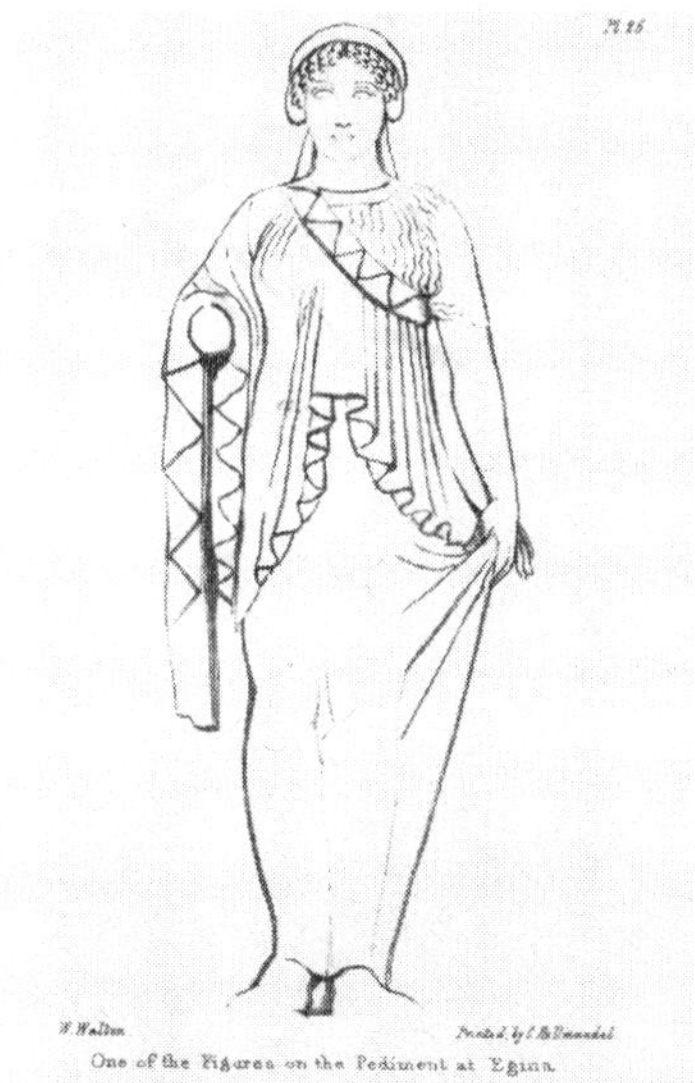

図23——ジョン・フラックスマン『彫刻講義』1829（エギナ神殿の彫像）

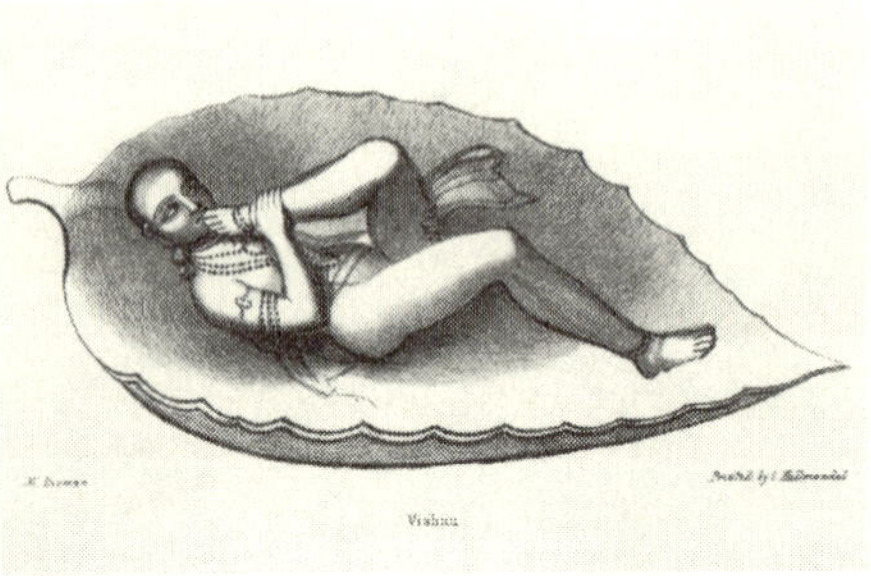

図24——ジョン・フラックスマン『彫刻講義』　1829
（ヴィシュヌ）

図25——ジョン・フラックスマン『彫刻講義』　1829
（キリストの変容）

9　ほとんど同じ頃、生存していた最も偉大な哲学者が、アジアの国々の異国情緒あふれる芸術について、ハイデルベルクやベルリンの学生に語った。死後に刊行された美学の講義で、ヘーゲルは、中国やインドの芸術作品に見られるリアリズム表現からの逃走は、技術的弱さに依るのではなく、意図的な歪曲のためであると述べている。

この点に関しては、技術的観点や他の観点からは、ある限定された領域では完全に完成されているが、芸術や理想の観念に照らし合わせると不十分に見える、不完全な芸術が存在する。[56]

この主張の背後にはロマン主義の根本的なテーマがかいま見える。それは芸術的自由の称揚である。しかしヘーゲルはそのより過激な意味を避けている。それはハインリヒ・ハイネが『フランスの画家』で、より説得力のある形で述べたものである。

大きな誤りは批評家が提起した「芸術家は何をすべきか」という問いにある。「芸術家がしたいのは何か」、あるいは「何をすべきと感じるのか」と問うほうがはるかに正しい。「芸術家が何をすべきか」という問いは、詩にいかなる感覚も持たないのに、様々な芸術作品から特定の性格を切り離した芸術哲学者たちから発せられた。彼らは存在するものを基に、将来存在すべきものを定める規範を決め、ジャンルの範囲を限定し、定義や基準を考え出した。[…] あらゆる独創的な芸術家は、さらには天分あるすべての新しい芸術家は、自分自身が持つ美学を基準に評価されるべきである。[57]

ハイネはこうした意見を、パリでの長い亡命生活の初めに、そうした意見を受け容れる環境の中で書いた。その遠い反響が、かなり後になって、ドラクロワが「両世界雑誌」に書いた記事に認められる。彼は長年に渡って伝統的価値の拒絶を体現していた画家だった。ドラクロワは芸術的多様性を熱心に弁護するにあたって、美は様々な道を通って達することができると主張した。

それはラファエッロとレンブラントからも、シェイクスピアとコルネイユからも可能であった。古代を模範とするのは馬鹿げている、なぜなら古代自体が唯一の同質の基準をなすわけではないからだ。[58]ボードレールはおそらくこの記事を読んで「燈台」を書く気になったのだろう。それは並はずれた文体練習で、ドラクロワが賛美しながら引用した何人かの画家から始まり（ルーベンス、レオナルド、レンブラント、ミケランジェロ）、その中で唯一の生存中の画家、ドラクロワで終わっている。「千の砦を照らす燈台」とは、詩の末尾で美の隠喩となっているのだが、題名では複数形（Les phares）になっていて、詩節の多様性によって表現された考えを強めている。一八五五年五月、ボードレールは「ル・ペイ」紙に掲載された記事で同じ主題に帰っている。それはドラクロワが三五点の個展でようやく栄光を得た、万国博覧会を論じている。「美は常に奇抜である」とボードレールは書いている。

さて、こうした奇抜さが、つまり必要で、抑えきれない、無限に多様な奇抜さ、環境、気候、風習、人種、宗教、芸術家の気質に依存する奇抜さが、いかにしてユートピア的規則に導かれ、支配されることが可能だろうか。その規則とは惑星のどこかの土地で開かれた科学的密会で着想されたものなのだ。そうしたものが芸術自体を死なせる危うさを持たないことがあり得るだろうか。[59]

ここからあらゆる美学的規範の拒絶が出てくる。

こうした異例な現象を前にして、ハインリヒ・ハイネが命名した、美学の「教授＝陪審員」の一人は何を言い、何を書くのだろうか、もしよりひんぱんに神的なるものに傾くなら、天才にもなるべきその魅惑的な魂は。[60]

ハイネの主な標的はおそらくフリードリヒ・シュレーゲルだった。ボードレールの標的はフランスの民主主義的修辞学だった。

地獄を避けるようにして、身を避けたい、別の誤りがある。それは流行中の誤りだ。つまり進歩の観念だ。現在の似非哲学の発明品であるこの暗い燈台［…］。歴史を明確に見たいものは、まずこの不実な燈台を消さなければならない。[61]

この部分は「ル・ペイ」紙には現れていないが、ボードレールは「燈台」を発表した後に付け加えた。「千の砦を照らす燈台」という表現は、その対比から、進歩の観念の「暗い燈台」を呼び起こすが、不意の逆転劇で、「詩人」（つまりボードレール自身）の詩句とその解釈が付け加えられる。「ドラクロワ、つまり悪魔の血の湖……[62]」。すべての偉大な芸術家は自分の美学を持っているとハイネは書いた。ボードレールはハイネの論議を究極的な結論にまで発展させた。

あらゆる開花は自発的な、個人的なものである。シニョレッリは本当にミケランジェロを生み出したのか。ペルジーノの中にラファエッロは胚胎されていたのか。芸術家は自分だけに依存する。未来に自分の作品だけを約束する。自分だけ保証する。そして子孫なしに死ぬ。[63]

ボードレールは芸術の多様性に影響を及ぼす多数の要素に固執して、芸術に対する歴史的態度の可能性を拒絶するに至った。それは後に見るように、再度現れるように定められた緊張関係であった。

10 ここまで分析してきた行程は、一見すると、様式の一様性に対する多様性の勝利と見えるかもしれない。一九世紀の建築は後に「歴史主義」と呼ばれた運動によって、多様な様式の共存を是認した。ドイツでこうした立場を取った最も重要な代表者はゴットフリート・ゼンパー（一八〇三—七九）であったが、彼は比較の視点から様式を分析した野心的な本を書いた。それは『技術と構造術に見られる様式、あるいは実践的美学』である。その初めの二巻は一八六〇年と一八六三年に刊行されたが、第三巻は未完に終わった。ゼンパーは本の企画がパリの学生時代（一八二六—一八三〇）にさかのぼると言明している。当時ゼンパーは多くの時間を植物園で過ごすのを習いとし、キュヴィエが集めた化石のコレクションを熱心に見ていた。彼はこの青年時代の思い出を違った機会に二回述べている。一回目は一八四三年九月二六日付の手紙で、ブラウンシュヴエイクの編集者エドゥアルド・フィーヴェクに宛てられている。[64] 二回目は一八五三年にロンドンで行われた講演で、彼は政治的亡命者としてロンドンに避難していた（ゼンパーはドレスデンの革命的暴動に積極的に参加したため、一八四八年にドイツを去らざるを得なかった）[65]。ゼンパーは二回とも、キュヴィエの比較による問題設定と、自分自身の立場が類似することを示唆している。しかしドイツで書かれた手紙とイギリスでの講演（プラクティカル・アーツ・デパートメントでの一連の講演の第一のもの）では、いくつかの重要な変化が見られる。ゼンパーは一方ではゲーテの形態学から想を得たすべての用語を排除してしまった。それは、最も単純な原初形態（einfachsten Urform）、原初観念（ursprüngliche Ideen）、原初形態（Urformen）、原初的で単純なもの（das Ursprüngliche und Einfache）などである。またもう一方では「私の芸術作品」（den Werken meiner Kunst）という中立的なほのめかしが、「インダストリアル・アート」についての明確な言及になった。それはゼンパーが協力した一八五一年の万国博覧会と、彼が語りかけた特定の聴衆に影響されたためだった。

我々は同じ骸骨が絶えず再生産されるのを見るが、その変異は数え切れない。それはその骸骨が個人の漸進的発達とその生存状況によって変化するからである［…］。自然の単純さに反するこの計り知れない多様性と豊かさを見ると、それとの類推から、ほぼ同じようなことが我々の手の創造物や、インダストリアル・アートの製品に起きていると想像せざるを得ない。[66]

おそらくゼンパーはキュヴィエの仕事についてかなり曖昧な考えしか持っていなかっただろうし、それから適切な生物学的モデルを引きだすことはできなかった。[67] しかしキュヴィエの否定しがたい影響は比喩的な性質のものだった。一方ゲーテがゼンパーに及ぼした影響は、逆説的だが、決して小さくはなかった。もっともゲーテは一八三〇年にアカデミー・フランセーズで行われたキュヴィエとサンティレールとの論争では、後者に与したのだったが。「キュヴィエ男爵が追求したのと同じ方法で、芸術に適用されたもの、特に建築に適用されたものは、様式の理論の基礎をなすべきである」という考えは、ゼンパーのロマン主義的根元と実質的につながっている。

ドイツで学んだもう一人の美術史家が、ゲーテの形態学からキュヴィエの比較骨格解剖学へと同じような道をたどり、さらにダーウィンの進化論に適合するように、その再解釈を行なっていた。彼はゼンパーより少し若く、同じように風変わりだった。この人物こそ高名な美術通のイワン・レルモリエフ、本名ジョヴァンニ・モレッリである。[68] 両者とも様式を形態学的眺望から分析した。しかしモレッリは個々の芸術家に注目し、ゼンパーはより広汎な文化単位を扱った。その尺度の違いは別の方法を示唆した。モレッリは常に、様式的事実は内部から調査すべきという考えに忠実だった。一方ゼンパーは様式に、内的状況と外的状況の相互作用の結果を見て、別々に分析すべきだと考えていた。彼の様式理論の第一部は、「作品自体の要請」を調査すべきであるとしていた。それは「時代や状況とは関係ない、ある種の自然な、必然的な法則に基づいている」

のである。これは素材や道具がもたらす拘束に関する、かなり曖昧な公式化である（道具は、ゼンパーが認めているように、歴史的変化をこうむる）。彼の様式理論の第二部は、

地方的、個人的影響を調べるべきである。例えば気候、ある特定の地方の体質、ある国の宗教的、政治的組織、作品を求める人、あるいは組織、作品が差し向けられた場所、それが作られた機会、などである。またそれには芸術家個人の個性も含まれる。[69]

このリストにはある要素が抜けている。それは人種である。ほぼ同じ頃に、ウエストミンスター修道院修復の立て役者の一人だったジョージ・ギルバート・スコットは、ゴシック様式の復活をこう特徴づけた。

それは我々の国民建築であり、近代世界の文明の、唯一の純粋な代表作である。つまり古代世界の文明と区別した意味での近代世界の文明である。また南方人種と区別した意味での、北方人種の代表作でもある。

スコットはさらに書いている。

我々は中世の風習に合わせたいのではなく、ある芸術様式を適用したいのだ。それは偶然にも中世的だが、本質的に国民的で、今日の必要や要請にかなっている。

ここから以下のような結論が出てくる。「我らが人種の土着の様式が我々の出発点であるべきである」[70]。この彼の考えは孤立したものではなかった。一九世紀に、歴史、人類学、生物学が混淆されて、国民の性格、様式、人種を、同じように収束させる考えが出てきた。建築の様式に関する論議で、人種が非常に重要な地位を占めることになった。ゼンパーがこの主題に関して沈黙しているのは注目に値する。[71] 彼は「国民性」も、それをわずかな考古学的遺跡から読みとる自分自身の能力も、強固に信じていた。彼は考古学的遺跡を、キュヴィエにならって、化石にたとえていた。エジプト人の聖なる船も、ドーリス様式に緊密に結びついたギリシアの手桶も、二つの国民が自分の本質を記念碑的形態で表した建築に近づくことを可能にする、とゼンパーは主張した。[72]しかしこの野心的な企てにおいても、ゼンパーは人種を概念的方法として使おうとしなかった。

11 ゼンパーは晩年をウィーンで過ごした。そこでは彼の重要な建築作品が――ホーフブルク劇場や博物館広場――町のイメージを根本的に変えていた。[73] 彼の様式に関する本は考古学者や美術史家の間で大きな反響を呼んだ。だが世紀末の頃に、強い反対意見が巻き起こった。アロイス・リーグルはその『様式の問題』（一八九三）でゼンパーの唯物論的決定論を退けた。だが彼はとりわけ戦略的動機から、ゼンパーの信奉者たちの立場と、より緻密なゼンパー自身の立場を、絶えず区別した。芸術の発展は実質的には道具に決定されるというゼンパーの考えに対して、リーグルは、後に「芸術意欲」と定義づけた、装飾と形態に突き動かされる自発的衝動を対置し、その歴史的構成要素を強調した。[74] 彼は大著『後期ローマの工芸品』(一九〇一)で、伝統的に衰退期のものと考えられてきた時代の芸術作品が(コンスタンティヌスの凱旋門の浮き彫りを初めとして)、ヴァザーリが侮蔑的に、ぎこちないと評価した、ある特定の、同質の芸術意欲の、首尾一貫した表現として解釈できると主張した。それはまったく別物だが、古典芸術の原理に正当さにおいて匹敵する原理に想を得ていた。

リーグルの研究と同時代のウィーンの芸術的運動との間には明らかな関係があった。このことは何度も強調されている。「幾何学様式」が、ゼンパーの信奉者たちの仮説通りの、表現能力の欠如に強いられた未開な現象ではなく、(リーグルが提起したように)洗練された芸術意欲の意図的な産物であると読む時、ほぼ同時代のグスタフ・クリムトの絵や、その幾何学的装飾を思い浮かべてしまう。[75] しかし彼が根本的にヘーゲルに想を得ていることからも分かるように、リーグルの理論的基盤は異なった、はるか遠くにその起源を持っていた。[76] 先に述べた、インドや中国の芸術に関するヘーゲルの美学講義の一節が、リーグルの西欧芸術に関する省察の出発点であったと思える。さらにリーグルはヘーゲルの目的論的眺望に与しており、それによって後期ローマの芸術を是認することができた。それは彼の特定の基準に基づいていたが、同時に総体的な歴史的発展の中での必然的な変遷としてもとらえられていた。[77]
決定論的唯物論への武器としての芸術意欲は、芸術家の自由というロマンティックな概念を明らかに反映している。それはハイネに「芸術家がしたいのは何か」という問いをもたらした。しかしリーグルは破壊的才能の持ち主としての芸術家個人に立ち止まるのではなく、後期ローマの芸術意欲、あるいはオランダの芸術意欲のような、集合的実態を分析した。[78]また人種的眺望のもとでの様式の分析も（この人種という言葉がいかなる意味を持とうとも）、ロマン主義の遺産の一部だった。すでに見たように、この文脈では「人種」という言葉が頻出する。ボードレール自身も、芸術の条件が設定される異種混交的リストに、風習、気候、宗教、芸術家の個人的性格とともに、人種を入れている。しかし一九世紀末のウィーンの、反ユダヤ主義がますます露わになりつつあった雰囲気の中で、リーグルが大学の講義で述べた、「変化や向上が不可能な」ユダヤ的世界観の硬直性、という見解は、聴衆の中に大きな反響を巻き起こしたと思える。[79]その二年前（一八九七）、リーグルは講義に初期キリスト教と近代の社会主義との比較を入れ、後者を賛美した。それは「少なくともその根本的な表出において、この世界を向上させることを提起している」からである。[80]この文章にはキリスト教社会主義者への暗示が認められる。その党首で反ユダヤ主義者のカール・リュガーが、ウィーン市長に選ばれたばかりだったのである。[81]リーグルがキリスト教社会主義党の反ユダヤ主義的行動にはたして与していたのか、どの程度そうしていたのか、ここで言うことはできない。しかし人種と様式を重ね合わせられる実体とみなす傾向は、『後期ローマの工芸品』の脚注に現れている。「しばしば誇張されてきた」後期異教芸術と初期キリスト教芸術の相違は、それ自体ほとんど信じがたい、とリーグルは書いている。それは異教徒とキリスト教徒が同じ人種に属していたからである。[82]

12 ヴィルヘルム・ヴォーリンガーはだれよりもリーグルの考えを広めるのに貢献したが（非常に粗野なレベルでも）、その考えを明らかな人種主義的枠組みに組み入れることをためらわなかった。[83] ヴォーリンガーは『ゴシック美術形式論』（一九一一）で、様式的純粋さの様々な段階を、再三人種的位階に結びつけた。

［…］こうしてフランスはおそらくもっとも美しい、もっとも生き生きとしたゴシック建築を創造したとはいえるであろう。しかしもっとも純粋なものを創造したとはいえない。純粋のゴシック文化を持つ国土は北部ゲルマンである［…］。なるほどイギリス建築も極端なゴシック的色彩を帯びている。なるほどイギリスもまたドイツと同様に、その固有の芸術意志の方向が、ルネサンスによってまげられてしまうにはあまりに自己の内部に固い構成が与えられすぎていた。あまりに自分自身だけで完結されすぎていた。なるほどイギリスはそのために、今日になってもまだゴシックを国民様式として維持してはいる。しかしこのイギリス・ゴシックにはやはり、ドイツ・ゴシックがもつような直接的な活力の奔騰が欠けている。[84]（中野勇訳、岩崎美術社）

ここから次のような結論が生まれる。

なぜならばわれわれがゴシックと名づけたものは、到底古典には帰一され難い偉大なそれの反対現象なのである。それは決して一つの単独な様式期と結合されているものではなくて、あらゆる世紀を通じて流れ、始終新しい扮装を凝らしてあらわれてくるものである。またそれは一つの時代的な現象であるばかりではなく、そのもっとも深い根底においては、無時代的な人種的現象である。しかもこの人種的現象は、北方人のもっとも内奥の体制に根ざしており、したがってそれはまたあらゆる水準を平均させたヨーロッパ・ルネサンスによってさえ根絶させることができなかったものである。

もちろんわれわれはこの人種という言葉を、人種の純粋性を指すせまい意味に解釈してはならない。むしろこの場合人種という言葉は、種々の民族が人種混合を行うにあたって、ゲルマン人がそのうちで決定的な役割を演じていたような民族を、もれなく包括しているものでなければならない。これはヨーロッパの大部分にあてはまることである。ヨーロッパの大部分の地において、ゲルマン人という構成員がその内部をつらぬいている限り、そこにはより大きな意味においての一種の人種的な関係が現れている。しかもこの人種的な関係は、そのうちに普通の意味での人種的差異は厳存するにもかかわらず、なお見まごうべくもないほど明らかに有力に働いている。ことにそれはゴシックのような歴史的現象では、万古不易とも言いたいほど強く固定され明示されている。というのはすでに認めたようにゲルマン人はゴシックの必須要件（conditio sine qua non）だからである。[85]（中野勇訳、岩崎美術社）

これらの文章が書かれた一九一一年以降の年月は、それらに不吉なつやを与えることになった。もちろん時代錯誤的な読解は避ける必要がある。しかし「人種的純粋さ」という狭量な概念を乗り越えるほど広い、ヴォーリンガーの「より大きな意味においての」人種概念は、必然的にニュールンベルク法と、その人種混合《ラッセンミシュンク》の様々な段階に関する細かな規定を思い起こさせる。ヴォーリンガーの様式クラブにはすべての民族が受け入れられる。もし血管にゲルマンの血を十分な割合だけ持っているならの話なのだが。

13　ここまでに語られたことは、現代の影響力ある科学哲学者が、様式に割り当てた役割を理解するのに役立つ文脈を示しているだろう。

ポール・ファイヤアーベントは、ヴァザーリの立場とは正反対のリーグルの芸術理論を科学に適用しようと試みた。[86]彼は『方法への挑戦』（一九七〇）の注で、もし科学を問題解決に向けられた態度としての芸術と考えるのなら、双方の著しい差は消え去る、そしてその時点で「芸術に関しては様式と偏愛を、科学に関しては進歩を」語れるだろう、と述べている。[87]ファイヤアーベントは彼に特有の悪意を持って、ポッパーに対してゴンブリッチを用いる（直後の注で言及されている）。しかしこの科学と芸術の均衡は、実際には「芸術としての科学」への単なる一歩であった。これは彼のリーグルに関する論文の題名であり、後にこの論文が収録された本のタイトルにもなった。彼にとってリーグルは完璧な選択であった。彼の作品は(a)一貫した実証主義への攻撃を含み、それは(b)自己完結的な、節度ある一連の芸術意欲で構成された歴史観に基づいていて、それは(c)進歩や(d)衰退の概念を拒絶していた。進歩に関するこの最後の点については、完全に説得力があるとは思えない。リーグルの作品のヘーゲル的、目的論的要素を無視しているからだ。[88]他の点はファイヤアーベントの結論の正しさを示している。「芸術の近代的（つまりリーグルの）概念に照らせば、科学は芸術である」[89]。あらゆる時代は特殊な法則に支えられたそれ自体の芸術的宇宙を作り出す、というリーグルの相対主義的切り口は、科学の相対主義的見方に予想外の支柱を提供することになった。それは関連性、真実、現実をいわば括弧の中に入れ、それらを除去するのを可能にした。予想できたように、ファイヤアーベントは、リーグルが他の少数のものたちとともに、「知識の獲得と、知識の領域での変化を、大部分の近代哲学者たちよりも良く理解していた」と述べている。[90]

ファイヤアーベントは一九八〇年代の初めにリーグルを発見したと思える。[91]しかし彼の没後に出版された自伝（『哲学、女、唄、そして……』一九九五）は、彼がリーグルの思想の副産物に、はるか以前に、思想形成期を過ごしたウィーンで巡り会ったことを示している。

『哲学、女、唄、そして……』は異例なほどに開放的で誠実な経験談として紹介されてきた。だがこうした形容は、自伝の場合はいつも注意深く受け取るべきである。[92] ファイヤアーベントが志願兵として参加し、ロシア戦線で戦い、中尉にまで昇進した戦争の部分は、語られていないことが非常に多いように思える。「これが私の軍隊書類が語ることである。私の記憶は空っぽだ」。彼は自分の軍歴についてこう言っている。[93] おそらく記憶から消し去った（あるいは少なくとも経験談からは消し去った）過去は、意図的に曖昧にされた本の題名に表れている。それは原題では『時を殺しつつ』、あるいは『殺す時』を意味するのである。しかし戦争の部分は、彼が一九四四年にデッサウ・ロスラウで他の士官たちに行った講演から引用された、かなりの量の断片を含んでいる。これらの講演の論題はここで検討している主題と緊密に結びついている。ファイヤアーベントの要約には彼が五〇年前に取ったノートからの引用がちりばめられている。

人間は一般的に職業も違えば、ものを見る視点も違う。だから、普通は閉ざされている世界に、僅かに狭い窓を開けて、そこから世界を覗いているような状態にある。それでも時には、人間はそうした細切れの印象を一つに纏めて、自分たちの見たことを話し合う。「すると、一人の観察者は、夕陽に赤々と輝く木々、真っ赤に染まった空、中心にはこれも赤く彩られた湖といった、美しい景色について語ろうとするかもしれません。第二の観察者は、いや世界は真っ青で、のっぺらぼうの無限に続く平面だ、と言うかもしれません。第三の観察者は、五階建ての高いビル群について語ろうとします。そこでああでもない、こうでもないと議論が起こります。そうした構造の頂点にいる絶対的な観察者（つまり私なのですが）は、こうした議論を笑うしかありません。そうした議論をしている人々にとっては、その議論はリアルなものです、そして絶対的な観察者などというものは、価値のない夢想者にしか思えないでしょう」と私は言った。しかし、真なる人生というのは、まさしくそれなのだ。「すべての人々は、自分の経験から固めたものごとに対する考え方を持っています。それは、その人それぞれが、見て取る世界の一部に色づけをします。人々が集まって、自分たちが属するこの世界全体の本性を明らかにしようとすれば、彼らは自分たちの過去を語る以外にはないのです。そして自分たちを理解することもなく、自分の回りにいる人々を理解することもない。私はしばしば体験してきました。この人間の持つどうしようもない不可透入性というものを。それも深い痛みとともにです。何が起こり、何を言われても、それを跳ね返してしまう、そして人間一人一人を決定的に分けてしまう、個人に張り付いた透入できない表皮」。

私の主張のポイントは、歴史的な時代、例えばバロックとか、ロココとか、ゴシックなどという時代は、孤独なアウトサイダーだけに理解可能な、隠された実体だ、ということだった。多くの人々は見えるものしか見ない［…］。第二に、ある地域における一つの歴史的な時代を、別の場所に移して考えてみる、ということは誤りなのだ、と私は言った。もちろん一つの地域の時代が別の地域に影響を与える、それはあるだろう。フランス啓蒙主義はドイツに影響を与えた。しかし、その影響によって生まれてくる様々な傾向や事態は、その原因となったものの名目を共有しているに過ぎない。最後に、起こった出来事を理想と比べることで評価するのも間違いである、と私は述べた。多くの人々は、中世に、またその後も、カトリック教会が良きドイツ人を無理やりに教化し、本来その本質のなかになかったような行動や信念を強要してきたことを非難する［…］。しかしゴシックというものは全体的に調和した概念であって、ばらばらなものの集積ではない。この事実は、教会のもろもろの形式は、決して「よそごとの形式」（artfremdという言葉がよく使われた）ではなかったことを示している。したがってまた、当時のドイツ人たちが「本質に反して」キリスト教徒になったのではなく、強制によって支配された臆病な奴隷でもなかったことを示してもいる。私は、ここから得た教訓を、ドイツ人とユダヤ人との関係に適用してみようと言って、私の講義を締め括った。私は言った。ユダヤ人は自分たちとは違うことになっている、純粋のドイツ人からは遥かに離れた存在だということになっている、彼らはドイツ人の魂を歪め、ドイツという国家を厭世的、利己的、唯物論的な個人の集合にしてしまっている、ということになっている。しかし、と私は続けた。しかしもし今のドイツがそうだとすれば、それはすべてドイツ人がそうし向けたのである。ドイツ人自身が、自由主義に身を任せ、あるいはマルクシズムにさえ身を任せるだけの用意があったのだ。「誰でも知っていることですが、ユダヤ人は見事な心理学者ですから、この好機をうまく利用しようとしているのです。申し上げたいことは、彼らのしようとしていることに対して、我々の側でも、準備が整っていたということです。我々の抱えている問題は、誰のせいでもなく、我々自身のせいです。それをユダヤ人のせいにすることは、あるいはフランス人やイギリス人のせいにすることは、間違いなのです」[94]（村上陽一郎訳、産業図書）

ファイヤアーベントは自伝で何度となくユダヤ人について、彼らに対する自分の行動について、ユダヤ人の友人について、反ユダヤ主義について、そしてシャイロックを演じる様々な方法について語っている。しかし彼の意見からはしばしば、曖昧な、当惑させるような論調がにじみ出る。[95]ユダヤ人がドイツの腐敗に責任がないことを、一九四四年に士官たちに教えていたのを再発見したのは、彼には喜びだったろう。しかし講演の本文からはより複雑な論議が浮かび上がる。人間のコミュニケーションの困難さを示すためにファイヤアーベントが選んだ例は（彼は当時画家になりたかった）、青い騎士のグループの絵を思い起こさせる。それはマルク、カンディンスキー、ファイニンガーなどで、一九三七年にミュンヘンで開催された堕落芸術展で展示されたのだった。[96]それぞれの例は異なる、首尾一貫した、自己完結的な世界の観念を示唆し、それはより広い尺度でのゴシック、バロック、ロココに匹敵する。それぞれの時代を（それぞれの文明を）統一する「隠された本質」とはもちろん様式である。ここには歴史に関するリーグルの審美的態度の、遠い反響が認められる。それはそれぞれが特定の芸術意欲、あるいは様式に基づいた、それ自身閉じられた文明の連続としてとらえられている。[97]しかし同時に、自分自身の基準に基づいた、首尾一貫した現象としての様式に固執するリーグルの立場は、すでにヴォーリンガーの作品に認められた、新しい意味を獲得することになった。様式と人種の関連は粗野なイデオローグたちのおかげで非常に広い大衆を獲得した。それは例えばH・F・K・ギュンターで（『人種と様式』）、彼はナチの専制体制下で人種問題に関する影響力ある専門家になった。[98]様式は非常に有効な排除の道具になった。アドルフ・ヒトラーは、一九三三年九月一日に行われた政治集会における、文化問題に関する演説で、すなわち「勝利大会」での演説で、こう言った。

人種的条件を認めることなしに様式について語るのは、過ぎ去った時代の恐ろしい精神的退廃の兆候である［…］いかなる人種も、明確に形成されているなら、芸術の世界に確認しうる自らの書体を持っている。ユダヤ文化のように、いかなる芸術的創造力も持たないことがなければの話なのだが。ある民族が形式的には異質の芸術を模倣できても、芸術が国際的現象であることを証明してはいない。[99]

ファイヤアーベントは一九四四年の自分自身のメモを分かりやすく書き換える中で、こう書いている。「ゴシック芸術は集合ではなく、調和的統一体を作り出した。そのことは、教会の形態が異質の型（artfremde当時流行の言葉だった）ではないことを示している」。ファイヤアーベントが他の士官たちに行った講演には、明らかにナチの人種、文化、様式に関する観念が反響している。もしあらゆる文明が様式的観点からも、人種的観点からも、均質な現象なら、ユダヤ人や外国人は、それから生まれながら排除されているために、ドイツ国家の発展には特別の役割を果たせないのだった。この考えの言外の意味は——アウシュヴィッツから旧ユーゴに至るまで、人種的純粋さから人種浄化に至るまで——衆知のことである。

14　ファイヤアーベントの円熟期の作品では、人種はいかなる位置も持たない。しかし一九四四年の講演で述べられた彼の見解は、彼の円熟期の作品のいくつかの主題と関係がないわけではない。ファイヤアーベントは青年時代から、様々な世界間のコミュニケーションの不可能性の中に、痛ましい条件を見てきた。それは現実への特権的な接近が可能な、孤立した観察者さえも解決できないものだった。「人間の不透入性」という早熟な見解は、彼のその後の理論的省察に心理的刺激を与えたに違いなかった。[100] いずれにせよ、彼は円熟期に、ある意味では「世界外の夢想家」に近い位置に自分自身を置いていた。それぞれが自分の様式内にいる、異なった（科学的）宇宙を比較して、彼はその計り知れなさを強調した。キケロも同じようなことを言ったが、芸術的卓越に達した時は（ただその時だけは）、位階を作るのは不可能だと明確に述べた。これは、たとえどのように解釈しようとも、「すべては《エニシング》うまく行く《ゴーズ》」というモットーとはかけ離れた考えである。[101]
ラテン語の解釈（interpretatio）は翻訳という意味である。異なった思考の様式を、その本質的相違を強調するために比較する通訳は、ある種の翻訳をしている。それは以下の文脈に簡単に適合する言葉である。つまり様式と言語の比較は（様式と書体の比較に示唆されたのだが）、一般的には諸様式と諸言語の差異の承認に結びつく、ということである。[102] だが翻訳は相対主義に対するより強力な論拠をなしている。もちろんおのおのの言語は異なった世界を形成し、ある点までは計り知れないところがある。しかしそれでも翻訳は可能だ。私たちの異なった様式を理解する能力は、他の言語、他の思考様式を理解する能力に光を投げかけることができるし、その逆も言える。

15　この論文を翻訳の練習で締めくくりたい。これは私の知っている限りでは、直接的にも間接的にも、会話をしたことがない三人の人物の会話を提示するものである。

第一の人物はシモーヌ・ヴェーユである。彼女は死の二年前の一九四一年に、プラトンの『ティマイオス』（28a）に関する論評を『カイエ』に書いた。

> あるものが完全に美しいとき、人がそこに注意を向けると、すぐさま、それが唯一の美となる。ふたつのギリシア彫刻。見つめている彫刻は美しく、もうひとつのほうは美しくない。このようなものとしてカトリック信仰、プラトン思想、インド思想などがある。自分が見つめるものは美しく、他は美しくない。（田辺保、川口光治訳、みすず書房、『カイエ２』）

シモーヌ・ヴェーユは比較の不可能性を――今までに見たように、しばしば芸術的経験に結びつけられてきた――哲学だけでなく、宗教にも広げた。

> どの宗教もそれのみが真実である。すなわちひとがその宗教を考えるとき、それに向けて他に何ひとつ存在せぬかのようにいっさいの注意力をそそがねばならない。同様に、どんな風景、絵画、詩なども、それだけで美しい。諸宗教の「綜合」をするのは、注意力の資質の低さを予想させる。[103]
> （田辺保、川口光治訳、みすず書房、『カイエ２』）

第二の人物はアドルノである。彼の『ミニマ・モラリア』(一九四四年に書かれた)のあるアフォリズムの一部は以下の通りである。

趣味嗜好について議論することは可能である(De gustibus est disputandum)——自分では個々の芸術作品の無比性を信じているつもりの人でも、作品を相互に比較して価値の高下をあげつらう議論にいくどとなく巻き込まれた覚えがあるであろう。しかもそうした場で取り上げられるのは、まさしく最高の、したがって比較を絶した傑作の類なのである。この種の比較論は妙な風の吹廻しで否応なしにもちあがるものだが、そこで幅を利かしているのは何でも秤にかけたがる商売人根性でしかないと抗議する向きがある。しかしこうした抗議には、多くの場合、芸術をいやが上にも非合理なものと見なしたがる堅気のブルジョアたちが、作品についてじっくり考えることを好まず、芸術作品は真理の要求と無縁であると考えがちであるという程度の意味しかない。実はあれこれ考え込ませる要素は芸術作品そのものにひそんでいるのである。古代ギリシャ人たちが和合のパンテオンに集うのは神々やイデアだけであると考え、芸術作品をそれぞれが存亡を賭して挑み合うアゴン(闘争)の世界に置いたのは謂われのないことではなかった。キルケゴールのような人でさえ抱いていた「古典のパンテオン」という観念は、中性化した教養が生んだ作り話でしかない。なぜなら、たとえ美の理念は多数の作品に分割された形で現れるしかないにしても、個々の作品はひとしくその全体を目指さざるを得ないからだ。その独自性において美の独占を主張する作品にとって、美の分割を認めることは一種の自殺行為なのである。こうした個別化を免れた仮象ぬきの真実の美は、全作品の綜合とか諸芸術の一体性や芸術の統一においてではなく、ひとえに具体的・現実的に芸術そのものの没落において現れる。他のすべての作品の死滅を願っているという意味ではどの作品もこのような没落を目指している。どんな芸術も芸術自体の終焉を意図している、というのは、同じ事情を別のことばで言ったものである。そうした自滅の衝動こそは仮象ぬきの美の実相に迫ろうとする芸術作品の最も切実な願いの現われである……。[104]（三光長治訳、法政大学出版局）

ポール・ヴァレリーは美術館の芸術作品を「他のすべての存在を消し去るようにむなしく求める、硬直した被造物の反乱」に例えた。[105] アドルノは暗にこの言葉に言及して、それを「芸術の死」というヘーゲル的概念の中に入れた。あらゆる芸術作品は真実を目指しており、真実の非寛容的性質を帯びるがゆえに、自己破壊に向かう。アドルノの主知主義は異なった、正反対の経路を通って、逆説的にもシモーヌ・ヴェーユの神秘主義に近い結論に到達する。つまりあらゆる芸術作品は自分のまわりに空虚な空間を作り出す、そしてそれゆえ孤立的に感知されなければならない、のである。

ロベルト・ロンギが『芸術批評への提言』（一九五〇）で論争の対象としたのは、まさにこうした考えだった。

これがむしろ、絶対的な傑作とその素晴らしい孤立の原則をなす、あの最後の形而上学的残余を激しく論駁すべき点である。芸術作品は、ギリシアの手作りの壺からシスティーナ礼拝堂の天井画にいたるまで、常に純粋に「相対的」な傑作なのである。作品は決して孤立しているわけではなく、常に関係性を持っている。まず第一に少なくとも他の芸術作品と関係がある。世界にただ一つしかない作品は人間の作り出したものとは認められずに、尊敬や恐れをもって見られるだろう。まるで魔術か、タブーか、神や魔術師の作品のようで、人間のものとはみなされない。だが単なる人間ではない、神的な芸術家、あまりにも神的な芸術家の神話には、もう過大に苦しめられてきたのだ。[106]

こうしたあまりにも対照的な文章を読むと、ヴァザーリがアリストテレスやスコラ哲学的伝統から取り戻した、「単純に」と「それによって」という区別を思い出すことだろう。[107] シモーヌ・ヴェーユとアドルノは（異なった観点からだが）、絶対的な、無関係の実体として、芸術作品に近づく必要性を説いた。ロンギは、彼よりも前にヴァザーリがそうであったように、芸術作品は歴史的、関係的、「それによる」眺望を必要とする、と主張した。この二つの切り口は両者とも不可欠に思えるが、互いに両立し難い。これらを同時に試すことはできない。それは有名なアヒル - 兎の像のようである。アヒルも兎もそこにいるのだが、同時に見るのは不可能なのだ。[108] しかし二つの眺望は均整を欠いた関係で結ばれている。歴史の言語で、「単純で」、直接的で、絶対的な見方を表すのは可能だ。だが逆は真実ではない。

原注

＊ 私はこの論文を一九九五年秋にハーバード大学で行われた「科学の歴史、芸術の歴史」と題されたシンポジウムで発表した。ペリー・アンダーソン、ピエル・チェーザレ・ボーリ、アルベルト・ガヤーノの批判と示唆に感謝する。

＊＊ Cfr. *Das älteste Systemprogramm des deutschen Idealismus*.（「ドイツ観念論の最古の体系綱領」）。この論文はフランツ・ローゼンツヴァイクによって、シェリングのテキストをヘーゲルが書き写したものとして発表されたが、現在ではヘーゲル自身のものであると、意見が一致している。

1 Fulgenzio Micanzio, *Vita del padre Paolo (1552–1623)* in P. Sarpi, *Istoria del Concilio Tridentino*, II a cura di C. Vivanti, Torino 1974, pp. 1348 sgg. Cfr. *Stilus Romanae Ecclesiae*, s. l. n. d.（アンジェリカ図書館で私が閲覧した本には E. Buccella, *Dialogus cui titulus est religio; In Constantini Imp. donationem, iuris utriusque praxis*, entrambi pubblicati a Lucca nel 1539が添付されていた）; L. Prosdocimi, *Tra civilisti e canonisti del secolo XIII e XIV - a proposito della genesi del concetto di "stylus"*, in *Bartolo da Sassoferrato*, II, Milano 1962, pp. 414–430; H. W. Strätz, *Notizen zur Stil und Recht*, in *Stil. Geschichten und Funktionen eines kulturwissenschaftlichen Diskurselements*, a cura di H. U. Gumbrecht e K. L. Pfeiffer, Frankfurt a.M 1986, pp. 13–67.（本全体も重要である）。問題全般に関しては何よりも C. Segre in *Enciclopedia Einaudi*, 13, Torino 1981, pp. 549–565の内容の濃い、明晰な、"stile"の項を参照のこと（さらには Id., *Notizie dalla crisi*, Torino 1993, pp. 25–37も参照のこと）。L. Grassi e A. Pepe, *Dizionario della critica d'arte*, Torino 1978, pp. 565–568. には有益な要約がある。 Cfr. E. H. Gombrich, *Style* in *The International Encyclopaedia of the Social Sciences*, XV, 1968,

pp. 352–361; J. A. Schmoll gen. Eisenwerth, *Stilpluralismus statt Einheitzwang - Zur Kritik der Stilepochen Kunstgeschichte*, in *Argo. Festschrift für Kurt Badt*, a cura di M. Gosebruch e L. Dittmann, Köln 1970, pp. 77–95; *Beiträge zum Problem des Stilpluralismus*, a cura di W. Hager e N. Knopp, München 1977 (Studien zur Kunst des 19. Jahrhunderts, XXXVIII) J. Białostocki, *Das Modusproblem in den bildenden Künsten* (1961), in *Stil und Ikonographie*, Köln 1981, pp. 12–42; W. Sauerländer, *From Stilus to Style: Reflections on the Fate of a Notion*, in "Art History", 6 (1983), pp. 253–270; H. G. Gadamer, *Hermeneutik II, Wahrheit und Methode*, in *Gesammelte Werke*, 2, Tübingen 1986, "Excurs", pp. 375–378.

2　Cicerone, *Dell'oratore*, tr. it. di M. Martina, M. Ogrin, I. Torzi, G. Cettuzzi, intr. E. Narducci, Milano 1994.

3　この対比は重要である。なぜならキケロは普通雄弁術を戦争、政治、統治のように、上位の教科に入れていて、詩、絵画、彫刻を、数学や哲学とともに、下位の教科に含めているからである。Cfr; A. Desmouliez, *Cicéron et son goût*, Bruxelles 1976, pp. 240 sgg.

4　「あらゆる国の現在の弁論家も過去の弁論家もすべて考慮の対象にしてみるとき、どのようなことが言えると君たちは考えるだろう。ほとんど弁論家の数だけ（理想の）弁論の流儀が見いだせる、ということになりはしないか」（大西英文訳、岩波書店、『弁論家について』〔『キケロー選集7』〕）。

5　Cfr. M. Pohlenz, "*Tò πρέπον. Ein Beitrag zur Geschichte des griechischen Geistes*", in "Nachrichten von der Gesellschaft der Wissenschaften zu Göttingen aus dem Jahre 1933", Phil.-his. Kl., n. 16, pp. 53–92, 特に pp. 58 sgg.

6　S. Aurelii Augustini..., *Epistulae*, a cura di A. Goldbacher, Vindobonae-Lipsiae 1904, CSEL, vol. 44: 3, ep. 138, Ad Marcellinum, 1, 5, p. 130. A. Funkenstein, *Theology*, cit., pp. 223–224に部分的な引用がある。だが *accommodation* に関する章 pp. 202–289全体が重要である。ウォルシアヌスに関しては以下を参照のこと。P. Courcelle, *Date, source et genèse des "Consultationes Zacchaei et Apollonii"*, in "Revue de l'histoire des religions", 146 (1954), pp. 174–193; A. Chastagnol, *Le sénateur Volusien et la conversion d'une famille de l'aristocratie romaine au Bas-Empire*, in "Revue des études anciennes", 58 (1956), pp. 241–253; P. Brown, *Aspects of the Christianisation of the Roman Aristocracy*, in "Journal of Roman Studies", LI (1961), pp. 1–11; Id., *Augustin of Hippo*, Berkeley and Los Angeles 1967, pp. 300–303.

7　本書第七章を参照のこと。

8　B. Castiglione, *Il Cortegiano*, a cura di V. Cian, Firenze 1923, I. XXXVII, pp. 92–93〔カスティリオーネ『宮廷人』清水純一訳、東海大出版会〕（キケロへの暗示について、編者がしかるべく指摘している）C. Dionisotti, *Appunti su arti e lettere*, Milano 1995, p. 121, は、カスティリオーネの文章に関して、文学論争の中で初めて画家が権威として持ち出された、と述べている。いずれにせよ様式の違いに関するキケロの論議(*De oratore*, cit., III, 25 sgg.)が、まさに彫刻と絵画で始まっていることは注目されるべきである。多少なりとも直接的にキケロの文章に影響を受けている他の文章に関しては、M. Kemp, "*Equal Excellences*": *Lomazzo and the Explanation of Individual Styles in Visual Arts*, in "Renaissance Studies", I (1987), pp. 1–26,（特にpp. 5–6, 14.）に言及がある。

9 G. Romano, *Verso la maniera moderna*, in *Storia dell'arte italiana*, a cura di G. Previtali e F. Zeri, II 2,1, Torino 1981, pp.73–74, は、マンテーニャを入れたことは、カスティリオーネの生まれ故郷、マントヴァの公爵、イザベッラ・デステに敬意を示したためと推測している。ティツィアーノの不在に関しては C. Dionisotti, *Appunti*…, cit., pp. 120–122. を参照のこと。

10 E. H. Gombrich, *The Renaissance Concept of Artistic Progress and its Consequences*, in Id., *Norm and Form. Studies in the Art of the Renaissance*, London 1966, pp. 139, 140. nota 5（ゴンブリッチ『規範と形式――ルネサンス芸術研究』岡田温司、水野千依訳、中央公論美術出版）はキケロの文章に関連して「トポス」について語り、Alamanno Rinucciniの作品にその反響を見ている。ヴァールブルクの「パトスフォルメルン」（情念の定式）に関しては E. H. Gombrich, *Aby Warburg. An Intellectual Biography*, London 1970, pp. 178 sgg.（ゴンブリッチ『アビ・ヴァールブルク伝――ある知的生涯』鈴木杜幾子訳、晶文社）を参照のこと。

11 Cfr. E. Panofsky, *Das erste Blatt aus dem "Libro" Giorgio Vasaris; eine Studie über der Beurteilung der Gotik in der italienischen Renaissance*… (1930), in *Meaning in the Visual Arts*, Garden City, N. Y. 1955, pp. 169–235.（パノフスキー『視覚芸術の意味』中森義宗他訳、岩崎美術出版社）。私はイタリア語訳を使用した。

12 G. Vasari, *Le vite* (ed. 1568), a cura di G. Milanesi, VII, Firenze 1906 (rist. anast. 1973), p. 75.（ヴァザーリ『ルネサンス画人伝』平川祐弘他訳、白水社）。

13 Ivi, p. 76.

14 E. Panofsky, *Il significato*…, cit., p. 201.

15 ここでは A. Funkenstein, *Theology*, cit., p. 241, n. 69を踏まえている。ただし私は前述の理由でキケロを加えた。

16 G. Vasari, *Le vite… nell'edizione per i tipi di Lorenzo Torrentino, Firenze 1550*, a cura di L. Bellosi e A. Rossi, Torino 1986, p. 560.

17 G. Vasari, *Le vite*, VII (ed. 1568), cit., pp. 447–448: だが段落全体が重要である。Sebastiano del Piomboの同様の見解に関してはivi, p. 431を参照のこと。

18 C. Hope (*Titian*, New York 1980, pp. 89–90) の、ミケランジェロの見解は「おそらく気取り以外の何ものからも出ていない」という意見は明らかに捨て去られるべきである。Cavalcaselleはすでにティツィアーノの「ダナエ」にミケランジェロの影響を見ていた。Cfr. G. B. Cavalcaselle e J. A. Crowe, *Tiziano, la sua vita e i suoi tempi*, II, Firenze 1878, rist. anast. 1974, p. 57. ミケランジェロの「夜」との関連はおそらく一九五〇年代にJohannes Wildeによって指摘された。死後に刊行された講演集 *Venetian Art from Bellini to Titian*, Oxford 1974, tav. 149.（説明書きの「暁」を「夜」に置き換えるべきである）を参照のこと。F・ザクスルによると、「ダナエ」はレダを描いた石棺に想を得ている（*Titian and Aretino* in Id., *A Heritage of Images*, Harmondsworth 1970, p. 81）。これはミケランジェロの失われた「レダ」あるいは「夜」により確実に関係している結びつきである。F. Valcanover (*Da Tiziano a El Greco. Per la storia del Manierismo a Venezia*, Milano 1981, pp. 108–109) は両者をティツィアーノの「ダナエ」に関連させている。C. Gilbert, *Michelangelo On and Off the Sistine Chapel*, New York 1994, p. 45, ill. 12 e 13は奇妙にも、メディチ家礼拝堂の「暁」と「夜」の、伝来の同定を逆転しているのが注目される。何よりも同時代のソネットが示すように（「夜よ、そのやさしい姿態で眠るのを見る……」）、それは思い違いだろう。

19 G. Vasari, *Le vite*, IV (ed. 1568), cit., p. 92.

20 Ivi, VII, p. 452. この文章とその意味についてはP. Sohm, *Pittoresco*, Cambridge 1991, pp. 51–52.を参照のこと。

21 この文章に照らしてみれば、「ヴァザーリが個人よりも様式に興味を持っていた」(S. Leontief Alpers, *Ekphrasis and Aesthetic Attitudes in Vasari's "Lives"*, in "Journal of the Warburg and Courtauld Institutes", XXIII [1960], pp. 190–215, 特にp. 210) と主張するのは難しいと思える。一方、ヴァザーリにとって、「芸術の意味はその目的が恒常的になるにつれて完成される」(p.201) と言うのは正しい。しかしこの発想は、カスティリオーネや、それより以前のキケロのそれと変わらないのに（p. 212で両者に言及がなされている）、「率直に言って非理論的」であるとするのは言い過ぎであると思える。

22 L. Dolce, *Dialogo della pittura*, in *Trattati d'arte del Cinquecento*, a cura di P. Barocchi, I, Bari 1960, pp. 202,（フラーリ教会にあるティツィアーノの「聖母被昇天」について）206. Cfr. M. Warnke, *Praxis der Kunsttheorie: Über die Geburtswehen des Individualstils*, in "Idea. Jahrbuch der Hamburger Kunsthalle", 1 (1982), pp. 54 sgg.

23 すべてについて（そしてドルチェについて）は、D. Mahon, *Eclecticism and the Carracci*, in “Journal of the Warburg and Courtauld Institutes”, XVI (1953), pp. 303–341, 特に pp. 311–313.を参照のこと。

24 こうした分類指標はより複雑な現実を隠していた。それは例えば T. Puttfarken, *Composition, Perspective and Presence: Observations on Early Academic Theoty in France*, in *Sight and Insight*, cit.が明らかにしている。

25 Roland Fréart sieur de Chambray, *Parallèle de l’architecture antique avec la moderne*, Paris 1650, *Avant-propos*, pp. 1–2: ベッローリがルーベンスに向けた批判に同じ言葉が出てくる。(G. P. Bellori, *Le vite de’pittori, scultori e architetti moderni*, a cura di E. Borea, Torino 1976, pp. 267–268). ベッローリの同著と後の時代のフレアール・ド・シャンブレの *Idée de la perfection de la peinture* の一致については introduzione di G. Previtali a Bellori (pp. XXIV–XXV) を参照のこと。

26 Roland Fréart sieur de Chambray, *Parallèle*,…, cit., p. 80:

27 R. Wagner-Rieger, *Borromini und Oesterreich*, in *Studi sul Borromini*, II, Roma 1967, pp. 221 sgg.

28 J. B. Fischer von Erlach, *Entwurf einer historischen Architectur, in Abbildung unterschiedener berühmten Gebäude des Altertums und fremder Völker*, Leipzig 1721（フォン・エルラッハ『歴史的建築の構想注解』中村恵三編訳、中央公論美術出版）:(E. Panofsky, *Il significato*…, p. 180に一部分引用されている). Cfr. A. Ilg, *Die Fischer von Erlach,* Wien 1895, pp. 522 sgg.; J. Schmidt, *Die Architekturbücher der Fischer von Erlach*, in “Wiener Jahrbuch für Kunstgeschichte”, 1934, pp. 149–156, 特に p. 152; G. Kunoth, *Die Historische Architektur Fischers von Erlach*, Düsseldorf 1956; E. Iversen, *Fischer von Erlach as Historian of Architecture*, in “Burlington Magazine”, c (1958), pp. 323–325; H. Aurenhammer, *Johann-Bernhard Fischer von Erlach*, London 1973, 特に pp. 153–159.

29 Cfr. P. Portoghesi, *Borromini nella cultura europea*, Bari 1982, p. 152はバルディヌッチが記録している、ベルニーニとある無名の聖職者との同じ内容の会話を引用している。

30 Cfr. R. Wittkower, *Francesco Borromini. Personalità e destino*, in *Studi sul Borromini*, I, Roma 1967, p. 33 (*l’Opus* di Borrominiを引用している)。

31 R. Wittkower, *Arte e architettura in Italia, 1600–1750*, tr. it., Torino 1972, p. 178はボッロミーニが「ジクラット」から間接的に想を得たとしている。

32 私はこの主題を“Le voci degli altri”, cit.で扱った。

33 Cfr. G. Kunoth, *Die Historische Architektur*..., cit.; E. Iversen, *Fischer von Erlach*..., cit. ボッロミーニはイエズス会のためにプロパガンダ・フィーデ寄宿学校を建てたが、遺言状で五〇〇スクーディを聖イニャツィオ教会の祭壇の装飾のために残した(R. Wittkower, *Francesco Borromini*, cit., p. 44)。

34 M. Tafuri, *La sfera e il labirinto*, Torino 1980, p. 54.（タフーリ『球と迷宮』八束はじめ他訳、ｐａｒｃｏ出版)。

35 "The World", 27 marzo 1755. A. O. Lovejoy, *Essays in the Historv of Ideas*, New York 1960, p. 121より引用。だが下記の論文全体を参照のこと。*The Chinese Origin of a Romanticism*, pp. 99–135, *The First Gothic Revival*, pp. 136–165. Cfr. K. Clark, *The Gothic Revival* (1928), Harmondsworth 1964, pp. 38–40; S. Lang e N. Pevsner, *Sir William Temple and Sharawadgi*, in "Architectural Review"106 (1949), pp. 391–393; 0. Sirén, *China and Gardens of Europe in the Eighteenth Century*, New York 1950 (2ª ed., Dumbarton Oaks, 1990).

36 J. J. Winckelmann, *Il bello nell'arte*, a cura di F. Pfister, Torino 1973, pp. 11–51.

37 Ivi, p. 32.

38 C. Justi, *Winckelmann* (2. ed., III Leipzig 1872, p.167. F. Meinecke, *Die Entstehung des Historismus* [1936], a cura di C. Hinrichs, München 1959で引用されている)。

39 J. J. Winckelmann, *Geschichte der Kunst des Altertums*, a cura di W. Senff, Weimar 1964, p. 7.

40 F. Meinecke, *Le origini*..., cit., pp. 232–246; F. Haskell, *History and Its Images*, New Haven-London 1993, pp. 217–224.

41 J. J. Winckelmann, *Geschichte der Kunst des Altertums*, cit., pp. 102–103. この文章の遠い反響がO. J. Brendelの「キアンチャーノの母」（前四〇〇年頃、フィレンツェ考古学博物館所蔵）についての見解に見られる。「目の前の虚空を見つめている、ミケランジェロの、悲しげに予言的な、ブリュージュの聖母の陰鬱な先祖」(*Etruscan Art*, Harmondsworth 1978, p. 321)

42 Cfr. C. Justi, *Winckelmann*, cit., II, 2, pp. 86–97. 私はやや違う方向に見解を発展させている。

43 A.-C.-P. comte de Caylus, *Recueil d'antiquites egyptiennes, etrusques, grecques et romaines*, I, nuova ed., Paris 1761 (1ª ed. 1752), p. VII.

44 Ivi, dedica all'Academie des Inscriptions et Belles-Lettres: "Avant que vous m'eussiez fait la grace de m'admettre parmi vous, je ne regardois que du côté de l'art ces restes de l'Antiquité sçavante échappés à la barbarie des temps; vous m'avez appris à y attacher un mérite infiniment supérieur, je veux dire celui de renfermer mille singularitez de l'histoire, du culte,

"des usages et des moeurs de ces peuples fameux…". 啓発的な論文 K. Pomian, *Maffei et Caylus*, in Id., *Collectionneurs, amateurs et curieux: Paris, Venise, XVI–XVIII siècle*, Paris 1987.（ポミアン『コレクション』吉田城、吉田典子訳、平凡社）を参照のこと。ケーリュスの古代学的著作の重要性については、以下の両著がそれぞれ独立的に論じている。S F. Haskell, *History*…, cit., pp. 180–186, G. Pucci, *Il passato prossimo*, Roma 1993, pp. 108–118.

45 J. J. Winckelmann, *Lettere italiane*, a cura di G. Zampa, Milano 1961, p. 321; K. Justi, *Winckelmann*, cit., II, 2, p. 87. ケーリュスとヴィンケルマンの困難な関係については G. Pucci, *Il passato prossimo*…, cit., pp. 80–84.を参照のこと。

46 K. Justi, *Winckelmann*, cit., II, 2, p. 95.

47 ビュフォンの有名な言葉「様式こそが人間自身である」はしばしば、様式が書き手の特異体質的個性を表すというふうに理解されてきた（あるいは誤解されてきた。Cfr. L. Spitzer, *Linguistics and Literary History*, in *Representative Essays*, a cura di A. K. Forcione *et alii*, Stanford 1988, pp. 13, 34)。この解釈については特に G. W. F. Hegel, *Vorlesungen über die Aesthetik*, Frankfurt a. M. 1970, I, p. 379を参照のこと（彼はビュフォンの名をあげずに、「よく知られたかのフランス人」と言っている）Géruzez (Buffon, *Morceaux choisis*, a cura di J. Labbé, Paris 1903, pp. 11–12, nota) は別の解釈を示している。（「ビュフォンのしばしば引用され、時には曲げられた『様式こそが人間自身である』という言葉は、様式がそれを作り出す知性の本性自体を示すという意味である。思考は一般的、普遍的で、人類を高めるが、様式は個人のみを高め、それを表現する」）。またシュピッツァーの英語版の編者たちも別の解釈を示している (p. 453 nota 40:「その文脈では、ビュフォンの文章は［…］良き文体によって人が本質的人間性を発揮し、不滅の名声を得られる、ということを言っている」）。双方の解釈は誤りである。原文はこうである。「そうしたもの（知識、事実、発見）は人間の外にある、様式こそが人間自身である」(*Discours de reception à l'Académie française*, 1753, in *Morceaux choisis*, cit., pp. 1–12; p. 11.)。ビュフォンが言いたいのは、人類に関しては科学的発見が外部にあるということである（「人間」とは一般的意味で、個々の作家のことではない）。それらは様式を通じてのみ、人類のものになる、つまり不死になり得るのである（数行前でビュフォンは書いている。「良く書かれた作品のみが後世に伝えられるだろう」）。この解釈は『演説』で没個性的様式を強く賛美していることと一致している。この点を G. Pucci, *Il passato prossimo*, cit., p. 120.は誤解している（他の部分は称賛に値する）。

48 Ph. Junod, *Future in the Past*, in "Oppositions", 26 (1984), p. 49.

49 Cfr. D. Irwin, *John Flaxman*, New York 1979, pp. 204–215.

50 M. Praz, *Gusto neoclassico*, Milano 1990, p. 67. 全般的には Cfr. S. Symmons, *Flaxman and Europe. The Outline Illustrations and Their Influence*, Ph. D. diss., New York-London 1984.

51 D. e E. Panofsky, *Pandora's Box*, New York 1962, pp. 92–93（ドラ及びエルヴィン・パノフスキー『パンドラの箱』阿天坊耀他訳、美術出版社）; G. Previtali, *La fortuna dei primitivi. Dal Vasari ai neoclassici*, Torino 1989 (nuova ed.), pp.169–170.

52 Vedi anche J. Flaxman, *Lectures on Sculpture… as Delivered by Him Before the President and Members of the Royal Academy*, London 1829, pp. 201–202: "In our pursuit of this subject we are aware of the propensity to imitation common in all, by which our knowledge of surrounding objects is increased, and our intellectual faculties are elevated; and we consequently find in most countries attempts to copy the human figure, in early times, equally barbarous, whether they were the production of India, Babylon, Germany, Mexico, or Otaheite. They equally partake in the common deformities of great heads, monstruous faces, diminutive and mis-shapen bodies and limbs. We shall, however, say no more of these abortions, as they really have no nearer connection with style, than the child、s first attempts to write the alphabet can claim with the poet's inspiration, or the argument and description of the orator".

53 Ivi, pp. 196–199. E. H. Gombrich, *From Archaeology to Art History. Some Stages in the Rediscovery of the Romanesque*, in *Icon to Cartoon. A Tribute to Sixten Ringbom*, a cura di M. Terttu Knapas e Å. Ringbom, Helsinki 1995, pp.91–108, 特にp. 96.はこの文章を見逃していない。

54 *Choice Examples of Wedgwood Art. A Selection of Plaques, Cameos, Medallions, Vases etc., from the Designs of Flaxman and Others. Reproduced in Permanent Photography by the Autotype Process, with Descriptions by Eliza Meteyard, Author of the "Life of Wedgwood", etc.*, London 1879; また展覧会のカタログ *John Flaxman, Mythologie und Industrie*, Hamburg 1979. も参照のこと。

55 D. Irwin, *John Flaxman…*, cit., p. 207.

56 G. W. F. Hegel, *Vorlesungen Über die Aesthetik*, Frankfurt a. M. 1970, I, pp. 105–106. 衆知のように、この講義は、一八一七年から二九年にかけて学生によって筆記されたノートをもとに、一八三六年から三八年にかけて初めて刊行された。

57 H. Heine, *Französische Maler. Gemäldeausstellung in Paris 1831*, in Id., *Historisch-kritisch Gesamtausgabe*, 12/1, a cura di J.-R. Derré e C. Giesen, Hamburg 1980, p. 24. R. Bianchi Bandinelliはこの文章をFriedrich Schlegelに関連させて引用している（*Introduzione all'archeologia*, Bari 1975, p. 100, nota 84)。 Cfr. W. Rasch, *Die Pariser Kunstkritik Heinrich Heines*, in *Beiträge zum Problem des Stilpluralismus*, cit., pp. 230–244.

58 E. Delacroix, *Œuvres littéraires*, I, Paris 1923, pp. 23–36: Questions sur le Beau. Cfr. pp. 37–54: *Des variations du Beau* (1857).

59 C. Baudelaire, *Curiosités ésthétiques, l'Art romantique et autres œuvres critiques*, a cura di H. Lemaître, Paris 1962, pp. 215–216:

60 Ivi, p. 213: ボードレールとハイネに関しては. C. Pichois, *La littérature française à la lumière du surnaturalisme*, in *Le surnaturalisme français. Actes du colloque...*, Neuchâtel 1979, p. 27.を参照のこと。 さらにはH. Heine, *Historisch-kritisch Gesamtausgabe*, cit., 12/2, p. 566.に関する見解も参照のこと。

61 C. Baudelaire, *Curiosités ésthétiques...*, cit., p. 217: .

62 Ivi, p. 238, nota 1, p. 904, nota a p. 219 (*recte* 217).

63 Ivi, p. 219.

64 これは G. Semper, *Wissenschaft, Industrie und Kunst*, Braunschweig 1852 (cfr. H. E Mallgrave, *Gottfried Semper, Architect of the Nineteenth Century*, New Haven-London 1996, pp. 156–157). につけられた出版予告という形で発表された。

65 G. Semper, *London Lecture of November 11, 1853*. J. Rykwertの序文、H. F. Mallgraveの解説とともに"Res", 6, Fall 1983, pp. 5–31.で発表された。

66 Ivi, p. 8.

67 Ivi, pp. 26–27.

68 G. Morelli, *Della pittura italiana. Studii storico-critici. Le gallerie Borghese e Doria-Pamphili in Roma*, Milano 1991, pp. 494–503, へのあとがきで、J. Andersonは、キュヴィエの重要性を強調して、私の論文「徴候」を批判している。だが *Miti emblemi spie*（『神話・寓意・徴候』）、Torino 1986, pp. 183–184.でのキュヴィエの引用と、それへの意見を見るべきである。

69 G. Semper, *London Lecture of November 11, 1853*, cit., pp. 11–12.

70 G. G. Scott, *Remarks on Secular & Domestic Architecture, Present & Future*, London 1858², pp. 11, 16, 263（傍点は原文通り）。

71 Gustav Klemm の人種理論は（cfr. H. F. Mallgrave, *Gustav Klemm and Gottfried Semper: the Meeting of Ethnological and Architectural Theory*, in "Res", 9, Spring 1985, pp. 68–79）ゼンパーに影響を及ぼさなかった。

72 G. Semper, *Der Stil in der technischen und tektonischen Künsten*, II München 1879, pp. 1–5. ゼンパーは同じ例を初めてのロンドン講演で使った。"Res", 6, Fall 1983, pp. 9–10.

73 C. Schorske, *Fin-de-Siècle Vienna*, New York 1980, pp. 101–104.（ショースキー『世紀末ウィーン――政治と文化』安井琢磨訳、岩波書店）。

74 A. Riegl, *Stilfragen.*（リーグル『美術様式論』長広敏雄訳、岩崎美術社）。「芸術意欲」（*Kunstwollen*）については M. Olin, *Forms of Representation in Alois Riegl's Theory of Art*, University Park, Penn. 1992, p. 72.を参照のこと。

75 W. Hofmann, *Gustav Klimt und die Wiener Jahrhundertswende*, Salzburg 1970.

76 M. Olin, *Forms of Representation*... cit., M. Iversen, *Alois Riegl: Art History and Theory*, Cambridge, Mass. 1993.

77 A. Riegl, Spätrömische Kunstindustrie, p. 86:「古代芸術の必要な変遷の最終段階」。

78 W. Sauerländer, *Alois Riegl und die Entstehung der autonomen Kunstgeschichte am Fin-de-Siècle*, in *Fin de siècle. Zu Literatur und Kunst der Jahrhundertswende*, Frankfurt a. M. 1977, pp. 125–139.

79 A. Riegl, *Historische Grammatik der bildende Künste*, a cura di K. M. Swoboda e O. Pächt, Graz 1966.

80 Ivi, p. 261, nota 21. Lüger に関しては C. Schorske, *Fin-de-Siècle Vienna*, cit., pp. 133–146.を参照のこと。

81 Cfr. M. Olin, *The Cult of Monuments as a State Religion in Late 19th Century Austria*, in "Wiener Jahrbuch für Kunstgeschichte", XXXVIII (1985), pp. 199–218. オリンは、名前を明かさないある読者が美術史家のフランツ・ヴィクホフに送った、攻撃的な反ユダヤ主義的手紙を解説を加えずに引用し、リーグルの穏健で普遍主義的な態度と、キリスト教社会主義党の人種差別的政策との間に開きがあった可能性を強調している（pp. 196–197）。

82 A. Riegl, *Grammatica storica*..., cit., p. 77; Id., *Industria artistica*..., cit., p. 149 nota. リーグルの範疇がもつ人種的意味については、J. von Schlosser, *La scuola viennese* [1934] (in Id., *La storia dell'arte*..., cit., p. 125) の不安に満ちた見解を参照のこと。ゴンブリッチはより冷然たる調子で見解を述べている。「自分の時代の子であったリーグ

ルは、人種的要素が様式の発達へ及ぼす影響に疑いをもたなかった」（*The Sense of Order*, p. 184).

83　ヴォーリンガーが作り上げた「抽象化」と「感情移入」の対立の理論に見られる矛盾は（同名の本（一九〇八）を参照のこと。）E. Panofsky, *Der Begriff des Kunstwollens* (tr. it. *La prospettiva come "forma simbolica"*, Milano 1961, p. 175 nota 7) によって批判された。しかしヴォーリンガーの区別は、リーグルが練り上げた対立をかなり短絡的に発展させたものである。例えばエジプト美術のように、「事物の客観的な物質的見方」に緊密に結びついた美術への言及を参照のこと (*Industria artistica*, cit., p. 113)。

84　W. Worringer, *Formprobleme der Gotik* (1911); 私は第二版を参照した。München 1912, p. 97. Cfr. N. H. Donahue, *Forms of Disruption. Abstraction in German Modern Prose*, Ann Arbor 1993, pp. 13–33.

85　W. Worringer, *Formprobleme*..., cit., pp. 126–127.

86　P. Feyerabend, *Wissenschaft als Kunst. Eine Diskussion der Rieglschen Kunsttheorie verbunden mit dem Versuch, sie auf die Wissenschaft anzuwenden*, in *Sehnsucht nach dem Ursprung. Festschrift für Mircea Eliade*, a cura di H. P. Duerr, Frankfurt a.M. 1983 (私はイタリア語版 *Scienza come arte*, Roma-Bari 1984, pp. 93–161 と縮小版 *Science as Art: An Attempt to Apply Riegl's Theory of Art to the Sciences*, in "Art + Text" 12–13 (1983), pp. 16–46を参照した)。

87　P. Feyerabend, *Agairist Method.*（ファイヤアーベント『方法への挑戦』村上陽一郎他訳、新曜社）。

88　P. Feyerabend, *Scienza come arte*, cit., p. 118.

89　Ivi, p. 156.

90　Ivi, p. 51 nota 29. そのリストにはリーグル以外に、E・パノフスキー、B・スネル、H・シェファー、V・ロンギが含まれている。リーグルとパノフスキーはあとがきで付け加えられている。後の三人の名前は *Against Method* (1970) in P. Feyerabend, *Killing Time*, Chicago 1995, p. 140 との関連で言及されている。

91　*Quantitativer and qualitativer Fortschritt in Kunst, Philosophie und Wissenschaft*, in *Kunst und Wissenschaft*, a cura di P. Feyerabend e Ch. Thomas, Zürich 1984, pp. 217–230, では、ヴァザーリはある意味ではリーグルの先駆者と考えられている。リーグルの名があげられていないのは、おそらくファイヤアーベントがまだその著作を知らなかったからだと思える。

92　ファイヤアーベントがドイツの降伏を知ったときの自分の反応を語る様は啓示的だ。「私はほっとした。それと同時に、ある種の喪失感も感じた。私は、ナチズムの掲げた目的を受け入れたことは一度もなかった（そもそもそれらが何であるかさえ、ほとんど知らなかった）し、また何者かに忠誠を誓うという気持ちは、およそ私のなかにはなかった」 *Killing Time*, cit., p. 55.（ファイヤアーベント『哲学、女、唄、そして……』村上陽一郎訳、産業図書）。彼がその前に語っていることに照らせば、こうした言明は信じがたく見える。彼は『我が闘争』を家族の前で大声で読み、ナチにあいまいな態度を取り、ＳＳに入りたいと思ったりしたのである。

93 Ivi, p. 45.

94 Ivi, pp. 47–50.「私は完全な講義録を持っている」とファイヤアーベントは書いている。「縦横一五センチと二〇センチのノートである。これは奇跡的な事である。そうした記録を作り残すという習慣を私はまるで持っていないからである」(p.53)。

95 J. Agassi, *Wie es Euch gefällt*, in *Versuchungen. Aufsätze zur Philosophie Paul Feyerabends*, a cura di H. P. Duerr, I, Frankfurt a.M. 1980, pp. 147–157,とファイヤアーベントの答え(*Scienza come arte*, cit., pp. 83–85)を参照のこと。ファイヤアーベントのアウシュヴィッツに関する見解は、私には非常に不快に思える。

96 展覧会のカタログ *Degenerate Art*, tenutasi nel 1993 al Los Angeles County Museum.を参照のこと。ファイヤアーベントが画家になりたかったという願いについては *Killing Time*, cit., p. 43を参照のこと

97 W. Sauerländer, *Alois Riegl*, cit., p. 432,は「歴史の耽美主義化」について語っている。

98 H. F. K. Günther, *Rasse und Stil. Gedanken über die Beziehungen im Leben und in der Geistesgeschichte der europäischen Völker, insobesondere des deutschen Volkes*, München 1926 (Worringer, *Formprobleme der Gotik*についてはp.56に言及がある)。ギュンターについては長大な賛辞 L. Stenel von Rutowski, *Hans F. K. Günther, der Programmatiker des Nordischen Gedankens*, in "Nationalsozialistische Monatshefte", Heft 68, Nov. 1935, pp. 962–998; Heft 69, Dec. 1935, pp. 1099–1114.を参照のこと。

99 A. Hitler, *Die deutsche Kunst als stolzeste Verteidigung des deutschen Volkes*, in "Nationalsozialistische Monatshefte", vol. 4, n. 34, ottobre 1933, p. 437.(S. Friedländer, *Nazi Germany and the Jews*, I, New York 1997, p. 71.に部分的な引用がある)。小冊子 "Nationalsozialistische Monatshefte" dell'ottobre 1933 の大部分は第三帝国の芸術にあてられている。

100 P. Feyerabend, *Against Method*, cit.

101 P. Feyerabend, *Scienza come arte*, cit., pp. 31–33.にある当惑させるような見解を参照のこと。

102　一八四〇年頃、T. L. Donaldsonは、建築様式が「文学の言葉」と比較しうると書いた。「いかなる言葉もそうであるように、様式もその特異の美、その独特の適合性と力を持たないものはない。安全に退けられるものはないので［…］建築家はその経歴の非常事態により適合する。それは古典様式の尊厳、ゴシックの荘厳、ルネサンスの優雅さ、アラブ様式の輝く奇想を支配できる」（H. F. Mallgrave, *The Idea of Style: Gottfried Semper in London*, diss. 1983, p. 199より引用）。この対比は、少なくとも前述のカスティリオーネの文章（*Il Cortegiano*, cit., pp. 92–93)から出発して、長い歴史を持っている。

103　S. Weil, *Quaderni*, a cura di G. Gaeta, Milano 1991, II, pp. 152, 176. この文章の重要性は P. C. Bori, *Per un consenso etico tra culture*, Genova 1991, p. 29.によって強調されている。

104　T. W. Adorno, *Minima moralia*, tr. it. di R. Solmi, Torino 1954, pp. 71–72, aforisma 47, *De gustibus est disputandum*（全文引用される価値がある）。

105　P. Holdengräber, "*A Visible History of Art*": *The Forms and Preoccupations of the Early Museum*, in "Studies in Eighteenth-Century Culture", 17(1987), p.115.

106　R. Longhi, *Critica d'arte e buongoverno*, in Id., *Opere complete*, XIII, Firenze 1985, pp.17–18.

107　Aristotele, *Peri hermeneias*, 18a9–18（『命題論』）に基づいた区別はボエティウスの翻訳によって広められた。本書第二章を参照のこと。

108　E. H. Gombrich, *Arte*, cit., pp. 5–6.

第七章　距離と眺望
――二つの隠喩*

一九九四年に、ニューヨーク大学の理論物理学教授アラン・ソーカルは、「ソーシャル・テクスト」誌に、書誌的言及に満ちた長大な論文、「境界を超える――量子論的重力の変形的解釈学に向けて」を発表した。その少し後で、その論文は今日哲学者、人類学者、文芸評論家、歴史家（科学史家も含む）の間で流行している、急進的な相対主義的立場の辛辣なパロディーにほかならないことを、ソーカル自身が明らかにした。この一件は国際的に大きな反響を呼び、「ニューヨーク・タイムズ」紙や「ル・モンド」誌の一面で取り上げられた。ニューヨーク大学で哲学を講ずるポール・ボゴシアンは、「タイムズ・リテラリー・サプルメント」誌に掲載した記事「ソーカルの悪ふざけが教えるべきもの」で、ある例をあげてソーカルの標的を明らかにした。それはポストモダニズムの追随者である相対主義者たちの立場である。ボゴシアンによると、相対主義者にとって、アメリカ大陸の最初の住民の起源について考古学者の書いていることは、ズニ族のようなアメリカ・インディアンの住民に流布している神話と、真実性において変わりがないのである。ボゴシアンはこう論じている。

この結論は受け入れがたい。なぜなら二つの解釈が矛盾するからだ。初めの解釈によると、アメリカ大陸の最古の住民はアジアからやってきた。第二の解釈によると、精霊の地下世界からやってきた。ある仮説とその正反対の仮説がともに真実であることは可能なのだろうか？ 私が地球は平らだと言い、別のものが丸いというなら、両者とも正しいのだろうか？ ［…］ ポストモダニズムの追随者はこうした論議に対して、ある特定の眺望にかかわるがゆえに、双方の主張は正しい可能性がある、そして真実性についてはある特定の眺望に関連させなければ語り得ない、と論駁する。こうしてズニ族の眺望によれば、アメリカ大陸の初めての住民は地下世界から来たのであり、西欧の科学的眺望のもとでは、初めての住民はアジアから来たのである。それぞれの眺望からすると、双方の主張は真実なので、双方とも真実であるということになる。[1]

私はポストモダニズムの追随者の懐疑主義的結論に対する、ソーカルやボゴシアンの批判的立場を支持する。しかしボゴシアンが相対主義者の視点を提示したやり方は短絡的に思える。真実と眺望を結びつける論議は、隠喩的要素と歴史的要素の双方を検討する、より真剣な分析に値するのであり、それはポストモダニズムよりもずっと前に始まっている。[2] 私は古代末期（第一の例）

と近代（他の二つの例）に見られた、三つの決定的な挿話を取り上げる予定である。

I

過去に比べると、最近の数十年間は、歴史と記憶と忘却との関係が非常に熱心に論議されてきた。その理由は、様々な方面から言われてきたが、多岐に渡っている。ヨーロッパのユダヤ人虐殺の証人の最後の世代が、肉体的に消えつつあること。アフリカ、アジア、ヨーロッパに新旧のナショナリズムが出現したこと。歴史への冷ややかな科学的態度に対する不満の増大、などである。こうしたことはみな否定しがたく、それ自体で、記憶を、現在よりもよりゆるやかな歴史的見方に入れる試みを正当化する。しかし記憶と歴史は必ずしも収斂するものではない。ここで私は異なった、正反対の主題を前面に出したい。それは記憶を歴史に還元する不可能性である。

ヨセフ・イェルシャルミはその『ユダヤ人の記憶　ユダヤ人の歴史』で、二重の逆説を分析した。

ユダヤ教はいつの時代でも歴史の意味に心を奪われていたが、歴史記述自体はユダヤ人の間ではせいぜい付随的な役割しか果たさなかったし、何の役割も果たさなかったこともよくあった、そして過去の記憶はつねにユダヤ人の経験の中心的構成要素であったのに対して、歴史家はその主たる後見人ではなかった、ということを同時に理解する企てこそが本書の核心である。[3]（木村光二訳、晶文社）

ユダヤ人は一方では歴史の意味を探る預言者を通じて、もう一方では儀礼によって伝えられる集団の記憶を通じて、過去との根本的関係に入っていた。そして儀礼は、

> 遠くからじっと見つめるべき一連の事実などではなく、人がいくぶんかは存在的に魅きつけられた一連の状況だった、ということを示す十分な手がかりがある。このことはおそらく、ユダヤ人の集団の記憶——過越祭のセデル（宴）の実践の精髄のなかに、もっとも明確に表れているかもしれない。［…］セデル全体が歴史的なシナリオのひとつの象徴的演技になっており、そのシナリオの中の三つの重大な行為——奴隷、解放、そして最終的な救済——が、大声で朗読されるハガダー（説話）を構成している。（木村光二訳、晶文社）

イェルシャルミは結論を述べる。聖書的、ラビ的伝統を顕著に性格づけている、反歴史的とは言わないまでも、非歴史的態度は、

> 活力に満ちたユダヤ人の過去を世代から世代へと伝えることを妨げはしなかった。それゆえ、ユダヤ教は歴史との結びつきを失わなかったし、その根本的な歴史的方向性をも失わなかったのである[4]（木村光二訳、晶文社）。

ここでは「歴史」は過去《レス》の体験《ゲスタエ》を意味するのであり、冷然とした《ヒストリア》過去《レルム》の知識《ゲスタルム》を意味するのではない。イェルシャルミは意味深長にもこう書いている。セデルの儀礼では、

記憶は［…］まだ距離感覚を保持しているが、もはや思い出ではなく、再現実化となっている[5]（木村光二訳、晶文社）。

自明のことだが、この結論は単にユダヤ教的伝統にのみ関係するものではない。いかなる文化の中でも、儀礼、儀式、あるいはそうした出来事で伝達される集団の記憶は、過去とのつながりを強化するものであり、それと私たちを隔てる距離について、明白な省察を含むわけではない。しかし普通私たちは、こうした過去との距離についての省察を歴史の出現に結びつけている。歴史とは、とりわけ記憶に値する出来事の情報を、記録し保存する目的を持つ文学上のジャンルである。「歴史」がギリシア語で探求《イストリア》を語源としているのは偶然ではない。長い間、トゥキュディデスは科学的探究者としての、歴史家の原型とみなされ、そのペロポネソス戦争の叙述は中立的、客観的な態度の至上の例とされてきた。だが最近になって、自分が語る事件に巻き込まれていた観察者としての、トゥキュディデスの役割が明るみに出された。「トゥキュディデスの歴史的眺望」という論文は、トゥキュディデスがアテネとスパルタの破滅を遠い未来に投影した有名な文

章（I, 10, 2）が、彼の作品の大部分を生み出した視点の産物であると主張している。つまりアテネが前四〇四年にこうむった敗北である。[6] これによりトゥキュディデスはポリスがいつか滅亡することを学んだのだった。

だがやや細部にこだわれば、古代ギリシアでは眺望に相応する言葉がなく、また一五世紀のフィレンツェで発明され理論化されたものに相当する応用例もなかった、と反論できるだろう。[7] もちろんトゥキュディデスが一見して冷然とした記述に、自分が主観的に巻き込まれていたことを（普通は暗黙裡にだが）示唆している文章に、「眺望」という言葉を適用することを妨げるものは何もない。だがこうした文章も、ボゴシアンが批判したポストモダニズム的考えからは非常に遠いところにある。つまりアメリカ大陸の最初の住民の起源に関する解釈が「それぞれの眺望からすると、双方の主張は真実なので、双方とも真実であるということになる」という考えである。この種の考えの遠い起源は、今後示そうと思うのだが、ユダヤ教ともギリシアとも違う伝統に由来するのである。

記憶と儀礼に戻ろう。より正確に言うと、この二つの要素の関係が特に明らかな場合にである。イエスは死ぬ前に、過越の祭りを祝うにあたって言った。「これは、あなたがたのために与える、わたしのからだです。わたしを覚えてこれを行いなさい」（ルカの福音書、22, 19）。これらの言葉は、指摘されているように、確かにユダヤ的伝統に合致していた。[8] しかしパウロは「コリント人への手紙第一」でこれらをやや形を変えて引用しながら、根本的な読みかえを行った。つまりキリストの身体を、後に神秘の身体《コルプス ミュスティクム》と定義づけられたものに、すべての信者が組み入れられたものに変えたのだった。

> 私たちが祝福する祝福の杯は、キリストの血にあずかることではありませんか。私たちの裂くパンは、キリストのからだにあずかることではありませんか。パンは一つですから、私たちは、多数であっても、一つのからだです。それは、みなの者がともに一つのパンを食べるからです。（「コリント人への手紙　第一」10, 16–17）

「みなの者が」とは、「ガラテヤ人への手紙」（3, 28）に書かれているように、人種的、社会的、性的特性のすべてが消え去ることを意味していた。

> ユダヤ人もギリシア人もなく、奴隷も自由人もなく、男子も女子もありません。なぜなら、あなたがたはみな、キリスト・イエスにあって、一つだからです。[9]

この普遍的眺望において、過去との関係は、特にユダヤ教的過去との関係は新たなる形を取った。この問題は、アウグスティヌスにより、『三位一体論』（XIV, 8, 11）の中で、人間の心にある神の像（似像）の種に関して、一般的な用語で提起された。

それらは一定の場所にあるものが、時間において移り去って行くのである。たしかに移り去ったものはそれ自体はもはや存在しないで、移り去ったものの或る徴しにおいて存在する。私たちはこの徴しを見たり聞いたりすることによって何がかつて存在し移り去ったのか知ることが出来るのである。この徴しは死者の碑やその類いのように一定の場所に置かれるか、あるいは重要な、また検証された権威を持つすべての歴史のように信じるに値する文書においてか、あるいはすでにそれらを知った人々の精神の中にある。[10]（中沢宣夫訳、東京大学出版会）

私たちの頭の中で表象（徴し）を支配している力は記憶である。アウグスティヌスはこの主題を『告白』第一〇巻で感嘆すべき深さまで掘り下げた。しかし注記されたように、アウグスティヌスの著作では、記憶は（私たちにはさほど自明でない）他の意味も持っている。この言葉は殉教者の墓を指し、上記の引用箇所では一般的な死者の墓、聖遺物、聖遺物入れ、典礼記念祷を指す。[11]こうした表象はすべて「聖人の教会」に結びついていた。アウグスティヌスは『詩篇講解』（149, 3）でそれを以下のように定義している。

それ自体が見えるようになる前に、神が象徴で予示したものが、聖人たちの教会である。神はそれをすべての人が見られるように、あらゆる人に開示した。聖人たちの教会はかつては書かれた写本に閉じこめられていたが、今は人々の間に広まっている。聖人たちの教会はかつては読書の対象のみであったが、今は読むことができるし、見ることもできる。ただ読書の対象だけであった時は、それを信じていた。今ではそれが見える。そして矛盾が生じている。[12]

「聖人たちの教会はかつては書かれた写本に閉じこめられていたが、今は人々の間に広まっている」。アウグスティヌスの同時代人であるアクイレイアのニケタ（三四〇—四一四頃）は、旧約聖書と新約聖書の連続性を、聖なる書物で読みとれるものと実際に体験できるものとの連続性を、さらにはっきりと強調している。

あらゆる聖人の集合体でないとしたら、教会とは何だろうか？　世界の初めには父祖のアブラハム、ヤコブ、イサクがいた。そして預言者たち、使徒たち、殉教者たちもいた。さらには義者たちもいて、今もおり、将来も存在するだろう。これらが唯一の教会である。なぜなら同じ信仰、同一の生き方で聖化され、唯一の聖霊の目印を付けられているからだ。彼らは唯一の体を形成し、その頭は、書かれている通り、キリストである。[13]

アウグスティヌスの思想では、ユダヤ教的過去とキリスト教的過去は普通「文飾」の概念で結ばれていた。[14]アウグスティヌスは論文「キリスト教の教え」で、福音書の理解が難しい箇所を解明するのに、この根拠を用いた。例えば「人の子の肉を食べ、またその血を飲まなければ、あな

たがたのうちに、いのちはありません」という「ヨハネの福音書」(6, 53)の一見すると恐ろしい言葉は、

比喩的なのである。これは主の苦難にあずかり、主の体がわれわれのために十字架にかかって傷をうけられたことをよろこびをもって、救いに役立つように銘記すべきであると命じているのである。[15](加藤武訳、教文館)

しかし「キリスト教の教え」の別の箇所で、アウグスティヌスは聖書の文飾的、比喩的解釈の行き過ぎを指摘している。私たちは自分たち読者の生きている時代や場所の習慣を聖書に投影するのに注意しなければならない、と彼はいましめている(III, X, 15)。

ところが人類は罪を欲情の重さでよりも、習慣の重さによって測る傾向がある。そこでだれしも自分が住んでいる地域とか、自分と同時代の人々がふつう批判し非難することだけが罪があると、見なすべきであると思う。そして自分といっしょに生きている人々の習慣が認めることだけを承認し、賞賛すべきであると思いこんでしまう。そこから聖書が聴衆の習慣と離れていることを命じたり、習慣から離れていないことを罪とする時、しかも他方ではみことばの権威が聴衆の心をとらえた場合、それは比喩的表現なのであろうと思ってしまうことがよくある。しかし聖書は愛しか命じない。[16](加藤武訳、教文館)

この原則は以下のことを内包している。

だから、なにが時と所と人にかなっているかを注意深く見とどけて、恥ずべきこととして軽率に非難することがないように心掛けるべきである。[17]（加藤武訳、教文館）

ある場合には、私たちは聖書を文字通りにも、文飾的にも読まなければならない、なぜなら当時とは習慣が違っているからだ、とアウグスティヌスは述べている（III, XII, 20）。

昔の義者たちは地上の国を手がかりとして天上の国を想像し予告していた。一人の男性が同時に多くの女性を所有する習慣は、子供を沢山儲けるためならば咎められるものではなかった。［…］聖書の中でそのように叙べられていることはすべて、事実として、文字通りに受け取るべきでなく、比喩として、また預言的に受け取るべきである。そして神への、あるいは隣人への、あるいは神と隣人への愛というあの目的にまで到達するように解釈すべきである。[18]（加藤武訳、教文館）

聖書を預言的にも歴史的にも読むように強いたのは、人間の歴史に神が合わせたためである。[19]
ユダヤ人の犠牲に対するアウグスティヌスの態度は、父祖たちの一夫多妻制に関して表明された、時代と状況で習慣を判断する必要性に着想を得たものである。かつてローマの元老院議員ウォルシアヌスが挑発的質問を投げかけてきた。神がキリスト教徒の新しい犠牲を受け入れ、かつての犠牲を拒絶するなど、どうして可能なのか？　神が意見を変えたのか？　アウグスティヌスは皇帝の代表委員フラウィウス・マルケリヌスに答えるにあたって、再度人類への神の適合を用いた。[20]彼はこう書いている。

その問題には広い含みがある。目の見えるものは、いたるところに見られる、美しいものと適合するものとの違いの考察を軽蔑しないことから、それが分かる。醜いもの、異様なものに対立する美は、それ自体で考慮され、賛美される。一方、不適合なものに対立する適合するものは、他のものに依存し、結びつけられているとも言うべきで、それ自体では判断されず、結びつけられている事物との関係で判断される。もちろん穏当な、非穏当な、も同じことで、同じように考えられる。さて、今までの考察を、今論じている問題に適用してみよう。神がかつて命じた犠牲は過去には適合していたが、今はそうではない。なぜなら今の時代に適合した他の犠牲を定めたからである。神は流動する事物の不変の創造者、仲裁者であり、それぞれの時代にふさわしいものを人間よりもはるかに良く承知していて、ある時期に与え、付け加え、取り去り、削除し、増やし、減らすべきものを熟知している。そして時代に適合したものが微粒子をなす、出来事のすべての過程の美しさが、とらえがたい音楽家の荘重なコンサートになるように、そして神にしかるべき敬意を示すものが、信仰の時にも、美の永遠の瞑想に移れるように配慮しているのである。[21]

この基本的な文章を理解するためには、アウグスティヌスの初めての著作が、シリアに生まれ、ギリシアで教育を受けたローマ人雄弁家に捧げられた論文「美と適合について」であったことを思い出す必要がある（『告白』IV, XIII, 20）。アウグスティヌスは『告白』で、当時散逸し、再生されなかったこの論文の内容に言及し、そのマニ教的視点を懐古的に批判している（IV, XV, 4）。題名と簡潔な言及から分かるように、論文は美（**pulchrum**）と適合（**aptum** あるいは **accommodatum**）の差異を論じている。[22] この差異はプラトンが『大ヒッピアス』で論じているのだが、疑いもなくプラトン的伝統の中に入っていた。しかしアウグスティヌスはギリシア語をほとんど知らなかったので、青年時代に熱心に読んだキケロの著作でこの主題に間接的に接したに違いなかった。[23] アウグスティヌスはすでに言及している文章で、キケロが『弁論家について』で展開した長い論議の影響を示している。しかしキケロはプラトンにうやうやしく言及しながら論文を始めたものの、決定的に反プラトン的方向に論を発展させた。[24] キケロは以下のように述べながら始めている。

わたしが思うに、およそ自然界に存在するもので、各々の類の中に、互いに異なっていながら、まったく類似した特質をもつものと見なされる多くの種を含まないようなものはない。[25]（大西英文訳、岩波書店）

この一見して無害な原則は、初めは視覚的、言語的芸術に、後には修辞学に投影され、文学的、あるいは修辞学的種類の概念を個人的様式と呼ばれるのに近いものに変えてしまった。[26] アイスキュロス、ソフォクレス、エウリピデスといった詩人の卓越性は比類がない。完璧性は個々の芸術家が彼に特有の方法で完成した。しかし結局のところ、とキケロは言う。

あらゆる国の現在の弁論家も過去の弁論家もすべて考慮の対象にしてみるとき、どのようなことが言えると君たちは考えるだろう? ほとんど弁論家の数だけ(理想の)弁論の流儀が見いだせる、ということになりはしないか。(大西英文訳、岩波書店)

完璧なジャンルは存在しない、とキケロは結論を出す。雄弁家はその時々に、状況に適したものを選ぶべきである。

アウグスティヌスは初めは学生として、後には修辞学の教授をしながら、適合(aptumあるいはaccommodatum)という専門用語を学んだ。この言葉はギリシア語の適合(πρέπον)のラテン語訳である。[27] アウグスティヌスのキリスト教神学の展開は修辞学教育に強く影響されていた。そのことは特に彼の神的適合の概念に関してあてはまる。それがとりわけ修辞学に起源を持つことは、ローマの元老院議員ウォルシアヌスへの間接的答えがはっきりと示している。アウグスティヌスはキリスト教徒とユダヤ教徒の関係を分析するにあたって、青年時代に普遍的美(pulchrum)

と適合（aptum）の関係を省察した概念的枠組みを用いた。キケロは視覚的、言語的芸術において、卓越と差異は両立不可能ではないと強調した。しかしキケロの論議は、「現在、及び過去の、すべての雄弁家」という指摘はあるものの、実質的には非歴史的なものだった。アウグスティヌスは同じモデルを使いながら、それを時間的次元に投じた。自然も人間の営みも「変化する、だが変化する物事の原因である神の摂理の規定は不変である」[28]。ここからアウグスティヌスは歴史的時間に移行し、神を「流動する事物の不変の創造者であり、仲裁者である」と記述し、「とらえがたい音楽家」であるとしている[29]。キケロの芸術や詩の本性に関する省察は、人間の出来事の流れの美しさを賞賛する道を開いた。アウグスティヌスはそれを甘美な歌に例えた。これは神の不変性と歴史の変化を、かつてのユダヤ人の犠牲の真実性と、それを乗り越えたキリスト教の秘跡を調停するのを可能にした隠喩だった。

トゥキュディデスからポリュビオスにいたるまで、古代の歴史家は人間の本性の不変を強調しながらも、制度や習慣は変化することを理解していた。アウグスティヌスもこの点を意識していた。『キリスト教の教え』（III, 12, 19）で彼はこう書いている。「古代ローマ人は袖があり、すそが足まで届くチュニカを着るのを恥ずかしいとしていた。しかし今では、良き身分のものは、そうでないチュニカを着るのが恥ずかしいと思っている」。これは陳腐な見解ではない。この歴史的変化の例が、父祖の一夫多妻制を受容し、強調する道を開いたからだ[30]。アウグスティヌスは一般的にはユダヤ教的過去を特殊な事例と見ており、キリスト教的現在に類推的ではなく、類型学的関係で結びついていると考えていた。[31] しかし彼は文飾的読解という枠組みを構成する観念――つまり旧約聖書は真実であり、乗り越えられている――を表現するために、キケロの論議に向かった。それによれば、芸術的卓越は本質的に比較に無関心なのである。

「もしヘロドトスが歴史の父であったなら、歴史に初めて意味を与えたのはユダヤ人であった」とイェルシャルミは書いている。[32] しかしギリシア人もユダヤ人も、私たちに親しみ深い、歴史的眺望という概念に匹敵するものを持っていなかった。[33] ただアウグスティヌスのようなキリスト教徒だけが、キリスト教徒とユダヤ教徒の、旧約聖書と新約聖書の宿命的関係を考察して、(ヘーゲルの止揚という概念をへてだが)歴史意識の決定的要素となる考えを形成することができた。それはこうしたものである。過去はそれ自身の状態で理解されるべきであり、また最終的分析で私たちのもとにまで達する鎖の輪としても理解されるべきである。[34] 私はこの両面性の中に、キリスト教徒のユダヤ人に対する両面性の世俗化された投影を見るべきだと思う。

Ⅱ

アウグスティヌスは人間の出来事の流れの美しさを、調和のとれた音の多様性に基づいたメロディーに例えた。彼は『真の宗教について』で、世紀の変遷はだれもその全体を聞き取ることができないメロディーのようだとしている。[35] これは『告白』で、時間に関する考察に音楽が重要性を持ったことを思い出させる。信仰は聴取に基づいている。このためにアウグスティヌスは人間の歴史、信仰の時、聴取の時を、永遠に、つまり時のない神の瞑想に対置することができた。[36]

だが私たちはアウグスティヌスの聴覚的隠喩を、距離と眺望を中心にする視覚的隠喩に翻訳する誘惑に、抗しがたいほど駆られてしまう。この感覚上の逸脱の理由ははっきりしている。印刷術は図像や本を非常に近づきやすいものにし、視覚の勝利と呼ばれるもの、あるいは最近では「近代の視野体制」と呼ばれるものに寄与した。[37] しかしこうした不明確な範疇が、私たちの視覚的隠喩への好みを説明できるのか、疑問に思える。より刺激的なのは、パノフスキーが繰り返し強調した対比である。つまりルネサンス期のイタリアで発明された線的遠近法（パースペクティヴ）と、同時期に現れた、過去に対する批判的態度との対比である。[38] 確かにこれは示唆的ではあるが、やはり一致でしかない。だがギゼラ・ボックは非常に秀逸な論文で、この二つの具体的な結びつきを、今までだれも探さなかったところに見つけた。それは『君主論』の献辞である。[39]

『君主論』は一五一三年から一四年にかけて書かれたが、マキャヴェッリの死後五年目の一五三二年に刊行された。そしてすぐに成功と紛糾の入り交じった名声に取り囲まれた。マキャヴェッリはそれを小冊子と呼んでいたが、それは元来はジュリアーノ・デ・メディチに捧げられていた。だがジュリアーノの死後、ロレンツォ・イル・マニィフィコの甥で、ウルビーノ侯であったピエトロ・デ・メディチに変更された。メディチ家の周辺で没後出版された『君主論』は、一五一九年に死んだウルビーノ侯への献辞をまだ収録していた。[40] この短いが、中身の濃い文章の中心には、マキャヴェッリのような卑しい生まれの私人にとって、君主の権力に基準を設けるのは、明らかに無謀な行為であるという自覚があった。マキャヴェッリは批判の可能性を予防するために、ある比較を行った。

私はまた仮にも身分の低く下賤な人間が身のほど知らずに君主たちの政策を論評し規定するのは出過ぎた真似だとする誇りは受け容れたくありません。なぜならば、風景を描こうとする者たちは低い平野に身を置いて山々や高地の特性を見極め、低地のそれを見極めるためには山々の上の高みに身を置きますが、まさにこれと同じように、人民の本性をよく知るには、君主であることが必要であり、また、君主たちのそれをよく知るには、人民であることが必要なのですから。[41]（河島英昭訳、岩波書店）

この文章には、「土地の」地図製作者であり画家であったレオナルドへの暗示があることが、明確に示されている。[42] 一五〇二年の一〇月から一二月にかけて、マキャヴェッリはイーモラにあったロマーニャ侯チェーザレ・ボルジャの宮廷に、フィレンツェ共和国の公式大使として滞在した。彼はそこで軍事技師として雇われていたレオナルドと会ったと思える。数ヵ月後、レオナルドはイーモラの地図を描いて、高みから土地を描く驚くべき能力の例を示した。
一五〇四年五月、マキャヴェッリは共和国文書局書記官の資格で、レオナルドに対する、フレスコ画代金の前払い書類に署名した。そのフレスコ画はシニョーリア宮殿の壁に描かれる予定で、フィレンツェの歴史のある挿話を、アンギアーリの戦いを主題としていた。フレスコ画は未完に終わり、今日では失われている。マキャヴェッリの秘書だったアゴスティーノ・ヴェスプッチが書いた戦闘の簡単な描写が、レオナルドのアトランティス草稿にある。だがあまりにも貧しい資料で、想像力を駆使しても全体像は得られない。だがマキャヴェッリの、「事物の実際の真実」に対する情熱は、想像だけによる理想国家について書かれてきたことへの侮蔑的言葉とともに（『君主論』一五章）、レオナルドの現実に対する冷然とした分析的態度に、着想を得ないまでも、力を得たと思える。[43]

その『君主論』一五章には有名な文章がある。「なぜならば、すべての面において善い活動をしたいと願う人間は、たくさんの善からぬ者たちのあいだにあって破滅するしかないのだから……」。現実は現実であるという悲劇的自覚は（しばしばシニズムと解釈されてきた）、分析的離脱を熱狂的に奨励することから生まれた。ここから「土地を描くものたち」との比較が生じ、暗黙裡に遠近法体験（視点への固執を通じて）との比較が生じた。視点の違いは、異なった政治的現実の表現を作り出すとマキャヴェッリは示唆している。君主や人民が自分の立場を表現する時、それは同じように限界を持つ。現実を外部から、遠くから見る時だけ、客観性が得られる。そして周縁的な、外縁的立場から、と付け加えることができるだろう。それは一五一三年から一四年にかけてのマキャヴェッリの立場だった。

ごらんの通り、私たちはアウグスティヌスのモデルからは非常に遠いところにいる。だがそれはマキャヴェッリの認知的隠喩が、聴覚ではなく、視覚に基づいているという理由からだけではない。それよりもはるかに重要なのは、真実（ユダヤ教）がより高次の真実（キリスト教）に通じているような神的適合に基づくモデルと、利害の衝突に基づいた、もっぱら世俗的なモデルとの対立である。[44] 政治的現実の表現がはらむ対立は、事物から、その本質的に衝突的な性質から生まれる。これは『君主論』の献辞に読みとれるように、「近来のことへの長年の経験と、古代のことを常に読んで学んだこと」から得られた自覚である。[45] 政治闘争に巻き込まれたことと、ローマ史を学んだことで、マキャヴェッリは非常に新しい説を思いついた（これは『フィレンツェ史』で入念に仕上げられている）。それは『ティトゥス・リーウィウスの最初の一〇巻をめぐる論考』の一章四に書かれている。つまり「ローマ元老院と平民の反目は、共和国を自由に、強力にした」という説である。[46]

『君主論』の成功は（非難や論駁も含む）非常に広範囲で多岐に及んでいるので、[47] マキャヴェッリが自分を「土地を描くものたち」と比較した献辞の文章の具体的反響を、拾い集めるのは時間の無駄に思えるだろう。「近代の視野体制」はそれに即座の回答を与えるように思える。だがよりゆるやかな探求が予期せぬ結果をもたらすのである。

没後刊行から一世紀以上を経た一六四六年、『君主論』は、デカルトとその献身的な弟子ファルツ選挙侯王女エリーザベトとの間の、書簡のやりとりの中心主題となった。エリーザベトは『情念論』の草稿を読んで論評した後、今日だったら政治社会生活とも言うべき、「市民生活」についてどう考えるか、デカルトに尋ねた。[48] そこで二人はともに（一人はオランダで、もう一人はベルリンで）マキャヴェッリの『君主論』を読むことにした。一六四六年の八月か九月に、デカルトはエリーザベトに、本の題名と著者には言及せずに、『君主論』の様々な箇所への詳細な注釈を書き送った。これは理解できる予防措置だった。『君主論』は禁書目録に入れられていて、カトリックからもプロテスタントからも、（王女にふさわしくない以外に）冒涜的で異端的な作品だと見なされていた。こうしたやっかいな主題をめぐる書簡の交換を隠すために、エリーザベトはデカルトに、自分宛の書簡をまだ少女だった妹のゾフィーに送るよう頼んだ。デカルトは頼みを聞き入れ、手紙の最後に、今後は暗号で書くように、用心深く勧めた。[49]

こうした細かな事実の重要性はしばらくして明らかになるだろう。今のところは、デカルトが引用し、注釈を加えた中に、「土地を描くものたち」の文章が入っていたことに注目するだけで十分だろう。デカルトは、他の場合と同様に、この文章にも異議を唱えている。

実際の所、鉛筆は遠くから見たものしか輪郭を描けない。一方君主の行動の最も重要な理由はしばしば非常に特殊な状況の中にあり、君主でなければ、あるいは長い間君主の秘密に参画していなければ、想像できないほどである。[50]

こうして君主の特別な地位を強調することで、デカルトは、マキャヴェッリの均衡的隠喩によって否定された、社会的、認知的位階性を再構築したのである。[51] デカルトとエリーザベトの書簡は、後にハノーファー選挙侯となるゾフィーの手に残った。ゾフィーの庇護を受けていたライプニッツは、デカルトの草稿や書簡を熱心に探し求めていたから、数十年後にその書簡を見つけたに相違ないと思える。[52] もちろんライプニッツは『君主論』をよく知っていたが、[53]「土地を描くものたち」へのデカルトの注釈は彼の注意を引いたに違いない。デカルトもマキャヴェッリも読んでいたことは、『モナドロジー』の有名な文章の背後にかいま見える。

> 同じ都市でも、異なった方角から眺めるとまったく別の都市に見え、眺望としては幾倍にもされたようになるが、それと同じように、単純実体が無限に多くあるので、その数だけの異なった宇宙が存在することになる、ただしそれらは、それぞれのモナドの異なった観点から見た唯一の宇宙のさまざまの眺望に他ならない。[54]（西谷裕作訳、工作社、『ライプニッツ著作集9　後期哲学』）

ライプニッツにとって眺望は、マキャヴェッリと同様に、多重的視点に基づく認識モデルの構築を可能にする隠喩であった。しかしマキャヴェッリのモデルが衝突に基づいていたのに対して、ライプニッツのそれは、物質の無限の多重性の調和的共存に基づいていた。こうした共存は、突きつめると、悪の不在を意味していた。ライプニッツは『弁神論』で歪像画法についてこう書いている。

歪画法においては、いくら美しい構図でも、それが正しい視点に関連づけられ、一定のガラス板や鏡によって見るのでないならば、混乱でしかない。（佐々木能章訳、工作社、『ライプニッツ著作集6　『弁神論』上』）

そして「われわれの小さき世界においては一見ゆがんでいるものも、大いなる世界の美の中では」つまり神の中では、再統合されるのである、としている。[55] この神学的主題の反響は、歴史主義の様々な立場に現れるはずである。そしてまさにこうした知的伝統の初めに、神学者、哲学者のヨーハン・マルティン・クラデニウスがいる。彼はライプニッツの思想を独自に発展させた。[56] 彼によると、歴史的典拠も（人間の意欲の産物である時は）、歴史家の著作も、特殊な「視点」で結びつけられている。クラデニウスによると、これはライプニッツが初めて、厳密に光学的意味ではなく、一般的意味で使った表現である。[57] だがクラデニウスは、ある歴史的出来事の様々な報告書に、最終的な調和よりも、むしろ差異を見ることで、マキャヴェッリを念頭に置きつつライプニッツを読んだことを示している。

反乱は、忠実な臣下、反乱者、外国人、宮廷人、町の住民、農夫によって、それぞれ違うように感知される。[58]

このクラデニウスの見解は、今日では平凡に思えるかもしれないが（だが長い間、平凡どころではなかった）、人民から見た君主と、君主から見た人民という、マキャヴェッリが概要を描いた対立を再構成している。この例は、私が問題にしている認識モデルが、長期持続的眺望のもとでのみ、適切に評価できることを示している。この表現はつまらない言葉遊びのためではなく、後に述べる理由から用いるのである。

五世紀にアウグスティヌスが、一四世紀にマキャヴェッリが、そして一七世紀にライプニッツが作り上げた三つのモデルは、単純化を図って、それぞれ適合、衝突、多重性のモデルと言えると思う。これらの持続的影響を例示するためには、わずかの例で十分だろう。ヘーゲルの歴史哲学はマキャヴェッリの衝突モデルを、適合に基づいたアウグスティヌスのモデルの世俗版と結びつけた。[59] マキャヴェッリの大の賛美者だったカール・マルクスが、衝突モデルを再構成したのは同様に明らかである。[60] そしてニーチェが実証主義的客観性と戦った時、眺望主義が決定的役割を果たしたのは、思い出すまでもないだろう。[61] 距離と眺望に結びついた比喩は、私たちの知的伝統の中である重要な機能を果たしてきたし、今も果たしている。

Ⅲ

私はキリスト教徒がユダヤ人に持つ矛盾する感情のことを指摘して、この論文の第一部を締めくくった。それは初めからキリスト教の根幹に触れている。ここで木の隠喩を使っているのは、暗に「ローマ人への手紙」(11, 16以下)に言及しているからだ。そこでは、ユダヤ人である「異教徒の使徒」パウロは、キリスト教に改宗した異教徒を、オリーブの木(ユダヤ人)に接ぎ木された野生のオリーブの枝に例えている。オリーブの木の枝は「不信仰のために切られた」のである。なぜならイエスにメシアを認めなかったからだ。その後、距離と継続性が混じり合ったこの態度は、「真のイスラエル」というキリスト教的主張に転換された。これは問題となる自己規定で、一方ではユダヤ人に向けられていたが、他方では、例えば二世紀のマルキオンのように、温情の神イエスを旧約聖書の悪意ある神に明確に対置するキリスト教徒にも向けられていた[62]。マルキオンの思想は、キリスト教的文化、あるいはキリスト教的下位文化から完全に消え去りはしなかったが、優勢になることはなかった。マルキオンの敗北はキリスト教の聖書に象徴的に表われている。それは唯一の巻に二つの聖書をまとめることで、その物理的隣接性を見せているのである[63](「旧約」を「新約」の予示として、相対的に併合することで)。

この敗北の帰結は計算外だった。連続性と距離、親近性と敵意が、キリスト教徒とユダヤ教徒の関係を性格づけ続けたのだ。こうしたことは明白である。だがはるかに明白でないのは、まずアウグスティヌスを初めとする論議の帰結である。それは、ユダヤ教の儀礼は真実であると同時に凌駕されたことを示すものだった。この結論は、質問をして答えをうながした、ローマの元老院議員ウォルシアヌスのような、教養ある異教徒には、純然たる、まったき不条理に思えただろう。

アウグスティヌスは『神の国』(XII, 4, 1)で、「伝道者の書」の箴言「太陽の下に新しいものは何もない」に見られるような歴史の循環理論を排し、次のように明言している。プラトンの教育はかつて一度、ただ一度だけ、アテネで行われたことを我々は知っている。なぜならイエス・キリストはかつて一度、ただ一度だけ、我々の罪のために死んだことを知っているからだ。[64] アウグスティヌスは受肉の唯一性を強調することで、新しい人間の歴史観を作りだした。今日の歴史学の範例の核心は適合的モデルの世俗版であり、それに衝突と多重性が違った割合で組み合わされているのだ。遠近法、視点などの隠喩は、過去に対するこの態度を鮮やかに示している。私もまた、後で分かるように、この隠喩を用いずにはいられなかった。それは今日の歴史学の論議にそれが偏在する、多少なりとも の証明なのである。しかしその世俗的装いは、アウグスティヌスまでさかのぼるその起源を隠すべきではない。私たちが過去を知るやり方は、キリスト教徒のユダヤ人に対する優越的態度に浸透されている。言い換えると、キリスト教の自己定義としての「真のイスラエル」という言葉は、歴史的真実という概念が生まれた場所だったのだ。この歴史的真実はいまだに――意図的に総括的な表現を使えば――私たちのものなのである。

この発見は私にひどく居心地の悪い思いをさせた。この感情は、ユダヤ人、非ユダヤ人を問わず、他のものたちも分かち持つと思える。しかし結局のところ、ある思考が生まれ出た文脈は、その後の思考の使われかたに、部分的にしか影響力を持たないのである。アウグスティヌスは『キリスト教の教え』(II, 40, 60)で、イスラエルの息子たちがエジプト人の金、銀の飾りを強奪したことを(「出エジプト記」12, 35–36)、キリスト教徒が異教文化の遺産にとるべき模範行為のように解釈している。あらゆる文化遺産は継続的に適合され、再編成されることを、私たちはよく知っている。それでは私たちの歴史概念を強奪し、自分のものにするのはだれなのだろうか。おそらく遠近法(眺望)の隠喩に内蔵されている概念的中核を排除することによって。

この問いに答えることはできない。しかしあることは確かである。これまでに認められた三つのモデルの内の二つが、最近、重要性の異なる領域でだが、論議の的になったのだ。適合に基づくモデルは、あらゆる種類の原理主義者に攻撃された。衝突に基づくモデルは、「歴史の終焉」を語るものたち、語ったものたちによって、因習として侮蔑的に拒絶された。[65] 一方多重性に基づくモデルは、懐疑主義的な版ではあるのだが、ますます流行している。それによれば、属性、民族、宗教などを基盤とするいかなる社会集団も、一連の価値観に与していて、最終的にはそのとりこになっている、というのである。遠近法(眺望)は良いものだ、主観性を強調するからだ、しかし悪くもある、なぜなら感情的近接性(あるいは同一性)よりも知的距離感を強調するからだ、というのである。[66] 初めに引用した論議、つまり記憶は体験に非常に近接しているので、歴史よりもはるかに良く、過去との生命力あふれる関係を作り上げることができる、という論議は、この反知性主義的風土から来ているのだ。

こうした態度を十分に論議するには別の論文が必要だ。[67] ここではただ一つ見解を述べるに留める。様々な、むしろ対立する理由から、原理主義者や新懐疑主義者は、かつて遠近法を非常に強力な認知的隠喩にしたものを拒否するか、無視している。それは主観的視点と、客観的で実証しうる事実との緊張関係である。その事実は現実か（マキャヴェッリの場合）神（ライプニッツの場合）によって保証されていた。もしこの緊張関係がずっと保持されるなら、眺望の概念は科学者と社会科学者の間の障害であることをやめ、出会いの場に、対話し、論議し、異議を唱える広場になるだろう。

原注

＊ 本論は一九九七年六月一二日にベルリンの科学学院で行われた講演に手を加えたものである。私はシュテファン・グレーンブラットの批判を考慮に入れたが、それについて感謝する。

1 P. Boghossian, *What the Sokal Hoax Ought to Teach Us*, in "Times Literary Supplement", 13 dicembre 1996, pp. 14–15.

2 注目に値する C. Guillem, *On the Concept of Metaphor and Perspective*, in *Literature as System*, Princeton 1971, pp.

283–371を参照のこと（Christoph Lüthyの親切な教示による）。

3 Y. H. Yerushalmi, *Zakhor. Jewish History and Jewish Memory*, Seattle, London 1982, p. 14.（イェルシャルミ『ユダヤ人の記憶　ユダヤ人の歴史』木村光二訳、晶文社）。最近の論文 T. C. Römer, *Transformations in Deuteronomistic and Biblical Historiography*, in "Zeitschrift für die alttestamentliche Wissenschaft", 109 (1997), pp.1–11はイェルシャルミの本に言及していない。

4 Y. H. Yerushalmi, *Zakhor*…, cit., pp. 44, 26.

5 Ivi, p. 44.

6 A. Perry, *Thucydides' Historical Perspective*, in "Yale Classical Studies", XXIII (1972), pp. 47–61, 特に pp. 48–49.

7 アーウィン・パノフスキーは高名な論文 *Die Perspektive als "symbolische Form"*, in *Vorträge der Bibliothek Warburg*, 1924–25, Leipzig-Berlin 1927, pp. 258–330（パノフスキー『〈象徴形式〉としての遠近法』木田元他訳、哲学書房）で、ギリシア、ローマの美術にはルネサンスのものとは違う遠近法の特殊形態が認められると主張している。

8 Cfr. G. Tellenbach, *Die historische Dimension der liturgischen Commemoratio im Mittelalter*, in K. Schmid e J. Wallasch (a cura di), *Memoria. Der geschichtliche Zeugniswert der liturgischen Gedenkens im Mittelalter*, München 1984, pp. 200–214, 特に pp. 201–202. それは J. Jeremias, *Die Abendsmahlworte Jesu*, Göttingen 1960, pp. 229 sgg., 239 sgg.（エレミアス『イエスの聖餐のことば』田辺明子訳、日本基督教団出版局）を参照しているが、この本はその文章のユダヤ教的含意を強調している。

9 ここや他の箇所の引用は *La Bibbia di Gerusalemme*, cit.からである。

10 Sant'Agostino, *La Trinita*, tr. it. di G. Beschin, Roma 1973, p. 585 (PL 42, 1045): "*Trinitas quae imago Dei, jam quaerenda in principali mentis parte*. […] unde quae sciuntur, velut adventitia sunt in animo, sive cognitione historica illata, ut sunt facta et dicta, quae tempore peraguntur et transeunt, vel in natura rerum suis locis et regionibus constituta sunt, sive in ipso homine quae non erant oriuntur, aut aliis docentibus aut cogitationibus propriis […].Sunt autem vel in locis suis, vel quae tempore praeterierunt: quamvis quae praeterierunt, non ipsa sint, sed eorum quaedam signa praeteritorum, quibus visis vel auditis cognoscantur fuisse atque transisse. Quae signa vel in locis sita sunt, sicut monumenta mortuorum, et quaecumque similia; vel in litteris fide dignis, sicut est omnis gravis et approbandae auctoritatis historia; vel in animis eorum qui ea jam

noverunt" (J. Pelikan, *The Mystery of Continuity. Time and History, Memory and Eternity in the Thought of Saint Augustine*, Charlottesville 1986, pp. 36–37. より引用。さらに *De Trinitate*, XV, XII, 21も参照のこと)

11　V. Saxer, *Morts martyrs reliques en Afrique chrétienne aux premiers siècles*, Paris 1980, pp. 125–133 (記念碑)、pp. 197–198 (典礼記念祷)、pp. 261–262 (聖遺物)、pp. 298 sgg (聖遺物入れ)。

12　Sant'Agostino, *Esposizioni sui Salmi*, IV, a cura di V. Tarulli, Roma 1977, p. 901 (PL 37, 1951, J. Pelikan, *The Mystery of Continuity*..., cit., pp. 107–108 より引用)。

13　S. Benko, *The Meaning of Sanctorum Communio*, in "Studies in Historical Theology", 3, London 1964, pp. 98 sgg. (アクイレイアのニケタの Explanatio Symboli に関して)。

14　E. Auerbach, *Figura*, cit., pp. 11–76; R. W. Bernard, *The Rhetoric of God in the Figurative Exegesis of Augustine*, in *Biblical Hermeneutics in Historical Perspective. Studies in Honor of Karlfried Fröhlich on His Sixtieth Birthday*, a cura di M. S. Burrows e P. Rorem, Grand Rapids, Michigan 1991, pp. 88–99 (奇妙にもアウエルバッハを無視している)。

15　Sant'Agostino, *L'istruzione cristiana*, a cura di M. Simonetti, Milano 1994, III, XVI, 24, pp. 201 sgg.

16　Sant'Agostino, *L'istruzione cristiana*, cit., III, X, 15, p. 191.

17　Ivi, III, XII ,19, p. 197.

18　Ivi, III, XIV, 21, p. 199.

19　A. Funkenstein, *Theology*, cit., pp. 202–289, 特に p. 222.

20　Ivi, pp. 223–224. アウグスティヌスの答えはマンナか、メルキセデクの犠牲に関連すると思える。Cfr. Agostino, *In Johannis, Evangelium, tractatus* 26, 12 (PL, 35, 1612): "Hunc panem significat manna, hunc panem significavit altare Dei. Sacramenta illa fuerunt; in signis diversa sunt, in re quae significantur paria sunt" (W. Gessel, *Eucharistische Gemeinschaft bei Augustinus*, Würzburg 1966, p. 179より引用)。Cfr. J. Lecuyer, *Le sacrifice selon Saint-Augustin*, in *Augustinus Magister*, II Paris 1954, pp. 905–914; G. de Broglie, *La notion augustinienne de sacrifice "invisible" et "vrai"*, in "Recherches de science religieuse", XLVII (1960), pp. 135–165. (説得力に乏しい)。

21　Sant'Agostino, *Le lettere*, II, a cura di L. Carrozzi, Roma 1971, p. 175; 一部分翻訳を変えてある。(S. Aurelii Augustini...*Epistulae*, a cura di. A. Goldbacher, cit., p. 130を参照のこと)。A. Funkenstein, *Theology*, cit., p. 223に部分的な引用がある。アウグスティヌスの Contra Faustum にある、ユダヤ教の犠牲に関する文飾的解釈については

S. D. Benin, *The Footprints of God. Divine Accomodation in Jewish and Christian Thought*, Albany 1993, pp. 102 sgg.を参照のこと。

22 「わたしは、物体そのものにも、全体としてあるがゆえに美しいものと、あるものにうまく適合してそのゆえに快適であるものとを観察して認識した。このものは、身体の部分が全体に対し、あるいは靴が足に対するようなものである」*Confessioni* IV XIII, 20（『告白』服部英次郎訳、岩波書店）。「それ自身によって美しくあるものを美しいものと、これに反して他のあるものに適合して美しくあるものを適合したものとして区別し、物体の例をあげて説明した」*Confessioni* IV,XV,24（『告白』服部英次郎訳、岩波書店）：S. D. Benin, *The Footprints of God*, cit., pp. 99 sgg.はこの文章の重要性を認めているが、その意味を深く考察していない。

23 H.-I. Marrou, *Saint-Augustin et la fin de la culture antique*, Paris 1958, *Retractatio* [1949], pp. 631–637; P. Brown, *Augustin of Hippo*, cit., p. 57; A. Solignac, nota a *Les Confessions*, livres I-VII, "Bibliothèque augustinienne", 2e s., 13, Paris 1963, pp. 671–673; T. Katô, *Melodia interior. Sur le traité "De pulchro et apto"*, in "Revue des études augustiniennes", XII (1966), pp. 229–240.

24 散逸した論文「美と適合について」がプラトンではなく、キケロに着想を得ていたという点を、M. Testard, *Saint-Augustin et Cicéron*, I, Paris 1958, pp. 49–66は、説得力ある論議で主張している。この論文はキケロの様々な文章を引いているが、ここで論じた『雄弁家について』からの引用はない。

25 Cicerone, *Dell'oratore*, III, 7, 25, tr. cit., p. 589.

26 これら全般については六章を参照されたい。

27 M. Pohlenz, *To πρέπον*, cit. アウグスティヌスが受けた修辞学教育の重要性を M. Simonetti が *L'istruzione cristiana*, cit., pp. XXXII sgg. の序文で主張している。さらに G. Strauss, *Schriftgebrauch, Schriftauslegung und Schriftbeweis bei Augustin*, Tübingen 1959. も参照のこと。

28 Sant'Agostino, *Le lettere*, cit., II p. 173.

29 この文章について、本論文とは違う観点からだが、H.-I. Marrou, *L'ambivalence du temps de l'histoire chez Saint-Augustin*, Paris 1950, pp. 82–84. が考察している。

30 Sant'Agostino, *L'istruzione cristiana*, cit. p. 199.

31 Cfr. *Tractatus adversus Judaeos*, III (pl 42, 53): "Ut populus Dei, qui nunc est populus christianus, jam non cogatur

observare quae propheticis temporibus observabantur: non quia damnata, sed quia mutata sunt; non ut res ipsae quae significabantur perirent, sed ut rerum signa suis quaeque temporibus convenirent”.

32　Y. H. Yerushalmi, *Zakhor*, cit., p. 8.

33　E. Auerbach, *Epilegomena zu “Mimesis”*, in “Romanische Forschungen”, 65 (1954), pp. 1–18, 特にp. 3: 近代の眺望主義的、「歴史的主義的」見方は、最近の一五〇年間で十全に発達した、とアウエルバッハは書いている。しかし彼の論文*Figura*は、この「近代的見方」が非常に古い根を持つと示唆している。本論では（他の箇所と同様に）、アウエルバッハの作品の様々な側面を互いに討論させようと試みる。そうすることで、彼が受け入れなかった結論を引き出すつもりである。シュピッツアーは論文*Linguistic Perspectivism*の最後のページの脚注で、「眺望主義」はキリスト教思想に生来のものであることを強調している。その考え方によると、「普通の人も教養人と同様に叡知に接し、法の、文字ではなく、精神は、誰にも理解できる」のである(p. 106, nota 37)。シュピッツアーがその脚注で過度の社会学主義を批判したアウエルバッハの作品の中心にも、同じ考えがある。だがシュピッツアーもアウエルバッハも、キリスト教的眺望主義が（しばしば「文字」と「精神」の対立をともなうのだが）、ユダヤ教との両義的関係の中で確立したことは見ていない。それは彼らが同化したユダヤ人であったことがもたらした抑圧なのだろう。私はもう一人の大学者フリッツ・ザクスル（シュピッツアーと同様にウィーンのユダヤ人の家系に属する）に関する同じ様な事例を、ジョルジョーネの「アフロディーテ」を扱った、近刊予定の論文で検討した。

34　C. Guillén, *On the Concept of Metaphor*, cit. はこの二重の観点から研究を進めている。彼は正当にも、遠近法の比喩は、「視覚芸術における、ヨーロッパの、歴史的に条件付けられた発見に由来する」と述べている（p. 366）。しかし後の見るように、この比喩は他の感覚から形成された概念に結合されている。

35　*De vera religione* (XXII, 44), Turnholti 1962, p. 214.

36　PL 33, 527.

37　M. Jay, *Scopic Regime of Modernity*, in *Vision and Visuality*, a cura di H. Foster, Seattle 1988, pp. 3–23; Id., *Downcast Eyes. The Denigration of Vision in Twentieth-Century French Thought*, Berkeley 1993.（諸研究の論評としては有益だが、総体的にはさほど啓発的ではない）。

38　拙著 *Miti emblemi spie*, Torino 1984, pp. 59 sgg.（ギンズブルグ『神話・寓意・徴候』せりか書房）を参照のこ

と。

39 G. Bock, *Machiavelli als Geschichtsschreiber*, in “Quellen und Forschungen aus italienischen Archiven und Bibliotheken”, 66 (1986), pp. 153–190, 特に pp. 175–176.

40 Cfr. C. Dionisotti, *Machiavellerie*, cit. pp. 122–123.

41 N. Machiavelli, *Il Principe*, dedicatoria (*Il Principe e Discorsi sopra la prima deca di Tito Livio*, a cura di S. Bertelli, Milano 1960, p. 14).

42 Cfr. E. Solmi, *Leonardo e Machiavelli* [1912], in *Scritti Vinciani*, Firenze 1976, pp. 535–571, 特に p. 569（『君主論』の献辞がレオナルドに暗に言及している可能性については、それとなく触れている）。マキャヴェッリとガリレオとの間に類似性を想定したことが、さらに考察すべき、レオナルドとの類似性を分かりにくくした。G. Sasso, *Studi sul Machiavelli*, Napoli 1967, pp. 318 sgg. は両者との関係を否定している。だがマキャヴェッリとレオナルドの関係についての「古い論議」を再開する適切さについては E. Garin, *Rinascite e rivoluzioni*, Bari 1975, p. 253を参照のこと。この誘いは C. Dionisotti, *Machiavellerie*, cit., p. 28, nota 6.に引用されている。R. D. Masters, *Machiavelli, Leonardo and the Science of Power*, Notre Dame, Indiana 1996.ではこの主題が熱意をこめて提示されている（E. Solmi や G. Bockのものも含めた、過去の研究の大部分が無視されている）さらに *Leonardo: il codice Hammer e la mappa di Imola*, a cura di C. Pedretti, Bologna 1985.も参照のこと。

43 E. Solmi, *Leonardo e Machiavelli*, cit., p. 569; さらには C. Luporini, *La mente di Leonardo*, Firenze 1953, p. 174, nota 63.も参照のこと。

44 Leo Strauss (*Thoughts on Machiavelli*, Glencor, III., 1958)によると、人間の現実に関するマキャヴェッリの「近代的」態度には、「古代の」伝統（ギリシア、ユダヤ）との断絶が内包されている。Karl Löwith (*Meaning in History*, Chicago 1949〔レーヴィット『歴史の意味』佐藤明雄訳、未来社〕) によると、決定的断絶はキリスト教と古代を対立させた断絶であった。おそらく両者とも、ヘーゲルが継承し、組み合わせた二つの徹底的な断絶（キリスト教のそれと「近代」のそれ）を指摘した点で、正しくもあり、間違ってもいる。

45 N. Machiavelli, *Il Principe*, cit., dedica, p. 13.

46 G. Bock, *Civil Discord in Machiavelli's “Istorie Fiorentine”*, in *Machiavelli and Republicanism*, a cura di G. Bock, M. Viroli, Q. Skinner, Cambridge 1990, pp. 181–201.

47 Cfr. G. Procacci, *Machiavelli nella cultura europea dell'eta moderna*, Bari 1995.
48 R. Descartes, *Correspondance*, in *Œuvres*, a cura di Ch. Adam e P. Tannery, IV, Paris 1976, p. 406.
49 R. Descartes, *Correspondance*, IV, pp. 485–496.
50 Cartesio, *Opere*, II, Bari 1967, tr. it. di E. Garin, p. 593 (R. Descartes, *Correspondance*, IV, cit., p. 492).
51 この文章はかなり性急な J. J. Goux, *Descartes et la perspective*, in "L'Esprit Createur", 25, 1 (primavera 1985), pp. 10–20. の見解をさらに補強できたかもしれない。さらに G. Boehm, *Studien zur Perspektivität. Philosophie und Kunst in der frühen Neuzeit*, Heidelberg 1969, pp. 172–184.も参照のこと。
52 一六七五年から七六年にかけてパリに滞在したとき、ライプニッツはデカルトの草稿をいくつか書き写し、翻訳している。Cfr. E. Garin, introduzione a Cartesio, *Opere*, cit., I, p. xxxv; *Correspondance de Leibniz avec l'électrice Sophie de Brunswick-Luneboug*, a cura di O. Klopp, 3 voll., Hanovre 1874, I, p. 158.
53 Cfr. G. Procacci, *Machiavelli*, cit. p. 264.
54 G. W. Leibniz, *La monadologia*, a cura di E. Codignola, Firenze 1940, nota 57, p. 163 (*Monadologia*, in Id., *Opera philosophica*, a cura di J. E. Erdmann, Aalen 1959), p. 709. この関連から、デカルトの眺望主義とライプニッツのそれとの対比が再検討されるべきだろう。それは例えば U. J. Wenzel, *Descartes in die Perspektive des Perspektivismus. Eine Skizze*, in *Perspektiven des Perspektivismus. Gedenkschrift zum Tode Friedrich Kaulbachs*, a cura di V. Gerhardt e N. Herold, Berlin 1992, pp. 59-73, soprattutto p. 59. によって概略が示されている。さらに C. Guillén, *On the Concept of Metaphor*, cit., pp.3 18–325 (ライプニッツの視覚的比喩について)も参照のこと。
55 G. W. Leibniz, *Théodicée*, *Opera philosophica*, p. 548. 「神はこれらの小さき世界の欠陥のすべてを驚くべき仕方で神の大世界の最大の装飾に転じてしまう。これはいわば歪画法の発明である。歪画法においては、いくら美しい構図でも、それが正しい視点に関連づけられ、一定のガラス板や鏡によって見るのでないならば、混乱でしかない。それが部屋の飾りになるのは、然るべきところに置かれる然るべく取り扱われたときだけである。こうして、われわれの小さき世界においては一見歪んでいるものも、それは、大いなる世界の美の中に再統合され、無限に完全な宇宙の原理の統一性に何ら背馳することはない。むしろ反対に、悪をより大いなる善に役立たせる神の知恵に対して一層大きな賛嘆をもたらすことになる(*Teodicea*, a cura di V. Mathieu, Bologna 1973, p. 263, nota 147)(『弁神論』佐々木能章訳、工作社)。ライプニッツはデ・ボスに宛てたある手紙で(一七一二)、観察者の視点に依拠する「遠近図法」を、神から事物を見る見方に相応する、唯一の「平面図法もしくは幾何学的表現法」と対比している(A. Funkenstein, *Theology*…, cit., p. 112, nota 39より引用)。

56 R. Koselleck, *Vergangene Zukunft. Zur Semantik geschichtlicher Zeiten*, Frankfurt am Main 1979, pp. 176–207. (「視点と世俗性。歴史的世界探求への寄与」)。

57 J. M. Chladenius, *Einleitung zur richtigen Auslegung. Vernünftiger Reden und Schriften*, introduzione di L. Geldsetzer, Düsseldorf 1969, pp. 181–189, 特に p. 188. さらに H. Müller, *Johann Martin Chladenius (1710-1759). Ein Beitrag zur Geschichte der Geisteswissenschaften, besonders der historischen Methodik*, Berlin 1917; P. H. Reill, *The German Enlightenment and the Rise of Historicism*, Berkeley 1975, pp.104–112 (視覚的比喩について p. 110); M. Ermarth, *Hermeneutics and History: The Fork in Hermes' Path Through the l8th Century*, in *Aufklärung und Geschichte. Studien zur deutschen Geschichtswissenschaft im 18. Jahrhundert*, a cura di H. E. Bödeker *et alii*, Göttingen 1987, pp. 193–221.も参照のこと。

58 J. M. Chladenius, *Einleitung*…, cit., p. 187. R. Koselleck, *Vergangene Zukunft*…, cit., p. 185; *Futuro passato*…, cit., p. 159.もこの文章に言及している。

59 Hegel, *Über die Verfassung Deutschlands*,と、一八〇七年に書かれたフィヒテの重要な論文 *Über Macchiavelli als Schriftsteller, und Stellen aus seiner Schriften*, in *Fichtes Werke*, a cura di I. H. Fichte, XI, Berlin 1971, pp. 401–453) については、G. Procacci, *Machiavelli*…, cit., p. 370–373' を参照のこと。フィヒテは pp. 430–433 で、風景画家に関する『君主論』の献辞の文章を書き写し、解説を付けている。

60 *Ex libris Karl Marx und Friedrich Engels*, a cura di B. Kaiser e I. Werchan, Berlin 1967, p. 134, num. 286. マルクスは一八五七年九月二五日に、エンゲルス宛に、「『フィレンツェ史』は傑作だ」と書いている (MEGA, 29, p. 193)。これは G. Procacci, *Machiavelli*, cit. に集められた証言に付け加えられるべきである。マキャヴェッリとマルクスに関する、クローチェの高名な見解は、*Materialismo storico ed economia marxista*, Bari 1951 [l^a ed., 1899], p. 161, nota 1. にある。

61 Cfr. F. Nietzsche, *Die fröhliche Wissenschaft*, 354 ("Vom Genius der Gattung"), in *Kritische Gesamtausgabe* [KGW], a cura di G. Colli e M. Montinari, V/2, Berlin-New York 1973, pp. 272–275; Id., *Zur Genealogie der Moral*, III, 12, KGW, VI/2, Berlin 1968, pp. 382–383; *Nachgelassene Fragmente, Anfang 1888 bis Anfang Januar 1889*, KGW, VIII/3, Berlin-New York 1972,

pp. 165–166. Cfr. E Kaulbach, *Nietzsche und der monadologische Gedanke*, in "Nietzsche-Studien", 8 (1979), pp. 127–156; *Perspektiven des Perspektivismus. Gedenkschrift zum Tode Friedrich Kaulbachs*, a cura di V. Gerhardt e N. Herold, Würzburg 1992.

62　Justinus, *Dial.*, XI. 3 a cura di G. Archambault, Paris 1909. アウグスティヌスの著作に見られる「真実」と「至上真実」の神学的意味については、J. Lecuyer, *Le sacrifice*, cit., G. de Broglie, *La notion augustinienne de sacrifice*, cit. を参照のこと。すべての問題に関しては、基本的な M. Simon, *Verus Israel*, Paris 1983を参照のこと（p. 93でユスティヌスがマルキオンに反論する文章を書いたことが指摘されている。それは後に散逸した）。ユスティヌスは「ローマ人への手紙」9, 6に依拠しており（「イスラエルから出る者がみな、イスラエルなのではなく」）、より全般的には、ユダヤ人とキリスト教徒との関係を、文字（あるいは肉）と精神、エサウとヤコブの対立ととらえる、パウロの解釈に依拠している（本書九章を参照のこと）。

63　逆に、「トーラー」、預言者の書、福音書を一緒にしておく必要性が、キリスト教徒に、巻物よりもより扱いやすい写本を選ぶようにさせたという考えもある。この仮説は E. Bickerman, *Some Notes on the Transmission of the Septuagint*, in *Studies* I, cit., pp. 137–166, 特に pp. 138–139.で述べられている。

64　Cfr. W. Kamlah, *Christentum und Geschichtlichkeit. Untersuchungen zur Entstehung des Christentums und zu Augustins "Bürgerschaft Gottes"*, 2ª ed. rifatta, Stuttgart-Köln 1951, p. 17. この注目すべき本の初版との比較は（*Christentum und Selbstbehauptung. Historische und philosophische Untersuchungen zur Entstehung des Christentums und zu Augustins "Bürgerschaft Gottes"*. Frankfurt a.M. 1940）興味深いことだろう（F. Overbeck, *Selbsbekenntnisse*, Frankfurt a.M. 1966, p. 152. の注に見られる J. Taubes の見解も参照のこと）。第二版へのあとがき（pp. 347–348）はいくつかの変更点を指摘しており、それには新しい序文も含まれる（引用文はそこから取られた）。初版の副題にあった、ハイデッガーに想を得た *philosophisch* という言葉が（その名が pp.XII–XIIIで謝辞とともに言及されている）、第二版ではなくなっていることが注目される。第二版では、初めに、研究が「歴史的」なものである旨が宣言されている（p. 7）。

65　E. Gellner, *Postmodernism, Reason and Religion*, London 1992. F. Fukuyama, *The End of History and the Last Man*, New York 1992〔フクヤマ『歴史の終わり』渡部昇一訳、三笠書房〕（一九八九年に発表された論文をもとにしている）は P. Anderson, *The Ends of History*, in Id., *A Zone of Engagement*, London 1992, pp. 279–375. で、広い知的文脈

内に入れられ、論じられている。

66　M. Iversen, *Warburg - neu gelesen*, in *Denkräume zwischen Kunst und Wissenschaft*, a cura di S. Baumgart, Berlin 1993, pp. 32–45（この本は Karen Michelsの勧めにしたがって読んだ）。Cfr. G. Bock, *Der Platz der Frauen in der Geschichte*, in *Neue Aufsätze in der Geschichtswissenschaft*, Wien 1984, pp.108-127; D. Haraway, *Situated Knowledge. The Science Question in Feminism and the Privilege of Partial Perspective*, in "Feminist Studies", 14 (1988), pp. 575–599. 特に pp. 581, 583（Nadine Tanioの勧めにしたがって読んだ）。

67　私はこの問題を雑誌に発表した様々な論文や（例えば *Unus testis. Lo sterminio degli Ebrei e il principio di realta*, in "Quaderni storici", n. s., 80, agosto 1992, pp. 529–548）、近刊予定の *Menachem Stern Lectures*で論じた。

第八章　中国人官吏を殺すこと
——距離の道徳的意味*

1　自然法と歴史の対立

自然法と歴史の対立もまた、古代ギリシア人から私たちに伝えられたものである。アリストテレスは『弁論術』（1373b）の有名な一節でこう書いている。

つまり、正しいことどもや不正なことどもは二つの法律と、それらのことどもが係わりをもつ人々との関係において二通りに規定されているのである。そして私は二つの法律のうち、一つを特殊的なものと言い、他の一つは共通的なものと言うが、その特殊なものというのは、各国民によって自分自身たちとの関連において規定されたもののことで、これには書かれていないものと書かれたものとの二つがある。しかし共通なものというのは、本性に基づく法律のことである。というのは人々が誰でも皆、たとえお互いの間に何らの共同関係も、また何らの契約も存していない場合にさえ、直感的に知っている何か或る本性上の共通な正しいことがあるからである。それはちょうどソポクレスのアンティゴネが明らかに言っているものである。すなわち彼女はポリュネイケスを埋葬することは禁止されていたけれど、それは正しいことであると言う、それを埋葬することを本性上正しいことであると考えてのことであった。「何故なら今日や昨日のことではない、むしろ永遠にいつもこのことは生きているのです、誰も何時から現れてきたのか知るものはいないからです」（山本光雄訳、岩波書店）

アリストテレスは弁論術の様々な下位区分を分析している。つまり忠告的、法廷的、演示的（あるいは賞賛や非難に向いた）弁論である。書かれている特殊な法律と書かれていない共通な法律との対比は、法廷的弁論術に割かれた部分で述べられている。アリストテレスは書かれていない自然法の存在を証明するのに、時間を無駄にしてはいない。彼はそれを自然だと考えるので、それはそれ自体自明である。一九二六年に刊行されたロエブ・クラシカル・ライブラリーの『弁論術』の翻訳には、原語のギリシア語にはない性差別的ニュアンスがあることは、注目に値する。これはとるに足らない小事ではない。ソフォクレスもアリストテレスも、アンティゴネのような女性に直接言及する場合も、典型例として人間をあげる場合も、中性的用語を使っている（οὐδεὶς πάντες）。こうした中性的用語は、自然法が男も女も含むことを思い起こさせる。アンティゴネは普遍的法の言葉を語っている。一方クレオンが、その名の下にポリュネイケスの埋葬を禁じた、書かれた（男性的な）法律は、アリストテレスによれば、「特殊な法律」なのである。アリストテレスは、「本性にかなった」ものが特定の場所や時に関係しないと言いたいように思える。しかし『弁論術』の第二巻のいくつかの部分は、まったく異なった視点を示している。アリストテレスは弁論家が聴衆を説得するために用いる様々な感情を分析している。例えば同情だ（1386a）。

ところで人々が憐れを感ずるものは以上のものや以上のようなものである。しかし人々が憐れむのは知人たちをである、ただしその知人は親類関係がひどく親近でないことを条件とする。親近であれば、彼らのことで、ちょうど同じような目に遭いそうな自分自身のことでのように、心を労するものである。［…］というのは恐ろしいことは憐れなことと別であって、憐れなことを追い出すものであり、そしてしばしばその反対の感情を作り出すのに役立つものである。というのは恐ろしいことが自分の身近にあれば、もはや人々は憐れまないからである。また年輩において、性格において、心の状態において、栄養において、種族において同じような人たちを憐れむ。というのはすべてこの人たちの場合には同じような禍が自分にもありうるように見えることが、一層多いからである。何故なら一般的に言って、これらの場合にもまた自分の身の上に起こってくるのを恐れることは、それが他人の身の上に起こってくれば、それを憐れむと解しなければならないからである。しかし災難は身の近くに現れる時に憐れなものであり、そして一万年前に生じたものを人は憶えてもいないし、また一万年後のものを期待もしないので、それを全く憐れまないか、あるいは憐れむにしても身近なものと同じようにではないから、必然に、身振りや声や服装によって、そして一般的に言って、演技によって効果を上げる人たちは一層憐れな者であるということになる。何故ならその人たちは禍を未来のものとしてにせよ、あるいは過去のものとしてにせよ、人々の眼前に彷彿たらしめることによって、それが身近にあるように見えさせるからである。そしてさっき起こったばかりのことや直ぐ起こりそうなことは一層憐れなことだからである。（山本光雄訳、岩波書店）

ねたみを論じた部分でも（1388a）、同じような論議が出てくる。

すなわち時において、場所において、年齢において、また評判において自分に近い人たちを妬むのである。こんなわけで次のことは言われたのである。

「というのは同族がまた妬むことをも心得ているから」

また名誉を競い合う相手をも妬む。というのは名誉を競い合うのは上述の人たちを相手にしてであって、一万年も以前の人たちを相手に、あるいは将来生まれてくる人たちを相手にしてそうする者は誰もいないし、ヘラクレスの柱のあたりにすむ人たちを相手にする者もいないからである。しかしまた自分たちの意見で、あるいは他の人々の意見で、自分のほうがはるかに劣っているとされる人たち、あるいは自分のほうがはるかに優っているとされる人たちに対しても、そのような開きのあることどもに関して同様に名誉を競いはしない。[2]（山本光雄訳、岩波書店）

アリストテレスにとって、『弁論術』の第二巻で分析した感情は、明らかに「本性にかなった」ものだった。しかし彼は結局それに、歴史的、地理的限界をもうけている。プラトンの神話的物語によると、アトランティス王国はソロンの九千年前に栄えた。[3] アリストテレスはさらに大きな数字、「一万年」を用いて、過去あるいは未来の非常に遠い時間の観念を与えようとした。それは肯定的なやり方であれ、否定的なやり方であれ、他の人間たちの感情と一体化するのを許さない。ヘラクレスの柱への言及もほぼ同じ意味を持っている。伝説的な伝承によると、地中海の境界外の土地や海には未開人や怪物が住んでいるとされており、アリストテレスの弟子のアレクサンドロス大王もその後この伝説に結びつけられるのである。

同情やねたみが時間的、地理的限界を持つというアリストテレスの主張を、現実と神話の対立に導くことはできない。神話的人物は特に舞台で激しい感情をほとばしらせる。アリストテレスは『詩学』で、悲劇が「同情や恐怖を引き起こすできごと」を扱うと主張し（1452b）、次のように説明している（1453b）。

そもそも、この種の行為が起こるのは、当然のこととして、(1)相互に近親関係にある人々の間であるか、(2)相互に外敵の関係にある人々の間であるか、(3)そのどちらの関係にもない人々の間であるか、この三つのいずれかに於いてでなければならない。そこで先ず、右の(2)にあたることであるが、外敵同士がいてその一方が相手を、例えば、殺めるというような場合、殺された側の受難というそのひとことに関しては別であるが、それを除けば、ほかには、かくも怖ろしい行為の実行も、またその企みも、殊更同情を喚ぶものであろう筈がない。また、右の(3)にあたる場合、すなわち、当事者同士の関係が肉親でもなければ外敵同士でもない場合も、今のと同じく、怖ろしい行為が起きても、特に同情の念が湧くというものでもあるまい。しかし、このような残酷な受難が、近親関係にある人々の間に生ずるという(1)の場合、例えば同腹の兄が弟を、或いは息子が父親を、母親が息子を、息子が母親を、殺害したり、そうしようと企んだり、或いは何かほかにそれに類する事を行うような場合、まさにかかる場合の受難をこそ、悲劇詩人は題材として求めなくてはならない。[4]

（今道友信訳、岩波書店）

「兄弟なら、刃傷沙汰」。「去るもの、日々にうとし」。この二つの格言は引用した『弁論術』や『詩学』の文章に含まれる矛盾を分からせてくれる。過度の距離は無関心を呼ぶ。過度の近接は、同情も、抜き差しならない敵対も生じさせる。この両義性はギリシア悲劇で驚くべきほど生き生きと表現されたのだが、アリストテレスが生きていた社会の日々の現実の一部をなしていた。それは顔見知り関係に基づく、狭い社会だった。

2　それでは二千年後に書かれた、非常に異なるテキストに移ろう。それは一七七三年に初めて刊行された、ディドロの『父と息子の会話、あるいは法の埒外に出る危険性について』である。[5] ディドロはスターンの『トリストラム・シャンディ』に想を得た、乱れた、ひきつった文体で、冬の静かな夕べに父親の家で行われる会話の模様を描いている。人々が出入りし、逸話や思い出を語るが、それはすべて同じ問題のまわりをめぐっている。書かれた法と道徳原理の関係、あるいは（アリストテレスなら言ったであろう）「特殊な」法と「共通な」法の関係である。前者はディドロの父親が、後者は息子のディドロが体現しているのである。[6] われわれは道徳の普遍原理を守るために書かれた法を破る権利があるのだろうか。医者が傷ついた犯罪者の治療を拒否するのは正当なことだろうか。ただ一人の裕福な利己主義者の利益のために、貧しい人々の集団から遺産を取りあげるような不当な遺言状を破棄するのは、道徳的に正しいことなのだろうか。ディドロは一七七三年刊の『父と息子の会話』のテキストを再度練り上げる際に、本文とうまくかみ合わない挿話を挿入した。ある帽子屋がやってきて、話を語る。彼は十八年間病気の妻を看護してきた。妻が死ぬと一文無しになったので、法律では妻の親戚のもとに行くべきだった持参金を自分のものにした。これはいいことなのか、悪いことなのか。論議が始まった。ディドロの父は、帽子屋が不当に取ったものを返すべきだと主張した。

帽子屋は不意に答えた。

「いいえ、旦那様、私は出ていきます、ジュネーヴに行きます」

「そうして後悔を捨てていけると思うのだな？」

「分かりません。でもジュネーヴに行きます」

「どこでも行くがいい、だが良心は後についてくるぞ」

おそらく時間的、あるいは空間的距離は、ありとあらゆる感情や、いかなる形の道義心も、犯罪のそれさえも弱める、という点で、私たちは一致した。中国の海岸に達した殺人者は、セーヌ河畔に血まみれのまま残した死体をもはや見ることができない。おそらく後悔は、自分自身に抱く嫌悪感よりも、他人への恐れから生じる。自分が犯したことへの恥じよりも、犯罪が露見した後の非難と刑罰から生じる。[7]

ディドロは『ブーガンヴィル航海記補遺』で、自然行為としての性はいかなる形の法的束縛からも自由であるべきだとしている。『父と息子の会話』で、同じことを殺人に関しても示唆しているように思える。「時間的、空間的距離はあらゆる種類の感情を弱める」というディドロの率直な見解は、前述のアリストテレスの『弁論術』の文章を文字通り反映していると思える。しかしこれは極限にまで押し進められたアリストテレスである。そこには不思議なことはない。ディドロはその前の著作『劇作論』(一七五八)で、「アリストテレスは秩序あるやり方で行動する哲学者で、普遍的原理を形成した。それから結論を引き出したり、それを応用するのはほかのものにまかせたのである」と書いている。[8] こうした結論の一つが、同情の欠如を、殺人の後悔の欠如に変えてしまった読みかえである。アリストテレスは同情の欠如を「時間的、空間的距離」の結果としてとらえたのだが、ディドロは殺人の後悔の欠如を同じ理由に帰したのである。遠くにいて、意志の疎通ができない人間が、分裂した私に変化する。これがディドロの最も素晴らしい二つの作品、『ラモーの甥』と『俳優に関する逆説』に想を与えた主題なのである。

この内面へのずれ込みは——フランスから中国という——地理的空間の中に具現化する。それはアリストテレスが語った地中海世界よりもはるかに広大なのである。しかしなぜ中国なのか？架空の道徳的案件との係わりで中国が出てくることは、ディドロがその例をどこかのイエズス会士が書いた決議論的論文から取ったことを推測させる。[9] これは誘惑的な仮説だが、今まで証明されていない。その逸話の源泉が何であろうと、ディドロはそれをある道徳的実験の出発点とした。その実験は二十年前に『盲人書簡、眼のみえる人々のために』で考えついたものに匹敵した。

私たちに憐れみの心や苦痛の観念を呼びさますあらゆる外部的な感情表示のなかで、盲人を感動させるのはただ嘆声しかないのですから、私は盲人たちは一般に非人情なものではないかと思うのです。盲人にとって、小便をする人間となんの不平もいわずに自分の血を流す人間との間に、いったいどんな違いがあるのでしょう。私たちにしても、対象が遠く離れているか、あるいは小さいために受ける効果が、視覚のないために盲人が受けるのと同じである場合には、私たちも同情をもたなくなるのではないでしょうか。それほど私たちの美徳は、私たちの感じ方なり、外的な事物が私たちの心を動かす度合いなりに依存しているのです。だから、罰を恐れる気持がなければ、燕ほどの大きさにしか見えないような遠距離でなら、一人の人間を殺すことも、自分の手で一匹の牡牛を絞め殺すことよりもはるかに気楽にやれる人間がたくさんいることを、私は確信します。私たちが一方で喘ぎ苦しんでいる馬に憐れみを感じながら、他方ではなんも懸念もなく一匹の蟻を踏みつぶすというのは、おなじ原理が私たちをそう決心させるからではないでしょうか。[10]（平岡昇訳、『ディドロ著作集、哲学I』法政大学出版局）

フランスと中国をへだてる地理的距離と、盲人からの視覚の剥奪との類似は明らかである。[11]ディドロによれば、両方の状況から作り出される人間性と同情の欠如は、道徳が持つべきはずの永遠的性格に反証を加える。「ああ、奥様、盲人の道徳は、何とわれわれのものと違っていることか！」。ディドロは『盲人書簡』の献呈先であったピュイシュー夫人にこう叫んでいる。[12]ディドロによれば道徳律は、特定の物理的、歴史的状況と強制の結果なのである。「恐れ」と「罰」という決定的な言葉も、二十年の時をへて、後悔の欠如を説明するために再登場する。それはパリを離れて中国に行く仮定上の殺人犯の場合であり、人間がツバメくらいの大きさにしか見えない時は、その人間を殺してしまうものの場合でもある。しかしディドロに典型的な論述方法なのだが、彼は不意に脇にそれて、この類似から新しい主題を導き出す。それはまったく違った種類の置き換えを示唆する。人間の動物に対する態度である。動物もまた、われわれが大きさや距離を感知するやり方の影響を受けている、とディドロは言う。この一件無害な原則の結果は明確に示されてはいない。それはまったく自明のことだからだ。われわれは苦しんでいる馬に感じる同情を蟻にまで適用すべきなのか？　あるいはわれわれ人間が蟻に感じる同情の欠如を、馬や人間にまで拡大すべきなのか？

初めの結論のほうが確かに、情熱と感受性を強調したディドロにより密着している。彼はもちろん自分自身のことを考えてこう書いている。「内臓の虚弱さにともない、横隔膜の動きやすさ、空想力の活発さ、神経の繊細さに由来するその気質。それは同情し、恐怖におののき、賞賛し、恐れ、不安に陥り、泣き出す傾向を持つ」[13]。しかしある一八世紀の読者は、昆虫の苦しみへの私たちの無関心を宇宙的尺度で投影することを意味する、正反対の結論を明らかに示した。ヨーロッパ啓蒙主義史の大家、フランコ・ヴェントゥーリは、若き頃の著作『ディドロの青春』で、『盲人書簡』で述べられた反宗教論がサドに大きな影響を与えたと、鋭敏にも注意を促している[14]。おそらくサドの哲学はディドロの『盲人書簡』なしには形成不可能だった、とさえ言えるかもしれない[15]。サドが『閨房哲学』で、いかにして殺人の正当性を主張しているか見てみよう。

人間とは何であるか？　人間と植物とのあいだ、人間とすべての地球上の動物とのあいだには、いかなる相違があるのであるか？　断乎として、いかなる相違もない。彼らと同様、この地球上に偶然発生した人間は、彼らと同様、繁殖し、生育し、衰亡して行くのである。人間もまた彼らと同様に老境に達すると、やがては、すべての動物がその器官の構造に応じて自然から割り当てられている寿命の切れ目にきて、彼らと同様に虚無のなかに消えて行くのである。だから、もしも人間と諸動物とのあいだのこうした類似が、哲学者の鑑識眼をもってしてさえいかなる相違点も認められがたいほどに、厳密に近しいものであるとしたならば、動物を殺すのは人間を殺すのとまったく等しい悪事であるか、さもなければ、どっちの場合も取るに足らないことであるか、そのどちらかでしかないだろう。両者のあいだの距離はただ、われわれの自尊心という偏見の中にしかないだろう。

［…］

もし存在の永遠性が自然にとって不可能であるならば、存在の破壊こそ自然法則のひとつとなるべきであろう。［…］大きな動物が息を引き取った瞬間に、小さな動物が幾匹も生まれる。そしてこれらの小動物の生命は、大動物の生命の一時的睡りから生じる必然的かつ決定的な結果のひとつにすぎないのである。それでもなお諸君は、自然が小動物よりも大動物の方を気に入ると、あえて主張するであろうか？[16]（渋澤龍彦訳、『渋澤龍彦翻訳全集2』、河出書房新社）

3

サドは今までに何度か、論理的には首尾一貫しているものの、啓蒙主義の悪化した結末であると考えられてきた。これはすでに一八〇一年に反動的作家シャルル・ド・プージャンが書いた、挑発的記事に見られた論議であった。[17] しかし王政復古の知的、政治的擁護者たちにとっては、サドではなくディドロがより明確な標的だった。フランソワ＝ルネ・ド・シャトーブリアンは大成功を収めた『キリスト教精髄』で、ヨーロッパを去り中国に行く殺人者の話を新しいやり方で語っている。「時間的、あるいは空間的距離は、ありとあらゆる感情や、いかなる形の道義心も、犯罪のそれさえも弱める」。これは刑罰の恐れがない場合は、外に出てこないような道義心である、とディドロは書いた。シャトーブリアンはこの言葉に道徳的な怒りを感じた。

おお、良心よ、おまえはわれわれの空想の単なる幽霊なのか、あるいは人間の単なる刑罰の恐れなのか？　私は自問し、この問いを発する。もしきみがこの場に、きみの家にいながら、単に望むだけで、中国で人を殺すことができ、その財産をものにでき、誰もそれを知ることがないのが絶対に確実なら、その望みを実行するのに同意するだろうか？　そして、この仮定の殺人を自分の目により目立たないものにするために、自分が望めば、そのあわれな中国人は即座に苦しむことなく死ぬと想定してみる。彼には子孫がなく、彼が死んだら、その財産は国家に浪費されてしまう、とする。またこの未知の外国人を、持病とその苦痛で押しつぶされていると考えてみる。それゆえ彼にとって死はほとんど解放であり善である、と言い聞かせる。彼自身もそれを望んでいる。私がこの犯罪的な望みを抱いているとき、彼はほとんど死にかかっている。だがたとえこうであっても、私はこう言える。つまりあらゆる言い逃れにもかかわらず、私は心の奥底に、こうした想定を単に考えることだけにも反対して、大声で叫ぶ声を感じるのであり、それは良心の実在に一点の疑いも残さないのである。[18]

シャトーブリアンが、中国に逃げる殺人犯の文章にも、遠くからなら人間を殺すことをためらわないものがいるという文章にも、反応しているのは明らかである。シャトーブリアンはこれらを組み合わせて新しい話を作った。犠牲者は中国人で、殺人者はヨーロッパ人である。殺人者は大金を得るという、明確な目的を持っている。この新しい版の話は誤ってルソーのものだとされ、有名になった。その誤りはバルザックにさかのぼる。[19]『ゴリオ爺さん』で、ラスチニャックは、裕福な結婚の可能性を検討して一夜を過ごす。その結婚は間接的にだが、彼を殺人に巻き込むはずだった。彼はその後リュクサンブール公園に行き、友人のビアンションに出会う。ラスチニャックはこう言う。

「ぼくはよくない考えに悩まされているんだよ……きみはルソーを読んだことがあるかい」

「あるよ」

「中国の老大官を、パリから一歩も動かずに自分の意志の働きだけで殺せて、しかもそのために財産を手に入れることができるとしたら、あなたならどうしますかって、ルソーが読者に訊いているところがあるだろう。覚えているかね」

「うん」

「で、きみならどうする？」

「うん。ぼくはいま三十三人目の老大官をやっつけているところさ」

「冗談はやめろよ。そういうことが可能で、しかもきみはちょっと首を振りさえすればいいんだってことが証明されているとしたら、きみはそれをやってのけるかね」

「その老大官ってのは年寄りなのかい。だが……若いにせよ、おいぼれにせよ、中風やみだろうが、健康だろうが、そうだな……ええと、ぼくはいやだな」[20]（高山鉄男訳、岩波書店『ゴリオ爺さん』）

4

中国人官吏のたとえ話は、ラスチニャックという登場人物の成長を前もって告げている。ブルジョワ社会では、最も基本的なものも含めて、道徳的義務を守るのは難しいことを、バルザックは示したいのである。私たちすべてが巻き込まれている一連の関係は、少なくとも間接的に、私たちに犯罪の責任を負わせることができる。数年後、バルザックは小説『モデスト・ミニョン』で、同じような論議をするために再度官吏を用いた。詩人のカナリスは次のように言う。「もしこの瞬間、中国の最も重要な官吏が死んで、帝国が喪に服すとしたら、あなたはそれほど悲しいだろうか？　インドではイギリス人がわれわれと同じような人々を何千人も殺している。そしてまさにこの瞬間に、素晴らしく美しい女性が火刑台に送られている。そしてそれでもあなたは同じようにコーヒーを飲まなかったですか？[21]」。後進性の残酷さと、帝国主義の残忍さに支配されていることが分かっているこの世界では、私たちの道徳への無関心はすでに一種の共犯形態なのである。

ラスチニャックの友人が未知の中国人官吏を殺すのに抵抗したことは、すでにアリストテレスが明言したように、「本性からして正しいものと不正なものがいる」という事実を暗黙裡に認めたこととみなせる。しかし世界的経済システムの登場とともに、アリストテレスが想像しなかったし、想像もできなかったほど無限に大きな距離をもとに大金をかせぐ可能性が、すでに現実になったのだった。

その関連はすでにかなり前から把握されていた。「西インド諸島の商人が確かに君に言うだろう、ジャマイカで起きることに関心があると」デヴィッド・ヒュームは『人間本性論』の「空間と時間の中の近接と距離」という項でこう述べている。[22] しかし後に見るように、ヒュームの緻密な考察は、問題の道徳的、法的含意を無視していた。今日ではこの沈黙が私たちを驚かせる。誰かが金をかせいだら、そのことが多少なりとも直接的に、遠くにいる人間の苦しみを引き起こしうることを、私たちは知っている。そのものは窮乏や、栄養失調や、死までも強いられるかもしれないのだ。しかし経済は、遠い距離から他の人間の生き方に影響を与えうる可能性の一つでしかない。それは進歩がもたらしたものの一つなのだ。最も普及した版によると、中国人官吏は単にボタンを踏むだけで殺される。これは逸話の作者とされたルソーよりも、[23] 近代の戦争の武器を思い起こさせる。飛行機やミサイルはディドロの推測の確かさを証明した。彼によれば、ツバメくらいの大きさに見える人間を殺すほうがずっと簡単なのだ。官僚制の進歩は同じ方向に動き、おおぜいの人間を単なる数として扱う可能性を作りだした。これは距離を置いて人間を考える、もう一つの非常に有効なやり方なのだ。

数十万人を殺す爆弾は、それを投下したものに後悔の念を抱かせる可能性がある。広島で原爆を投下した操縦士、クロード・イーザリーはそうなった。しかし爆弾は、普通の人が人間殺戮の恐ろしい細目の遂行を学ぶように求めはしない。またそうした訓練が完全に目的に達しても（たびたびそうなった)、やはり些細な機能障害が発生する可能性があった。クリストファー・ブラウニングはそのことを『普通の人々』で示して見せた。これは恐ろしい本で、ドイツの警察予備役部隊がいかにしてポーランドのユダヤ人虐殺に巻き込まれたか、詳細に跡づけている。[24] 大量虐殺の執行人に仕立てられた普通のドイツ市民が、たまたま過去に知っていたユダヤ人に出会うと、自分の職務を十分に遂行できなくなってしまった。ナチの宣伝のステレオタイプを、数百人、数千人の見知らぬユダヤ人に投影する方が、明らかにずっと簡単だったのだ。

ナチの人種法の中心にあった「われわれ」と「彼ら」の明確な区別は、理論面では、自然法観念の明白な拒絶に結びついていた。この意味で、第二次世界大戦後に出現した、「人類に対する犯罪」という法的概念の形成は、アンティゴネの遅ればせの勝利と見なせるかもしれない。「規定に反してポリュネイケスを埋葬するのは正しいことである、なぜならそれは本性に照らせば正しいからだ」。この言葉は、アリストテレスによれば、特殊な法に共通の法が優越し、特殊な共同体への義務に人類への義務が、近接性に距離が優先することを意味していた。しかしアリストテレス自身が明示するのを怠っていないように、距離と近接性は両義的な概念なのだ。今まで見てきたように、距離は、極端にまで押し進められれば、他の人類への完全な同情の欠如を生み出す可能性がある。しかしどのようにして距離と過剰な距離との境界を引くべきなのか? 別の言葉で言うと、人間的同情という、自然に持つとされる感情の文化的境界は何なのだろうか?

5　これは難しい問いかけだ。ここでは直接答えようとは思わない。それに含まれるいくつかの意味を、明らかにするだけに留めることにする。
中国人官吏の話は空間的距離の主題だけを扱っている。ヒュームは『人間本性論』でより広い問題（「空間と時間の中の近接と距離」）を調べている。それは今まで見たように、すでにアリストテレスが対峙した問題だった。

日常生活において見出されるように、人間は主として、時空的にさほど隔絶しない事物のことを配慮し、現在を楽しんで、遠く離れたものを偶然と運命のなすままに任せるのである。例えば、或る人にその三十年後の地位を語っても、気を惹かれなかろう。が、明日起こることを話せば、注意を傾けよう。海外にあって数百リーグを隔てたとき家の焼けたのを憂慮するより、家にいたとき鏡のこわれたのを憂慮する方が大きい。（『人性論』大槻春彦訳、岩波書店）

アダム・スミスは『道徳感情論』（一七五九）でヒュームの見解を発展させ、「公正と正義の感覚」だけが私たちの感情の本来の利己主義を矯正できると主張した。スミスは当時耳目に新しかった、リスボンの地震（一七五五）を反映させたたとえ話で、利己主義について暗示的に語った。だがそれが、ディドロの、中国に逃げた殺人者の話に間接的に想を得た可能性も排除できない。

中国という大帝国が、その無数の住民のすべてとともに、突然地震によってのみこまれたと想定し、そして、ヨーロッパにいる人間愛のある人で、世界のその部分にどんな種類のつながりももたなかったものが、この恐るべき災悪の報道をうけとったとき、どんな感受作用をうけるであろうかを、考察しよう。わたくしの想像では、かれはなによりもまず、あの不幸な国民の悲運にたいするかれの悲哀をひじょうに強く表明するであろうし、人生の不安定、このようにして一瞬に壊滅させられうる人間のあらゆる労働のむなしさについて、多くのゆううつな省察をするであろう。かれはまた、おそらく、もしかれが思索の人であったとすれば、この災難が、ヨーロッパの商業に、および世界全体の営業活動に、もたらすかもしれない諸効果についての、多くの推論にはいっていくであろう。そして、この上品な哲学のすべてがおわったとき、これらの人道的諸感情のすべてが、ひとたびみごとに表現されてしまったとき、かれは、そういう偶発事件がなにもおこらなかったかのように、いつもとかわらぬ気楽さと平静さをもって、自分の仕事または快楽を追求するであろうし、休息をとったり気晴らしをしたりするであろう。［…］もし、かれがあす、自分の小指を失うことになっていたとすれば、今夜はかれは眠らないであろう。しかし、かれの一億の兄弟の破滅にもかかわらず、かれがけっしてかれらを見たことがないとすれば、かれはもっとも深い安心をもっていびきをかくであろうし、そして、この巨大な大衆の破滅は、かれにとってはあきらかに、かれ自身のこのささやかな悲運よりも、利害関心をひかない対象だと思われるのである。[25]（水田洋訳、筑摩書房）

一方ヒュームは彼の立場から、共感については語らない。それは彼にとって緊密に道徳に結びついたものだからだ。しかし彼は以下のような区別を導入する。

空間的距離も時間的距離も（観念の勢いを弱める点で）想像へ著しい効果を及ぼして、且つそれによって意志及び情緒へ著しい効果を及ぼすが、しかも空間的隔絶の効果は、時間的隔絶のそれより遙かに劣るのである。例えば、二十年の歳月は、歴史の告げるところに比較して、いや人間の記憶の告げるところに比較してさえ、確かに極めて僅かな時間的距離である。しかも、一千リーグの距離が、いや地球の許し得る最大の場所的距離すら、これと同じほど顕著に観念を弱め、情緒を減ずるだろうか。私はこれを疑う。（『人性論』大槻春彦訳、岩波書店）

ヒュームは自分の言明の支えに、すでに述べた、ジャマイカの出来事を気にしている西インド諸島の商人の例を引用している。しかしこう付け加えている。「かほどに遠い出来事を恐れて、このような遠い未来まで視線を伸ばすものはほとんどいない」。この不均衡が時間に関するさらなる違いを論議するように、彼を導く。「未来へのある距離は、過去への同じ距離よりも大きな影響力を持つ[26]」。それはわれわれの意志も情熱も弱めてしまう。意志に関しては、ヒュームはこう言っている。それは「簡単に説明できる［…］われわれのいかなる行動も過去を変えられないのだとしたら、過去が意志を決定できないのは決して奇妙ではない」。一方情熱についてはより広い論議が展開されていて、こう結論が述べられている。

未来は一瞬間ごとに近くなり、過去は（反対に）退く、と想うのである。それゆえ、過去及び未来の等しい距離も、想像へ等しい影響を及ぼさない。そしてその理由は、われわれが一方の距離をもって連続的に増加すると考え、他方の距離をもって連続的に減少すると考えるからである。心想は物事の経過を先想する。そして、現在と思われる状態で事物を見るばかりでなく、事物が向かう（未来の）状態においても事物を見るのである。（『人性論』大槻春彦訳、岩波書店）

詳細な分析のおかげで、ヒュームは説明ができた。

こうしてわれわれは、かなり注目すべきものであるように思える三つの現象を説明し終えた。（すなわち、第一、）なぜに距離は想念及び情緒を弱めるか、（第二、）なぜに時間的距離は空間的距離よりこの効果が大であるか、（第三、）なぜに過去の時間的距離は未来のそれより更に効果が大であるか、（以上の三つである）。さて今度は、これらの三つの現象のいわば逆と思える三つの現象を考察しなければならない。（すなわち、第一、）なぜにはなはだ大きな距離は事物に対するわれわれの敬重と賛嘆とを増すか、（第二、）なぜにははなはだ大きな時間的距離は空間的なそれより敬重と賛嘆とを増すか、（第三、）なぜに過去の距離は未来のそれより増すか（この三つである）。（『人性論』大槻春彦訳、岩波書店）

この二つの相反する論議は、私の誤りでないなら、ヒュームや、啓蒙主義全般が直面できなかったある矛盾を表に出現させる。それは一方では、単なる非合理的な論議であるとして、伝統の持つ力と権威を打ち消す傾向を持ち、他方では伝統の力と権威の否定しがたい強さを認めるような矛盾である。時間的距離の効果を空間的距離のそれと比べた明快な見解は、哲学者のヒュームが歴史家のヒュームと実りある対話をしている様をかいま見せる。

古代の胸像や碑銘は日本製の卓子より価値ありとされる。またわれわれは、ギリシア人やローマ人はいうまでもなく、昔のカルデア人やエジプト人を確かに近代の中国人やペルシャ人より崇敬の情をもって眺める。そして、海を渡って中国人やペルシャ人の性格、知識、政治組織を確実に知るために払う骨折りに比べれば、はるかに効果のない骨折りを、カルデア人やエジプト人の歴史や年代記を明らかにするために払うものである。[27]（『人性論』大槻春彦訳、岩波書店）

前に述べた矛盾を解決しようとするヒュームの方法は私たちを失望させる。なぜならただ個人の心理にしか言及していないからだ。ヒュームが強調した距離と困難さとの関係、困難さと障害を乗り越える喜びとの関係は、私たちの文明が距離、過去、遠い過去に付与している価値を説明できない。それは二〇世紀の間に大きく変化した、特定の歴史状況に結びついた、特殊な現象なのである。ヒュームはまだ、「われわれのいかなる行為も過去を変えられない」と確信を持って書くことができた。今日では、人間の行為は過去の記憶に大きな影響を与えられる、と付け加えざるを得ない。その記憶の跡を歪め、忘却の中に押し込め、破棄判決を下すことによって。

6　迫り来る脅威から過去を救おうとする衝動は、『歴史の概念について』でほどきっぱりと表明されたことはない。これはヴァルター・ベンヤミンが一九四〇年の初頭に書いた論文集で、それはヒトラーとスターリンの協定が結ばれた直後だった。「もし敵が勝つなら、死者さえも安全ではない」。ベンヤミンは自死の数ヵ月前にこう書いている。[28] ベンヤミンは二番目の論文の冒頭で、一九世紀の哲学者ヘルマン・ロッツェの文章を引用している。「人間の気質の最も注目すべき特性の一つに、個々人においては非常に深い我欲をもちながら、どの現在も未来に対してはおしなべて羨望を覚えない、という特性がある」。

この文章には、アリストテレスの『弁論術』の、情熱と（具体的な案件としては、ねたみ）時空間の距離との両義的な関係に関する文章の明確な反響が見て取れる。後世のものたちへのねたみの欠如に、ロッツェは「驚くべき現象」を見た。それは

目に見える次元を越えた統一体に抱く、我々の信頼感を確かなものにする。そこでは存在しなかった過去について単純には語れず、歴史の時の流れに無情に分割されたものがすべて、ある種の時のない共同体に再統合される［…］我々は未来のために破滅せず、我々の先人はあらゆる形態の現

実ではなく、明らかにこの現実で隔てられているという予感を待つ。そしてそれが実現される方法は未知だが、歴史の進歩は彼らにも及ぶという予感を抱く。ただこうした信頼感だけが、今でもそうであるように、人類とその歴史について語るのを可能にするのだ。[29]

一九世紀のパリに関するベンヤミンの未完の大作『パサージュ論』には、ロッツェの『ミクロコスモス』からの引用が多く含まれている。この本は一九世紀末には非常な人気を博していた。ロッツェは長い間かえりみられなかったが、ベンヤミンの思想形成には重要な役割を果たした。[30]ベンヤミンの『歴史の概念について』の基本的主題の一つ、「歴史に逆なでにブラシをかける」誘いは、ロッツェの過去の救済についての見解を再度取り上げ、それをユダヤ教精神と歴史的唯物論に想を得た展望の中で発展させたものなのである。「私たちに先行したどの世代ともひとしく、私たちにもかすかなメシア的な力が付与されており、過去にはこの力の働きを要求する権利があるのだ」とベンヤミンは書いている。[31]

この言葉は一九四〇年に書かれた。その後に起きたことに照らしてみると、最近の二つの世代は、ベンヤミンの考えとは違って、たとえ否定的であるにせよ、「強力な」メシア的力を財産として得ていた、と言いたくなる。歴史の終焉は——最近流行している形而上学的意味ではなく、完全に字義的意味で——最近の半世紀では、技術的に実現しうる可能性だったのである。人類破壊の可能性は——それ自体決定的な歴史的転換点なのだが——未来、過去のあらゆる世代の人生や記憶の断片に影響を与え、これからも与えるだろう。それには、アリストテレスが書いたように、「一万年前に起きたことや一万年後に起きること」の世代も含まれている。アリストテレスが「共通の法」と呼んだ領域は、平行して、はるかに広くなったように思える。しかし私たちの同情を遠い人類にまで拡大するのは、単なる修辞学的行為になると私は恐れる。私たちが現在、過去、未来を汚し、破壊する能力は、私たちの衰弱した道徳的想像力に比べたら、比較にならないほど大きいのだ。

原注

＊　この論文は「人権と歴史」を主題とするOxford Amnesty Lecturesの研究会で発表された。ペリー・アンダーソン、ピエル・チェーザレ・ボーリ、アルベルト・ガヤーノ、サムエル・R・ギルバート、ステファノ・レーヴィ・デッラ・トッレ、フランチェスコ・オルランド、アドリアーノ・プロスペーリの批判的見解と助言に感謝する。このイタリア語版は元の英語版を増補改訂してある。引用は以前の翻訳を用いたが、変更した箇所はいちいち断っていない。

1　Aristotele, Retorica, tr. it. di A. Plebe, Bari 1961, pp. 64–65. ソフォクレスから現代に至るまでの様々なアンティゴネのイメージはG. Steiner, Antigones, Oxford 1986（スタイナー『アンティゴネーの変貌』海老根宏・山本史郎訳、みすず書房）で分析されている。

2 Aristotele, *Retorica*, cit., pp. 108–119, 114.

3 Cfr. P. Vidal-Naquet, *L'Atlantide et les nations*, in Id., *La démocratie grecque vue d'ailleurs*, Paris 1990, pp. 139 sgg.

4 Aristotele, *Dell'arte poetica*, a cura di C. Gallavotti, Milano 1987, p. 47.

5 D. Diderot, *Œuvres*, a cura di A. Billy, Paris 1951, pp. 759–781.

6 Cfr. W. E. Edmiston, *Diderot and the Family. A Conflict of Nature and Law*, Saratoga, Calif. 1985, pp. 75 sgg.

7 D. Diderot, *Œuvres*, cit., p. 772.

8 D. Diderot, *Œuvres esthétiques*, a cura di P. Vernière, Paris 1988, p. 206.

9 しかしディドロの「テキスト」に関する言及は（p.742）必ずしも書かれたテキストに関するとは限らない。Cfr. p. 817 (*Lettre sur les aveugles*).

10 D. Diderot, *Lettre sur les aveugles*, in *Œuvres*, cit., p. 820.

11 F. Venturi, *Jeunesse de Diderot*, Paris 1939, pp. 142-167. の鋭い見解を参照のこと。特にpp.163–166.

12 D. Diderot, *Œuvres*, cit., p. 820.

13 D. Diderot, *Paradoxe sur le comédien*, in *Œuvres*, cit., p. 1032.

14 F. Venturi, *Jeunesse de Diderot*, cit., pp. 159–160.

15 盲人にとって、血を流す人間と小便をする人間との間に差はない、というディドロの見解に関して、ヴェントゥーリは、「しばしば自然観に関連づけられた一八世紀特有の残酷さ」について語っている。（*Jeunesse de Diderot*, cit., p. 165）

16 D. A. F. de Sade, *Opere*, a cura di P. Caruso, Milano 1976, pp. 195–196.

17 M. DelonがSade, *Œuvres*, Paris 1990, p. XXIV. への序文で引用した文章を参照のこと。

18 F-R. De Chateaubriand, *Génie du Christianisme, ou beautés de la religion chrétienne*, Lyon 1809[5], I, pp. 272–273.

19 バルザックとシャトーブリアンの関係を初めて指摘したのは P.Rönai, *Tuer le mandarin*, in "Revue de littérature comparée", 10 (1930), pp. 520–523.である。L. W. Keates, *Mysterious Miraculous Mandarin. Origins, Literary Paternity, Implications in Ethics*, "Revue de littérature comparée", 40 (1966), pp. 497–525は副題に反して、一八世紀の先例を扱ってはいない。A. Coimbra Martíns, *O Mandarim assassinado*, in *Ensaios Queirosianos*, Lisboa 1967, pp. 11–266, 381–383, 387–395,（特にpp. 27–28.）は、ディドロの二つの文章がその後の主題の発展に果たした重要性を明白

に否定している。さらに R. Trousson, *Balzac disciple et juge de Jean-Jacques Rousseau*, Genève 1983, p. 243, nota 11も参照のこと。

20　H. de Balzac, *Le Père Goriot*, Paris 1963, pp. 154–155; また p. 174も参照のこと。誤ってルソーの作とされたことについては A. Coimbra Martíns, *O Mandarim assassinado*, cit. を参照のこと。

21　H. de Balzac, *Modeste Mignon*, in *La Comédie humaine*, I, Paris 1976, p. 593.（バルザック『モデスト・ミニョン』〔バルザック全集24〕寺田透訳、東京創元社）。P. Rönaiがこの文章について言及している（cfr. A. Coimbra Martíns, *O Mandarim assassinado*, cit., pp. 38-40)。

22　D. Hume, *A Treatise of Human Nature*, II, III 6–7, in *The Philosophical Works*, a cura di T. H. Green e T. H. Grose, II, London 1886, reprint Darmstadt 1992, pp. 205–214, 特に p. 207.

23　ルソーの作とされるテキストがまだ D. Diderot, *Œuvres*, cit., p. 1418, nota 7に収録されていて、（明確な言及なしに）『エミール』にあるとされている。E. Brunet, *Index-Concordance d'Émile ou de l'éducation*, Genève-Paris 1980, 2 voll.を概観すれば、それが誤りであることが分かる。

24　C. Browning, *Ordinary Men. Reserve Police Battalion 101 and the Final Solution in Poland*, New York 1992.（ブラウニング『普通の人々』谷喬夫訳、筑摩書房）。

25　文章は A. Smith, *The Theory of Moral Sentiments*, p. III cap. III in *Works*, I, a cura di D. Stewart, reprint Aalen 1963, pp. 229–230から取られている（ペリー・アンダーソンの教示による）。

26　私が参照した D. Hume, *A Treatise of Human Nature*, cit., II, p. 207の原文は以下の通りである"The superior effects of the same distance in futurity above that in the past". 私は論述にしたがって原文を変更した。

27　D. Hume, *A Treatise of Human Nature*, cit., II, III, 6–7, in *The Philosophical Works*..., cit., II, pp. 206–210.

28　W. Benjamin, *Sul concetto di storia*, a cura di G. Bonola e M. Ranchetti, Torino 1997, pp. 20–57特に pp. 26–27.（ベンヤミン『近代の意味』〔ベンヤミン・コレクション1〕浅井健二郎編訳、筑摩書房）。

29　H. Lotze, *Microcosmo. Idee sulla storia naturale e sulla storia dell'umanità, Saggio di antropologia*, tr. it. di L. Marino, Torino 1988, pp. 626–627.

30　ベンヤミンがいかにロッツェに知的に負うているかについては S. Mosés, *L'Ange de l'histoire. Rosenzweig, Benjamin, Scholem*, Paris 1992, p. 166.を参照のこと。さらに H. D. Kittsteiner, *Walter Benjamin's Historicism*, in "New

German Critique", 39 (Fall 1986), pp. 179 sgg. も参照のこと（Dan Sherer の指摘による）。

31　W. Benjamin, *Sul concetto di storia*, cit., pp. 22–23.

第九章　ウォイティラ教皇の言い違い＊

I

カトリック教会がユダヤ人に許しを求めたことに関する論議が巻き起こり、すぐには収まりそうにない。こうしたことが起きる可能性自体が、多くのものには受容しがたいと思える。確かに一〇年ほど前までは、誰にも考えられないことだったろう。そして教会がキリスト教徒の反ユダヤ主義の責任を、勇気を持って引き受けようとした、初めての機会を思い出したものもいる。「ヨハネ・パウロ二世の、ローマのシナゴーグ巡礼はもはや歴史的である」。この指摘は不意に私にある疑いを呼び起こした。私はその疑問を解くために、初めにこの特別な出来事に関する「オッセルヴァトーレ・ロマーノ」紙の記事（一九八六年四月一四―一五日号）を読み、次に教皇がその機会に行った演説の全文を読んだ。

ヨハネ・パウロ二世の訪問は予告されていた。世界中のジャーナリストが群衆に混ざって教皇を待っていた。主席ラビのエリオ・トアッフとローマ・ユダヤ人協会長のジャコモ・サバンは、何世代にもわたってユダヤ人が、特にローマのユダヤ人が被った迫害について話した。屈辱と大虐殺と服喪について語った。つぎに教皇が語った。そのはじめの言葉は、「親愛なるユダヤ人やキリスト教徒の友人、兄弟よ」というものだった。「不意に、ほとんど予測できなかったような拍手が起こったが、それは長く、温かいものだった」と「オッセルヴァトーレ・ロマーノ」紙はコメントしている。そして拍手が何度も演説を中断させた。『あなたがたはお気に入りの兄弟であり、ある面では私たちの兄である、と言えるかもしれない』というまた別の素晴らしい言葉には、記憶すべき新たな拍手が起こり、その言葉を強調した」と記事の記者は続けている。

記者がさっそく強調したこの言葉は、国際的世論の目には、出来事の意味を要約しているように見えた。つまり反ユダヤ主義の厳粛な断罪だけでなく、より一般的に、ユダヤ人とキリスト教徒の関係の新段階の始まりとしてである。その新段階は、二つの宗教の解消不可能な関係をキリスト教が認めることと、ユダヤ教が歴史的に先行していたことを認識することに基づいている。ラビのトアッフは意味深長にもこの言葉を、ヨハネ二三世がカトリック教の典礼から取り去った悪名高い言葉とともに、自伝の題に入れている（『不実な兄のユダヤ人』一九八七、ミラーノ）。トアッフはユダヤ人とキリスト教徒のより良い関係を作るために、最近の数十年間で、どれだけ歩みが進んだか分からせたかったのだ。

「兄」というこの言葉が聖パウロの「ローマ人への手紙」（9,12）の文章に影響されていることに、誰かが気づいたのか、私は知らない（気づいたと思うのだが）。この引用の隠された重要性はすぐに明らかになる。「ローマ人への手紙」（9）の冒頭でパウロは、双子を身ごもったリベカに主が行った予言（「創世記」25, 23）について述べている。「兄は弟に仕える」。この予言はその通りに実現した。弟のヤコブは兄のエサウから長子権を一皿のレンズ豆料理で買ったのである。そして策略を用いてエサウを出し抜き、盲目の老父イサクから祝福を得た。パウロはこの予言を、ユダヤ人と、キリスト教に改宗した異教徒との関係に当てはめた。「兄は弟に仕える」すなわちユダヤ人（エサウ）はキリスト教に改宗した異教徒（ヤコブ）に仕えるのである。聖ヒエロニムスの『ウルガータ聖書』で使われた動詞は serviet（仕える）である。一方ギリシア語原典の動詞は δουλεύσει で、卑しい隷従的ニュアンスがあり、さらに厳格な意味を持っている（キッテルとフリードリヒの『新約聖書大辞典』の δοῦλος の項を参照のこと。例えば一四一七頁、一四二九頁）。「兄は弟に仕える」という言葉の意味を強化するために、パウロはすぐに別の引用をする。それは預言者のマラキアが神のものだとした言葉である。「わたしはヤコブを愛し、エサウを憎んだ」。ユダヤ人は精神に対する文字、精神に対する肉の代表者として、二千年間、キリスト教徒に憎まれてきたが、その憎悪は改宗ユダヤ人パウロのこの言葉に正当性の根拠を見出してきた。キリスト教の反ユダヤ主義を作りだしたテキストがあるのだとしたら、これこそがそうである。

ヨハネ・パウロ二世はローマのシナゴーグへの巡礼行という厳粛な機会に、まさにこのテキストに暗に言及したのかもしれないのだ。しかしこれには信じられないところがある。だがどのように解釈すべきなのか？　あり得る答えは二つである。一つ目は、ありとあらゆる形の反ユダヤ主義を明確に厳しく弾劾する機会に、教皇はユダヤ人に、常に従属的な被支配的状況にあったことを思い出させようとした、というものである。私はあり得ないと思いつつ、この仮説から出発した。なぜなら教皇がキリスト教徒とユダヤ人の関係を明確にするのに、「ローマ人への手紙」（9, 12）のような明白なテキストを、文字通りに引用しているのに気づかないことなどあり得ないと思ったからである。しかし「オッセルヴァトーレ・ロマーノ」紙に掲載された演説の全文を読むと、意図的な引用という仮説は完全に捨て去るべきと思えた。教皇は二つの宗教のつながりについて、その双方が「いかなる諸説混合主義も、疑わしい横領も越えて、それ自身の特性において承認され尊敬されたいと望んでいる」という点を強調している。そして「起源からの根本的相違は、われわれキリスト教徒が、あなた方の民族の息子、ナザレのイエスの人物とその教えに同意したことである」と述べ、「その同意は信仰の秩序の中に入っている、つまり聖霊に導かれた知性と心の自由な合意の中にある。それはいかなる意味でも、外部からの圧力の対象とはなり得ない」としている。この種の主張の前置きとして、ユダヤ人のキリスト教徒への従属を主張する引用を意図的に置くことは、率直に言って不条理に思える。それではこれをいかに説明すべきなのか？

別の仮説が残っている。教皇はキリスト教徒とユダヤ人の関係を明確にする際に、「ローマ人への手紙」（9, 12）を反映することに気づかずに、「兄は弟に仕える」を使った、という仮説である。ここでは、「オッセルヴァトーレ・ロマーノ」紙に掲載された演説の全文にも、パウロの手紙を参照すべき注記がないことに注目すべきである。その掲載文には演説に点々と散りばめられている、数多くの聖書からの引用が、事細かに指摘されていて、数行後の、「ローマ人への手紙」の他の文章からの（2,6,11,28以下）二つの引用も示されている。それでは「兄…」の文章は直前になって付け加えられたのだろうか？　それが起きた可能性は排除すべきではないと思う。この文章の前には、キリスト教徒とユダヤ教徒との関係を話し合った、「我らの時代」公会議の文書からの引用がある。その文書は何度か「ローマ人への手紙」を引用しているが（九章も含まれている）、反ユダヤ主義的文章は注意深く避けている。そして問題の部分が出てくる。「ユダヤ教はわれわれの宗教にとって『外来的』ではなく、ある面では『内在的』である。したがって私たちはユダヤ教に、他のいかなる宗教にも持ち得ない関係を持っている。あなたがたはお気に入りの兄弟であり、ある面では私たちの兄である、と言えるかもしれない」。演説全体は、荘厳な状況から予想できるように、文体や言い回しに細心の配慮がなされている。であるから、数行の間に、「ある面では」が無粋にも繰り返されているのは、その場で付け加えが行われたことを示しているのかもしれない。教皇は明確な定義を求めていた。そして記憶の底から、ある定義付けが、伝統的なそれが浮かび出てきた。新たなページをめくろうとした時に、古いテキストに再びとらわれたのだ。

フロイトは言い違いに、意識に検閲された欲動の結果を見分けるように教えた。それはしばしば攻撃的な欲動である。教皇の言い違いは、ユダヤ人に対するその真の感情を露呈している、と判断するものがいるかもしれない。私はまったくそうは思わない。私は言い違いの意味はさらに重いと思う。イエスはユダヤ人であり（「我らの時代」の文書にある第二ヴァティカン公会議でもこのことが認められている）、キリスト教徒ではなかった。キリスト教はパウロとともに、ユダヤ教と自らを区別し、対抗することで生まれた。キリスト教の反ユダヤ主義を根絶するには、たとえそれが教皇であっても、個人の善意と勇気だけでは十分ではない。ヨハネ・パウロ二世の言い違いで、（反ユダヤ主義だけではない）伝統は一瞬復讐をとげた。まだ歩むべき道は非常に多く残されているのである。

Ⅱ

一〇月八日付けの「アッヴェニーレ」誌で、ジャン・フランコ・ズヴィデルコスキは「軽率かつ表面的に」、私が「ラ・レプッブリカ」紙（一九九七年一〇月七日）に書いた文章をたどっている。それは教皇ウォイティラが一九八六年にローマのシナゴーグを訪問した際に、ユダヤ人に述べた「兄は弟に仕える」という表現に関する文章である。私は教皇の言葉に、「ローマ人への手紙」（9, 12）の文章の、明らかかと思えたし、今も思えている反映を見て取った。その文章でパウロは、ユダヤ人とキリスト教に改宗した異教徒に、「創世記」（25, 23）のエサウとヤコブの予言、「兄は弟に仕える」を当てはめている。私はそれが意識的な暗示である可能性を分析して――その場のその状況では少なくとも不作法な味わいは持っただろう——教皇ウォイティラが行った演説全体にはその可能性が見られないと書いた。だがもう一つの、言い違いの可能性があったので、私はそれを解釈しようと努めた。

ズヴィデルコスキは私が教皇ウォイティラの言い違いを「フロイト的言い違い」として提示したと書いている。明らかに彼は「教皇ウォイティラのフロイト的言い違い」という「ラ・レプッブリカ」紙の記事のタイトルに欺かれている。だがズヴィデルコスキのようにジャーナリストの仕事をしているものは、タイトルが編集部でつけられることを知っているべきだ。もし彼がもっと注意深く私の記事を読んだら、私が言い違いを無意識に関連させはしたが、フロイトがそうしたであろうように、個人の心理からそれを解釈しようとするのを拒絶しているのに気づいたろう。事実私はこう書いた。

「フロイトは言い違いに、意識に検閲された（正確には、抑圧された）欲動の結果を見分けるように教えた。それはしばしば攻撃的な欲動である。教皇の言い違いは、ユダヤ人に対するその真の感情を露呈している、と判断するものがいるかもしれない。私はまったくそうは思わない」。

別の言葉で言えば、言い違いは教皇ウォイティラの反ユダヤ主義的感情を明るみに出すという点を、私は明確に排している。私はこうした仮説は立てない。数日前に（一〇月二日）リオ・デ・ジャネイロで発された、「数多くのホロコースト」という不幸なせりふを目のあたりにしても。この言葉は、ウォイティラ自身が大いなる勇気を持って始めた、キリスト教徒の反ユダヤ主義への具体的責任を論じた演説と矛盾すると思える。私はそうではなくて、言い違いの説明を、「ローマ人への手紙」に属するほぼ二千年間の伝統の重みに見出した。私はこう書いた。

「教皇は明確な定義を求めていた。そして記憶の底からある定義付けが、伝統的なそれが浮かび出てきた。新たなページをめくろうとした時に、古いテキストに再びとらわれたのだ」。

ズヴィデルコスキは、「この言葉の着想がパウロの手紙以外の『経路』から教皇のもとに届いたか」、私が問いかけもしなかった、として非難している。そしてその後で、信憑性のお墨付きがたっぷりついた、また別の解釈を提案している。「だが知られている限りでは（傍点は筆者）、その文章は、教皇が自分とともにペテロの司教座に運んできた、祖国ポーランドの文化遺産から、つまり歴史的『記憶』から出てきたものなのである」。その文章は「未来の独立スラブ国家の設立に奉仕すべき［…］ある種の政治宣言から」取られたと思える。それは一八四八年に偉大なるロマン主義詩人アダム・ミキエヴィチによって練り上げられたもので、「イスラエル」（つまりユダヤ人）について、「より年長の兄弟」と呼びかけて語っている。そして彼らには「善と永遠の繁栄への道において尊敬と援助が、あらゆる問題では同等の権利が」確保されるべきだとしている。

ローマのシナゴーグでなされたような、「ローマ人への手紙」の引用でいっぱいの演説で、ユダヤ人に関して発せられた「兄」という表現が、ミキエヴィチからの引用である「可能性が非常に高い」（ズヴィデルコスキの表現である）というのは、実際には、可能性が非常に低いし、いずれにせよ証明するのは不可能である。だがその説を裏付けたのが教皇自身だとしても、私の論証は少しも傷つけられないだろう。それは非常に単純な理由からである。つまりミキエヴィチも明らかに「ローマ人への手紙」に言及しているのである。私は、明らかに、と書いたが、それは、キリスト教的伝統にほとんど触れていなくても、何ものも、「ローマ人への手紙」(9,12) に意識的なり、無意識的なり、暗に言及せずには、ユダヤ人を「兄」とは呼べないからである。だからミキエヴィチはなおさらそうだった。ズヴィデルコスキが言及しているテキストは『ポーランドの政治的象徴』である。それはミキエヴィチがイタリア語とポーランド語で同時に書いた宗教的・政治的信仰箇条で、「ローマ、一八四八年三月二九日」と日付がつけられている。一八四八年にローマのプロパガンダ・フィーデ印刷所から出版されたイタリア語版では、「イスラエルに、私たちの兄［…］政治的・市民的権利における完全なる平等」と書かれている（ズヴィデルコスキはおそらくポーランド語版を持っていると思える。前述のように、彼の引用は少し違っている。「あらゆる問題では同等の権利」）。ミキエヴィチにとって、この平等はメシア的出来事に結びついている。ポーランドの国民的復活はそこでも、ほかの箇所でも、キリストの復活になぞらえられている（「ポーランドは、苦しみの末に、一〇〇年前に墓所に収められた肉体の中で再生する」）。ズヴィデルコスキが良き情報源から教えてくれたように、教皇ウォイティラはローマのシナゴーグで話していた時、本当にミキエヴィチの『ポーランドの政治的象徴』のことを考えていたのだろうか？『ポーランドの政治的象徴』の冒頭にある文章は、ユダヤ人に政治的・市民的権利における平等が認められる枠組みを明らかにしている。

1　自由な行為によって発現すべき、聖なるローマ・カトリック的信仰内での、キリスト教精神。
2　福音書で告げられている神の言葉、国家の法‐市民的、社会的法。
3　教会、言葉の番人。

見て分かるとおり、非常に教訓的なテキストである。もし望むなら、ミキエヴィチ著の『政治論集』に収められているので、全文を読むことができる（とても短い）。

したがってミキエヴィチは私たちを、パウロと、その「兄」という表現に導いていく。それは、それがはめ込まれている「ローマ人への手紙」の文章を通じて、ユダヤ人のキリスト教徒への従属を暗示している。こうした伝統が、教皇ウォイティラのように、その時にそれを壊そうとしたものの言葉に再度現れるのは、言い違いに悲劇的側面を与える。

ズヴィデルコスキが私に対して、「恨みと猜疑心でいっぱいの、昔からの煩悶を引きずるもの、その煩悶のため起こりつつある『新しい』ことが見えないもの」という非難を投げつけたことは無視しようと思う。彼の言い方は私には気に入らない。ただ私は疑いではなく、解釈を提示した、とだけ言っておこう。それに対する反論をまだ期待している。「新しい」ことについては、もし本当に姿を現すなら、私たちの多くがそれを喜ぶことだろう。

原注

＊　ピエル・チェーザレ・ボーリ、ジャンニ・コーヴァ、ステファノ・レーヴィ・デッラ・トッレの批判的見解に感謝する。

1　M. Politi, *In ginocchio davanti agli ebrei*, in "la Repubblica", 24 settembre 1997（マルティーニ枢機卿のいくつかの言明について）。

訳者あとがき

本書（Carlo Ginzburg: *Occhiacci di legno. Nove riflessioni sulla distanza*, Milano, Feltrinelli, 1998）はカルロ・ギンズブルグの一〇冊目の著作で、論文集としては二冊目にあたる。ギンズブルグはイタリアのみならず、世界中の学術雑誌に寄稿し、世界を股に掛けて講演を行っているので、論文の数はとても多いのだが、その数に比べると論文集は極端に少ない。それは彼が論文集を単なる論文の集成としてではなく、統一的な作品にしようと考えているためである。従ってばらばらな機会に発表された本書の論文は、「距離」をキーワードに、ある統一的な意図のもとに再配置され、その意図をより明確にするために新たな未発表論文がつけ加えられて、一冊の本が作られたのである。

本書ではギンズブルグが長年追い続けてきたテーマが取り上げられ、より発展させられている。例えば彼の代表作である『ベナンダンティ』や『チーズとウジ虫』で追求されてきたテーマ、つまり教養層の上層文化と民衆文化との交流、衝突は、第一章「異化」で取り上げられている。だが今回の論文集全体がそうなのだが、ギンズブルグは取り扱う時代を小さく限定せずに、古代から現代にいたるまで、広汎な事例を分析し、論じている。それはまるでヨーロッパの文化を、歴史の始原から根本的に問い直そうとするかのようで、思いがけない人物や事例が取り上げられ、読むものは幅広い教養を要求されるが、それと同時にめくるめくような驚きを味わわされるのである。本書の第一の特徴は時代を古代にまでさかのぼり、ある概念を根本的に問い直し、既成の思いこみに揺さぶりをかけようとする意欲である。こうした志向性は文献を綿密に読み解く注意深い分析に支えられているのだが、それは歴史家の文献解読の方法とともに、ヨーロッパの伝統を支える学問、文献学（フィロロジー）の手法を思わせる。本書でアウエルバッハ、シュピッツァーといった文献学を代表する学者の名前が出てくるのも決して偶然ではない。

またギンズブルグが追求してきた別のテーマ、つまり形態学と歴史学の関連も、特に第三章で追求されている。扱われているのは王の葬儀の際に用いられた、「表象」と呼ばれた人形である。彼は一四、一五世紀のイギリス、フランスに現れたこの人形と、古代ローマで使われた皇帝の人形の類似性に着目し、多くの研究者が歴史的関連が薄いと見なしてきた二つの人形の関連を追及する。その中でキリスト教の図像と典礼が分析され、聖体と「表象」の関係が考察される。彼の大著『闇の歴史』では民衆の儀礼をめぐって形態学と歴史の関連が分析されたが、「表象」では図像や典礼をめぐって考察がなされているのである。

本書ではギンズブルグが長年追求してきたまた別のテーマ、すなわち図像学に関連するテーマもとりあげられている。それは特に第四章、第五章で扱われ、キリスト教が偶像崇拝を禁じながら、いかにして豊富な図像を生み出すようになったかが、ギリシア語、ラテン語の語源的考察を含めながら論じられている。そこでは図像の魅力と「危険性」が指摘されていて興味深い。またそこではキリスト教とユダヤ教の関係も論じられている。ギンズブルグは本書でキリスト教とユダヤ教の関係を非常に真摯に論じている。それは自らの出自をヨーロッパ文化との関連から問い直す作業でもある。キリスト教が母胎となったユダヤ教にいかに負っているか、そしてユダヤ教に対抗しながら、いかにして自らの教説を作り上げたか、偶像の扱いやイエスの人物像をめぐって詳細に論じられている。この点も本書の大きな特徴をなしている。

本書の原題を直訳すると『木切れの眼』となる(邦題は読者の理解を助けるために、編集部の判断でつけられたものである)。これはコッローディの『ピノッキォの冒険』の一節にある言葉で、まだ人形になっていない、木切れの状態のピノッキォに見つめられて、ジェッペットが驚く場面から取られている。序文にもある通り、ギンズブルグはここ一〇年間アメリカで教鞭を執っている。彼はヨーロッパとは違った文化環境に身を置き、自分が自明と見なしていたことがそうではなかったという体験をした。それが事物を見る新しい見方をもたらした。例えばそれは第一章「異化」で、偏見を廃した無垢な眼で事物の本質を見抜いたマルクス・アウレリウスやトルストイの老農婦などに代表されるような見方である。つまり「事物を見るには、まず第一に、それが何らの意味を持たないかのように眺める必要がある。あたかもそれがなぞなぞであるかのように」という言葉で表される見方である。「木切れの眼」とはこうしたものの見方を指すと思える。そして木切れとは、この場合、人間ではないもの、人間になりたいと思っている人形である。ここに「迫害」によってユダヤ人であることを強制的に自覚させられた、ギンズブルグの立場を重ねることは可能だと思う。

だがこの「木切れ」に関する論議は複雑である。木切れは無垢な眼でものごとの本質を見抜くが、それはまた逆に偶像のように見つめ返されるものでもある。見つめるが、見つめ返されるというこの立場は、向かい合わせの鏡の中で像が次々に増殖する様を思わせる。見つめるものと見つめ返されるものの関係は一筋縄では捕らえられない複雑性を持っていて、それは本書のいたるところに反映されている。

本書は現在ギンズブルグが異文化の中に身を置いているという事実を踏まえて、異なった文化といかに関係を持つべきかというテーマも追求している。それは第六章「様式」、第七章「距離と眺望」、第八章「中国人官吏を殺すこと」で分析されている。特に「様式」では、文化の差異を受け入れ、異なった文化事象を自らの枠組みに取り入れる概念装置として機能した様式が、やがて異質なものを排除して自己の独自性を誇示するものに変貌してゆく過程が分析されている。また「中国人官吏」では距離の近接が主題として取り上げられ、あまりにも遠い距離が人間的感情を鈍らせる点が分析されている。これらの章では批判の対象として歴史相対主義が取り上げられている。それは第七章「距離と眺望」に書かれているように、「主観的視点と、客観的で実証しうる事実との緊張関係を」曖昧にする立場であり、極端な場合はアウシュヴィッツ強制収容所の存在を否定した歴史修正主義を支えるような論拠を提供するのである。ギンズブルグはこうした立場に、言葉や概念の生まれた状況を過去にさかのぼって分析することで、根本的立場から批判を加えようとしている。

本書はクルトゥーレ（文化）叢書の第一冊目である。この叢書はギンズブルグが出版社をフェルトリネッリ社に変えて新たに創出したもので、叢書の狙いが以下のような言葉で示されている。「文化の差異は人類にとって計り知れない富である。だがそれはしばしば悲劇的な争いを生むことにもなった。国家主義や原理主義はこうした問題への防御的な反応である。それでは過去ではどうだったのか？　この叢書は諸文化間の争い、交流、共生の問題を探求し、省察する作品を提供する予定である」。こうした狙いに本書の全体が答えているが、特に六、七、八章は直接的に答えようとしている。本書はギンズブルグが現代社会の動向に対して持つ危機意識から生まれているが、われわれが現在直面している様々な文化摩擦を考える上で、示唆的な視点を含んでいる。

第二章「神話」では、神話とは何か、いかなる形で政治的に利用されてきたかが分析されている。そして民衆を支配する虚偽としての神話が力を失い、それに取って代わるべき宗教も力を失ったとき、愛国心が新たに出現し、それが二〇世紀になって大きな悲劇を生んだ過程が詳細に跡づけられている。こうした分析も、現在の日本に流布するある種の歴史観、過去に対するある種の立場が諸外国と摩擦を生んでいる現状を考えると、広い視野から問題を見つめ直す手がかりになると思える。

本書を除くギンズブルグの著作リストは以下の通りである。
『ベナンダンティ――一六、一七世紀の悪魔崇拝と農耕儀礼』（初版一九六六年、改訂版一九七二年）邦訳、せりか書房刊、一九八六年。
『ニコデミズム――一六世紀ヨーロッパの宗教的偽装と隠蔽』（一九七〇年）*Il nicodemismo. Simulazione e dissimulazione religiosa nell'Europa del'500* (1970).
『ドン・ピエトロ・マネルフィの告白』（一九七〇年）*I costituti di don Pietro Manelfi* (1970).
『忍耐の遊戯（はめ絵遊び）――《キリストの恩恵》についての講義』（一九七五年、アドリアーノ・プロスペーリとの共著）*Giochi di pazienza. Un seminario sul "Beneficio di Cristo"* (1975).
『チーズとうじ虫――一六世紀の一粉挽屋の世界像』（一九七六年）邦訳、みすず書房刊、一九八四年。
『ピエロ・デッラ・フランチェスカの謎』（一九八一年）邦訳、みすず書房刊、一九九八年。
『神話・寓意・徴候』（一九八六年）邦訳、せりか書房刊、一九八八年。
『闇の歴史――サバトの解読』（一九八九年）邦訳、せりか書房刊、一九九二年。
『裁判官と歴史家』（一九九一年）邦訳、平凡社刊、一九九二年。
『ジャン・フーケ、道化師ゴネッラの肖像』（一九九六年）*Jean Fouquet.Ritratto del buffone Gonella* (1996).
『歴史・レトリック・立証』（二〇〇〇年）邦訳、みすず書房刊、二〇〇一年。

最後に、本書の翻訳に思った以上に時間がかかり、出版社に多大な迷惑をかけたことをお詫びしたい。そしてあまりの引用文献の多さに目を回していた訳者を励まし、様々な形で助けてくれた編集部の船橋純一郎氏にお礼の言葉を述べたい。

二〇〇一年九月

竹山博英

著者紹介

カルロ・ギンズブルグ（Carlo Ginzburg）

1939年トリーノに生まれる。
カリフォルニア大学（UCLA）教授。
主著――『ベナンダンティ』（せりか書房）
『チーズとうじ虫』（みすず書房）
『神話・寓意・徴候』（せりか書房）
『闇の歴史』（せりか書房）など

訳者紹介

竹山博英（たけやま　ひろひで）

1948年　東京で生まれる
立命館大学教授
主著――『シチリア――神々とマフィアの島』（朝日新聞社）
『シチリアの春』（朝日新聞社）その他
訳書――Ｃ．ギンズブルグ『ベナンダンティ』（せりか書房）
Ｃ．ギンズブルグ『闇の歴史』（せりか書房）その他多数

ピノッキオの眼――距離についての九つの省察

2001年10月10日　第1刷発行

著　者　カルロ・ギンズブルグ
訳　者　竹山博英
発行者　佐伯　治
発行所　株式会社せりか書房
東京都千代田区猿楽町2-2-5　興新ビル303
電話 03-3291-4676　振替 00150-6-143601
印　刷　信毎書籍印刷株式会社
装　幀　工藤強勝

ISBN4-7967-0234-2